KB233074

三論學의 般若思想 研究

KSI 한국학술정보(주)

三論學의 般若思想 研究

한 명 숙 著

KSI 한국학술정보[주]

책 머리에

시골집 마당의 시원한 평상에 앉아 물에 담근 수박을 먹으면서, 무표정한 사람이 있다면, 그는 시원한 수박의 부재(不在)를 슬퍼하지도 않고, 시원한 수박의 도래를 갈망하지도 않겠지만, 결코 수박의 맛을 알지 못하는 사람이다.

수박의 맛을 알면서도 수박의 부재를 슬퍼하지 않으며 수박의 도래를 갈망하지도 않는 그런 사람이 될 수는 없는 것일까? 이런 사람이라면 적어도 수박 하나로 슬퍼하고, 수박 하나를 갈망하는 중생의 하찮은 삶을 껴안을 수 있지 않을까?

수박을 떠나지 않으면서 수박의 공성(空性)을 이해한다는 것은 바로 이것을 두고 한 말일 것이다. 대승불교가 결국은 세간으로 돌아올 수밖에 없는 것은 세간으로 돌아올 것을 결의한 선각자들의 선구적 사유체계에 기반한다.

나는 수박을 먹으면서, 수박의 맛(眞如)에 빠져드는 나(作相)를 제어해 보려고 애쓰는 중이다.

세계내존재로서의 자아의 실상을 자각하여 열린 마음을 갖는 것, 세계내존재로서의 사물의 실상을 파악하여 열린 시각으로 바라보는 것, 그것이 자유를 위한 사유의 기초가 될 것이다. 그 열린 시각이 방향을 잃지 않도록 하기 위해서 열림의 방식을 알아야 할 것인데, 나는 그것을 바로 본서에서 연구의 대상으로 삼은 반야의 다른 이름, 곧 무득(無得)이라는 용어 속에서 모두 찾을 수 있을 것이라고 생각한다.

　난 해탈을 향한 열망으로 주위의 모든 것을 버릴만큼의 해탈을 향한 열망은 갖지 못했던 것 같다. 그러나 삶의 언저리마다 작은 일에 마음 상해하고 미워하는 마음까지 생겨나고 보면 참으로 스스로의 삶이 초라하다는 감정에서 벗어나기 어려워진다. 공자를 운운하고 퇴계를 들먹이면서 스스로를 합리화하지만, 그래도 그 가르기 보다는 훌쩍 뛰어넘는 대범함이 더욱 그립다. 그래서 불교를 공부하고 그래서 어줍잖은 공부의 질을 스스로 부끄러워하면서도 그 언저리에 이렇게 머물러 있는 것 같다.

　열망에 의해 현재를 잠식당하지 않으며, 그리하여 눈에 띄지 않게 주위의 모든 것을 껴안으려 노력하며, 그로 인해 시간이 다소 지체될 때 개의치 않을 수는 없어하면서도, 서로 아픈 사랑임을 알기에 인내하며, 조금씩 해탈에 가까워져 가는 길을 걷는, 그런 사람이 이 글을 읽었으면 좋겠다.

2005년 여름

지은이 한명숙

목 차

서 론

1. 문제의 제기

삼론학은 인도에서 찬술된 세 가지의 논서, 곧 용수(龍樹)의 『중론(中論)』·『십이문론(十二門論)』과 그의 제자인 제바(提婆)의 『백론(百論)』 등을 사상적 의지처로 삼는 학파라는 뜻이다. 그들 자신이 이 명칭을 쓴 것은 아니지만, 그렇다고 해서 이 명칭이 그들의 의도와 전혀 무관하게 사용된 것이라고 할 수도 없다. 이 학파에 속하는 학자의 여러 저술에는 삼론(三論)이라는 용어가 빈번하게 사용되고 있을 뿐만 아니라, 이들 학자는 모두 세 가지 논서〔三論〕를 불교의 핵심사상으로 간주하고 있기 때문이다.

앞에 '중국'이라는 용어를 붙여 중국삼론학(中國三論學)이라고 하기도 하는데, 이것은 인도에서 용수의 사상을 계승 발전시킨 일군의 학자들을 일컫는 말인 중관학파(中觀學派)도 소의경론(所依經論)에 있어서 삼론학의 범주에 들어가기 때문에, 이것과 구별하기 위하여 생겨난 명칭이다. 그러나 이들은 삼론 가운데, 오로지 『중론』을 중시하였기 때문에 삼론학이라고 명명(命名)하기는 어려운 감이 있다. 따라서 굳이 중국삼론학이라고 하여 구별할 이유는 없을 것으로 보인다. 다만 삼론학도 또한 『중론』을 중시하고, 중(中)이 곧 정(正)임을 곳곳에서 강조하고 있기 때문에1) 이들을 중관학파(中觀學派)라고 명명할 수도

---

1) 『中觀論疏』 권2(대정장42, p.31a), 「正法爲本 正法卽是中道 中道卽是不生不滅不斷不常 故八不若成 正法卽顯 正法顯故 因果便立.」 『大乘玄論』 권1(대정장45, p.16c), 「不眞不俗 亦是中道 亦名無所有 亦名正法 亦名無住.」 『三論玄義』(대정장45, p.14a), 「所言正者 華嚴云 正法性 遠離一切

있으며, 이때 이들을 인도의 중관학파와 구별하기 위해 중국중관학파(中國中觀學派)라고 부를 수는 있을 것이다.

삼론학파의 관련저술을 살펴보면, 이 학파는 오랜 사자상승(師資相承)의 계보가 전해지고 있음을 알 수 있지만, 본 학파의 사상을 전하는 저술의 유일한 집필자는 길장(吉藏, 549∼623)이기 때문에, 길장과 삼론학이라는 말은 동일한 뜻으로 사용된다. 이러한 경향은 길장이 자신의 저술 속에서, 사자상승에 의해 전수받은 사상의 전달자로서의 역할을 강조할 뿐 아니라, 실질적으로 사상을 전개해 가는데 있어서도 어떤 단절적 혁신을 꾀하는 모습이 발견되지 않는다는 점을 고려할 때 타당한 것으로 보인다. 길장의 저술을 통해, 삼론이라는 논서를 근거로 하여 불교사상 전체를 관통하려고 노력한 일군의 인물들을 엮어낼 수가 있는데, 이들이 주력한 학문적 경향을 삼론학이라 하고 이러한 학문적 경향을 가진 사람들을 통틀어 삼론학파라고 한다.

길장은 붓다의 가르침이 밝히고자 하는 것은 오직 하나의 진리에 지나지 않으며, 이것을 바르게 이해시키는 것이 불교의 목적이라고 한다. 이 하나의 진리를 무득(無得)이라고 하고, 그에 대한 바른 이해를 정관(正觀)이라고 한다. 길장은 자신의 여러 저술에서 이 학파의 근본 종지가 무득에 있음을 밝혔는데, 이 경우 특히 사자상승의 법문임을 강조하는 것으로 보아 삼론학의 고유사상임을 알 수 있다.2) 삼론학이 삼론과 그것의 소의경전인 반야부경전을 중시한 것은 이들 경론이 무득을 가장 집중적으로 제창하였기 때문이다.3) 길장은 경론에 대한 이

言語道一切趣非趣 悉皆寂滅相 此之正法 卽是中道.」
2) 『勝鬘寶窟』 권상(대정장36, p.5c), 「家師朗和上 每登高座 誨彼門人 常云 言以不住爲端 心以無得爲主.」 『中觀論疏』(대정장42, p.12a), 「師云 方等 大意 言以不住爲端 心以無得爲主 故說世諦爲令悟眞 故以眞諦假爲世諦之 中.」 『三論玄義』(대정장45, p.10c), 「通論大小乘經 同明一道 故以無得正 觀爲宗.」 앞의 책(대정장45, p.7a), 「有依有得 爲生死之本 無住無著 爲 經論大宗.」 『仁王般若經疏』(대정장33, p.315c), 「大乘滿字敎者 若明其理 至極平等 無得正觀不二爲宗.」

러한 이해에 근거하여, 자신의 저술에서 여러 사상에 대한 비판적 견
해를 제시한 후에, 자신은 상대방의 주장이 집착하는 마음에서 시설된
것이라는 전제 하에서 비판한 것일 뿐이고, 만약 집착이 없는 경지에
서 시설된 것이라면 모든 사상은 존재할 만한 가치가 있다[4]고 하여,
무득의 체화(體化)가 사상적 활동의 근본적인 지향점임을 밝혔다.

길장의 저술 속에서 무득은 무소득(無所得)·무소의(無所依)·무소
주(無所住)·불주(不住)·무주(無住) 등과 유사한 뜻으로 사용된다.
이것들은 제법(諸法)의 실상은 자성적 실체가 없음을 나타내는 말인
동시에, 그러한 제법의 실상에 대한 이러한 이해에 근거하여 어디에도
머물지 않는 태도를 실천하는 양태를 나타내는 말이기도 하다. 현대의
대표적 삼론학자인 평정준영(平井俊榮)은 앞에 든 용어들이 엄밀한 의
미에서 약간의 차별성이 있지만, 삼론학에 있어서는 모두 동일한 개념
으로 보아도 좋다고 하였고,[5] 길장 자신도 『백론소(百論疏)』에서 "무
상(無相)은 무의(無依)·무득(無得)·불주(不住)·불착(不著)의 다른
이름이다"[6]라고 하였기 때문에, 이 책의 서술에 있어서도 이러한 미미
한 용어의 차이는 문제 삼지 않기로 한다.

무득의 사전적 의미는 '일체의 집착을 떠난 자유로운 경지'라고 할
수 있다. 길장 또한 "어느 것 하나에도 의지하는 것이 없어야 무득이
라고 한다"[7]고 하여, 동일한 맥락에서 무득의 의미를 이해하고 있다.

---

3) 『大乘玄論』 권5(대정장45, p.65c), 「衆經 皆有傍正二義 般若 廣破有所得
　　明無依無得 爲正宗 佛性一乘 爲其傍義 法華 廣明一因一果 爲其正宗 無所
　　得及佛性 爲其傍義 涅槃 廣明佛性常住 爲斥無常之病 爲其正宗 一乘及無所
　　得 爲其傍義.」
4) 앞의 책(대정장45, p.42a), 「上來十一家所說正因 以是爲是故 並非正因佛
　　性 若悟諸法平等無二無是無非者 十一家所說 並得是正因佛性.」
5) 平井俊榮, 『中國般若思想史研究』(東京, 春秋社, 1976), pp.669~672.
6) 『百論疏』(대정장42, p.259a), 「此無相 是無依無得不住不著之異名.」
7) 『涅槃經遊意』(대정장38, p.232c), 「若定 用無得爲是 還成有得 不名無所得 一
　　無所依 乃名無得.」

이러한 사실과 여러 경론에서 이미 무득이라는 용어가 빈번하게 사용
되는 점을 감안할 때, 이 용어가 삼론학의 고유사상이라고 하는 주장
에 대해서 의문이 생겨나지 않을 수 없다.8) 다른 학파보다 무득을 더
욱 강조하였다는 것만으로 독자사상이라고 하는 것은 무리가 있다는
것이다. 그러나 다른 학파에서 동일한 용어를 사용하였다고 해서 길장
의 저술에서 빈번하게 나타날 뿐만 아니라, 모든 저술의 결정적인 주
제를 드러내는 것으로 나타나는 무득이라는 용어를 종래의 여러 학설
과 동일한 맥락 속에 방기해 두는 것도 삼론학을 이해할 수 있는 가장
중요한 통로를 포기하는 것과 다름이 없다. 이러한 문제의식 속에서

---

8) 무득은 불교의 일반적 용어이고 아직까지 무득이라는 개념으로 삼론학 전
   체를 아우르려는 시도가 없었기 때문에, 무득을 삼론학을 대표하는 사상으
   로 보고 무득을 정관하는 방식을 밝혀 보고자 하는 필자의 시도에 대해 이
   의가 제기될 가능성이 추지된다. 따라서 삼론학의 대표사상을 무득이라고
   본 학자들의 입장을 밝힘으로써 이러한 우려를 해소해 보고자 한다. 우정
   백수(宇井伯壽)는 『佛教汎論』(東京, 岩波書店, 1970 4쇄), p.513에서 불
   교의 여러 학파의 사상을 서술하였는데, 그 2편 제8장에서 삼론학의 지위,
   교판, 교설 등을 서술하면서, 제명을 「무득정관(無得正觀)의 법문(法門)」
   이라고 하여, 삼론학에 무득이라는 특성을 부여하였다. 조생진융진(爪生津
   隆眞)은 「無所得と 空」(『佛教教理の 研究』 田村芳朗博士還曆記念論文集,
   東京, 春秋社, 소화57), p.95에서 무소득의 의미를 규명하였는데, 그 초
   입에 무소득중도(無所得中道)가 삼론학이 밝히고자 하는 '정(正)'의 구체적
   인 내용이라고 함으로써, 무소득을 삼론학의 중심사상으로 정의하였다. 유
   전성산(柳田聖山)은 『선(禪)의 사상과 역사』(안영길, 추만호 譯, 민족사,
   1989), p.173에서 달마가 『능가경』을 선양할 때 무득정관을 종지로 삼았
   는데, 이러한 정신은 무득정관종이라고도 불리웠던 삼론학이 교의로 삼은
   것이기 때문에, 능가종은 그 발전과정에서 삼론학과 매우 긴밀한 관계를
   가졌음이 명백하다고 하였다. 이상을 통해서 아주 오래 전부터 선학은 이
   미 무득을 삼론학의 대표사상이라고 보아 왔음을 알 수 있다. 앞의 주석에
   서 본 것처럼 길장 스스로도 모든 경론의 종지는 무득이라는 것을 밝히고
   있는데, 이러한 길장의 주장이 타당하기 위해서는 길장의 사상, 곧 삼론학
   의 중심사상도 또한 무득이 되지 않으면 안 된다. 다만 무득의 구체적인
   내용에 대해 길장 스스로 규정적 진술을 한 것이 없고, 무득의 구체적인
   내용에 대한 학자들의 연구가 진척되지 않았기 때문에 필자는 이 책에서
   이 부분에 주력하고자 하는 것일 뿐이다.

필자는 불교사상을 발전사적으로 고찰할 때 각 단계에 있어서 무득의
경지에 대한 이해, 곧 어떠한 상태를 비로소 무득의 경지라고 할 수
있을 것인가에 대한 입장에 차이가 있다는 점을 생각하게 되었다. 그
리고 이러한 맥락에서 볼 때 삼론학의 무득은 충분히 독자적인 의미를
지닐 수 있다는 것을 알 수 있었다. 필자는 이것이 삼론학이 기존의
사상들이 무득이라는 용어를 이미 사용하고 있었음에도 불구하고, 새
롭게 무득을 전면에 내세워 자신의 입장을 펼친 이유라고 생각한다.

무득이라는 태도의 문제를 경지(境地)의 문제로 전환시켜서라도 구
체화해 보려는 것은 매우 우매한 일일 수도 있다. 그럼에도 불구하고
필자가 이것을 논문의 주제로 삼은 것은 삼론학에 대해, 이론적 번쇄
성을 드러내는 지나치게 관념적 의론(議論)이라고 하는 비판9)의 부당
함을 스스로 변명해 보려는 의도가 크다. 어떤 사상이 실천의 체계를
갖지 않았다는 것과 사상, 그것이 실천적 계기를 포함하고 있지 않은
것은 별개의 문제이다.10) 삼론학은 직접적으로 조직적인 수행법을 내
세우지 않았지만, 그 모든 저술을 통해 결국 이루어 내고자 한 것은,
불교에 대한 이론적 해명을 기반으로, 그 이론의 궁극적 지향점인 무
득에 도달하려는 것이었다는 것이 필자의 생각이다. 무수히 많은 사상
을 일일이 분석하고 비판해 나아가는 길장의 태도가, 오로지 그것을
내던져 버리기 위한 것이라면 삼론학은 이론적 번쇄성에 빠진 것이라
고 하는 학자들의 비판은 타당할 수도 있다. 그러나 필자는 이러한 길

---

9) 鎌田茂雄, 『中國の禪』(東京, 講談社, 1980), p.13 및 p.73. 牟宗三, 『佛
   性與般若』(臺灣, 學生書局, 중화68년), p.188.
10) 우정백수는 『佛敎汎論』, p.525에서 삼론학은 교즉관(敎卽觀)의 입장에 있
    었기 때문에 별도의 실천관을 시설하지 않았다는 점에 특색이 있지만, 조직
    적으로 체계화되지 못한 것은 결점으로 남는다고 하였다. 삼론학의 입장을
    교즉관이라고 본 점은 정확한 지적이지만, 조직화되지 못한 것이 결점이라
    고 하는 것은 납득하기 어렵다. 교즉관이란 가르침 자체를 그 자리에서 실
    천적으로 수용하는 것을 의미하는 것이고, 따라서 그것을 떠나 별도의 실천
    적 체계를 필요로 하지 않는 것이기 때문이다.

장의 노력은 버리기 위한 것이 아니라, 살리기 위한 목적에 충실한 것이라고 생각한다. 그 이유는 길장이 모든 사상·이론·교설 등을 분석해 가는 과정에서, 각각의 사상·이론·교설들은 사구(死句)에서 활구(活句)로 전환되는 것을 확인하게 되기 때문이다.

이 책의 제목을 반야사상이라고 한 것은 이미 서술한 것과 같이, 삼론학은 반야부 경전과 그것을 철학적으로 체계화한 것으로 여겨지는 삼론을 소의경론으로 하는 학파이기 때문이다. 반야라는 언어도 무득과 같이 초기불교에서부터 대승불교에 이르기까지의 여러 경론에 두루 쓰이는 용어이기는 하지만, 이를 특히 강조한 것은 대승불교의 반야계경전이고, 이 경전을 중심사상으로 삼아 성립된 학파가 삼론학이다. 인도이든 중국이든 여타학파와 특히 구별되는 중관학파의 특성은 특별한 수행법의 제시에 관심을 두지 않고 반야를 통한 깨달음을 중시하였다는데 있다. 반야의 구체적인 내용은 학파마다 다르기는 하겠지만, 이것이 실상에 대한 깨달음을 얻는 원인이라는 점은 동일하다. 이 책에서 고찰하려고 하는 무득은 반야의 다른 이름이기도 하다. 진정한 깨달음으로 이끌어가는 지혜의 본질이 곧 반야이고 그 반야의 내용으로서 삼론학에서는 무득을 제시하고 있는 것이다.

2. 연구의 목적 및 방향

이 책은 삼론학의 중심개념인 무득의 의미를 구체적으로 고찰함으로써, 교즉관(教卽觀)을 지향하는 학파라거나 이론의 구축에 매몰된 학파라고 하는 상반된 평가를 받아온 삼론학의 실천적인 측면을 보다 명백히 하려는 목적을 갖는다. 이미 서술한 것처럼 무득은 일체의 대상에 대해 집착하지 않는 것을 의미하고, 길장 자신도 이것과 다른 정의를 내린 적이 없는 상황에서 무득을 삼론학의 독자적인 사상으로 규정하고, 그 의미를 구체화하는 것은 쉽지 않은 일이다. 그렇지만 길장 자신이 모든 경론은 무득을 종지로 한다는 점을 누차 강조하였고, 모든 불교사상에 대해 무득의 관점에서 접근하고 있기 때문에, 그의 사상을 이해하기 위해서는 어떤 식으로든 그가 제시하는 무득의 구체적인 의미를 이해하지 않으면 안 된다. 누구나 강조한 무득을 그가 무수히 반복적으로 강조하였던 것은 기존의 무득과 삼론학의 무득과의 차별성을 그 자신이 자각했다는 것을 의미한다. 그러나 이미 말했듯이 무득은 이론의 문제가 아니라 태도의 문제이다. 어느 하나에도 걸림이 없어야 만이 무득이라 할 수 있다. 무득을 이렇게 태도의 문제로 접근하였을 때에는 기존의 무득과 삼론학의 무득과의 차별성은 심증(心證)에 그치고 만다. 적어도 철학의 영역에서 어떤 이론이 다루어질 때는 논증(論證)이 가능하지 않으면 안 된다. 이러한 목적을 달성하기 위해 본 연구는 다음과 같은 차례와 내용으로 서술된다.

　제1장에서는 삼론학과 관련된 개념의 의미를 파악하고, 중국에 있어서 반야사상(般若思想)의 전개과정을 살펴보고자 한다. 먼저 ‘삼론’이라는 명칭의 유래를 살펴본다. 삼론이라는 명칭을 오늘날에는 고유명사로서 사용하고 있지만, 처음부터 이 세 가지 논서를 하나의 범주 속에 묶어서 사용한 것은 아니다. 따라서 그 시점을 고찰함으로써 삼론학이 중국불교사에 등장하게 된 단초를 확인할 수 있을 것으로 생각된다. 다음으로 이 학파를 삼론종(三論宗)이라고 부르기도 하는데, 이때 ‘종’의 의미를 현대적으로 이해하면, 어떤 사상에도 얽매이는 것을 거부하는 삼론학의 근본정신과 전적으로 어긋나는 것이라는 점에 착안하여, 중국불교사에서 ‘종’개념의 연원을 살펴봄으로써 삼론종이라는 용어의 함의를 바르게 이해하고 삼론학이라는 용어의 적합성의 근거를 제시한다. 다음으로 구마라집(鳩摩羅什, 344~413)[11]에서부터 길장에 이르기까지 삼론학의 선구적 흐름과 침체, 그리고 부흥의 과정을

16

살펴본다. 이 과정에서 고구려 출신의 승랑(僧朗)이라는 인물이 삼론학에서 차지하는 지위가 드러날 것인데, 여기에서 한 걸음 더 나아가 한국불교사상사에서 승랑의 지위문제까지도 짚어보려고 한다.

제2장은 삼론학에서는 불교의 근본이념〔正法〕을 무엇으로 파악했는가를 알아보기로 한다. 붓다는 어떤 교설도 글로서 남기지 않았고, 또한 구전에 의해 전승된 교설조차도 그 내용이 매우 다양하였다. 이러한 태생적 한계에 의해 붓다의 교설에 대해서 어떤 것이 보다 바른 것인가를 묻고, 그에 대한 해답을 찾는 것은 인도나 중국을 막론하고 불교를 접하는 사람들에게 가장 중요한 일이었다. 이러한 해답을 찾기 위해 중국불교에서 생겨난 방법론이 교판론(敎判論)인데, 이는 여러 경전이 불교에서 지니는 의미를 파악하는 것을 목적으로 하는 것으로, 그 과정에서 특정경전의 우위를 주장하는 것이 일반적인 형태였다. 본장에서는 먼저 길장의 교판론을 고찰함으로써 삼론학의 관점에서 정법의 의미를 알아보기로 한다. 이 과정에서 길장의 교판론은 신라의 원효(元曉)와 구조적 동일성을 가지는 것을 확인할 수 있는데, 이는 승랑과 고구려 삼론학의 관계를 밝혀주는 시론(試論)이 될 수 있을 것으로 보아, 그 내용을 함께 다루기로 한다. 다음으로는 길장의 저술에 그 자신이 삼론의 근본이념의 타당성여부에 대한 비판적 의문을 제기하고 그에 대한 답변을 서술한 내용이 있는데, 이것을 고찰함으로써 직접적인 의미에서 근본이념의 내용을 확인하고자 한다.

제3장은 삼론학에서 불교의 근본이념으로 파악한 무득이 어떤 내용을 지니고 있는가를 고찰한다. 길장은 무득의 의미를 드러냄에 있어서 가능한 한 '무엇'이라고 하는 규정적 언설을 사용하기보다는, '무엇'이라고 하는 상대방의 규정이 갖는 문제점을 지적함으로써 그 의미가 깨달아지도록 하려는 경향이 있다.12) 따라서 무득의 경지에 대한 이해

---

11) 이하 라집(羅什)이라고 약칭한다.
12) 이것은 용수의 불교연구의 기본태도로 파사현정(破邪顯正)이라고 한다.

삼론학도 역시 용수의 태도를 수용하여, 올바른 것을 주장하기보다는 잘못된 견해에 대한 세정작업을 통해 올바름을 드러내고자 한다. 용수의 주요 논서인 『중론』은 자성적 실체를 상정하는 모든 사상, 곧 실체론자에 대한 비판을 그 중심내용으로 한다. 자성은 본래 법 그 자신이라는 뜻이었는데, 여기에 고유한 본질을 나타내는 자상(自相)의 의미를 부여하고 그것에 의해 법의 항상적인 일체성(一體性)을 보증하는 개념으로 사용한 것이 유부(有部)이다. 이들의 삼세실유설(三世實有說)은 그 법의 자성이 시간을 초월하여 존재함을 나타내는 것이다(宮下晴輝, 「インド佛敎における『成實論』」〔荒牧典俊 編著『北朝隋唐佛敎思想史』, 京都 法藏館, 2000〕, p.534). 용수의 비판은 주로 이러한 유부의 실체론을 부정하는 것을 목적으로 한다. 이 실체론자들은 용수의 공에 대해서, "만약 일체법이 공하다면 생겨나는 것도 없고 멸하는 것도 없을 것인데, 무엇을 끊고 무엇을 멸하여 열반을 얻을 것인가. 若一切法空 無生無滅者 何斷何所滅 而稱爲涅槃"(『中論』「觀涅槃品」 대정장30, p.34c)하는 의문을 제기한다. 실체론자에게 있어서 존재자나 현상은 자성을 가지고 있고 그것이 이 세상의 여러 존재를 존재하게 하는 근거가 되는 것이기에 용수가 제시하는 공성의 개념을 이해하기 어려웠다. 그러므로 다시 용수는 "만약 모든 법이 공하지 않다면 어떻게 끊고 어떻게 멸하여 열반에 도달하겠는가. (若諸法不空 則無生無滅 何斷何所滅 而稱爲涅槃)"(上同)라고 대답한다. 공하지 않다면 삼세에 실체적 존재가 있다는 말인데, 그렇다면 오히려 발생과 소멸은 의미가 없어지고, 따라서 불교의 근본목적인 번뇌를 소멸시키고 열반을 낳는 과정도 있을 수 없게 된다는 것이다. 여기서 용수의 학설은 실체론자를 떠나서 독립적으로 존재하지 않음을 알 수 있다. 실체론자는 삼세에 실유하는 법의 확신을 통해서 열반에 도달할 것으로 믿었다면, 용수는 그들이 이루고자 하는 열반이 그것에 의해 도달할 수 없음을 밝혀 줌으로써, 열반에 도달하는 길을 열어 준 것이다. 자신이 추구하는 법의 실체성에 대한 집착이 해체되는 순간에 바로 궁극적 지향점인 열반에 도달하게 되는 아이러니에 봉착하게 하는 것이다. 이렇게 유자성론(有自性論)이 지닌 불합리성을 지적하는 것에 의해 자신의 연기설이 의미하는 무자성론(無自性論)의 합리성을 드러내려는 용수의 방법론을 보통 파사즉현정론(破邪卽顯正)이라고 한다(安井廣濟, 『中觀思想の硏究』〔東京, 法藏館, 1979 3쇄〕 p.107). T. R. V. Murti는 많은 사상가들이 자신의 사상을 개진하면서 용수와 같은 부정적 방법을 채택하고 있지만, 다른 사상가들은 반대파의 주장을 제거하고 자신의 주장을 강화시키기 위한 목적을 가지고 부정적 방법을 수단으로 사용하고 있다면, 용수는 부정적 방법을 수단이 아니라 그 자체 목적으로 삼는다는 점, 곧 비판 그 자체가 철학이라는 점에서 차이가 있다고 한다(『The Central Ph

는 그러한 길장의 사유구조에서 드러나는 일관된 맥락을 파악하는 형식으로 이루어질 수밖에 없다. 어떤 주장을 통해서 만이 자신의 뜻을 드러낼 수 있는 것은 아니다. 비판을 통해서도 자신의 뜻을 충분히 상대에게 드러낼 수 있다는 말이다. 따라서 어떤 사상에 대한 비판의 내용을 자세히 고찰하면 그 안에 하나의 입장을 발견할 수 있다. 이러한 입장은 상대방의 오류에 대응하여 시설된 것이기 때문에, 엄밀한 의미에서 입장이라고 할 수 없다. 이것이 길장이 상대방의 물음 또는 특정한 사상을 설정하고 그에 대한 답변 또는 비판의 형태로 자신의 사상을 개진하는 논의방식을 즐겨 채택하는 이유이다. 먼저 유가, 도가, 불교를 통틀어서 기존의 중국사상에 대한 길장의 비판을 고찰함으로써, 그 속에서 드러나는 무득의 의미를 알아본다. 다음으로는 이러한 무득의 의미가 불교사상사에 있어서 기존의 사유체계와 어떤 차이가 있는가를 알아본다. 특히 용수의 사상과의 차이성을 밝히는 것에 중점이 두어질 것이다. 어떤 사상이 독자적이라는 것은 반드시 그 선구사상을 갖지 않는 것을 의미하는 것은 아니다. 선구사상의 여러 측면 가운데 하나를 특히 강조하고 그 사상을 계승·발전시킨다면 그것도 또한 그 사상을 선택한 사람의 독자성이라고 할 수 있다. 길장은 경론의 근거를 중시하는 것만큼이나 사상적 배경, 곧 사자상승을 중시한다. 라집과 승조는 그의 저술에서 공공연하게 올바른 반야의 이해자로서 칭송된다. 따라서 고삼론의 대표자라고 할 수 있는 라집과 승조의 사상을 통해서 무득의 선구적 사상을 고찰하고자 한다.

제4장에서는 제3장에서 파악된 무득의 의미를 체화(體化)하는 방식을 살펴보고자 한다. 마주한 대상을 진리인식의 생생한 도구로 전환시켜 나가는 과정에서 길장은 어떤 일관적인 논리의 전개를 보여주고 있

---

ilosophy of Buddhism』, London, George Allen and Unwin Ltd, 1955, p.213). 용수에 대한 Murti의 지적은 길장에게도 동일하게 적용될 수 있을 것으로 생각된다.

는 것으로 생각되는데, 이것을 전오방식(轉悟方式)이라고 한다.13) 편
의상 논리라는 말로 표현하였지만, 이것은 일반적인 의미의 논리가 아
니다. 사유방식에 특정한 방향이 있다는 점에서 논리적이라고 할 수
있지만, 이 논리는 단순히 논리의 영역에 머무는 논리가 아니라, 우리
의 의식을 함께 전환시켜 가는 논리이기 때문이다. 논리 자체로서는
아무런 의미도 없는 논리이기 때문이다. 여기서 고찰할 대경(對境)의
내용은 언어에 의해 표현된 교설로 한정되는데, 이것을 모두 고찰할
수는 없기 때문에, 사문(四門)과 불성(佛性)에 대한 것으로 범주를 제
한하였다. 사문은 붓다의 교설의 근본형식을 네 가지로 총괄한 것으로
이것을 이해하는 것은 바로 불교를 이해하는 것과 다르지 않은 것으로
간주된다. 다음으로 불성의 문제는 성불을 목표로 하는 불교인에게 있

---

13) 현재 대정신수대장경에서 전오라는 용어는 통틀어서 7개의 논서에만 사용
   되었다. 이 가운데 징관(澄觀)의 『대방광불화엄경소(大方廣佛華嚴經疏)』
   (대정장35, p.586c)와 지의(智顗)의 제자 관정(灌頂)이 기록한 『마하지
   관(摩訶止觀)』(대정장46, p.132a)을 제외하고는 모두 길장의 저술이라
   는 점이 눈길을 끈다. 길장의 다섯 저술은 『대승현론』(대정장45, p.68b
   6), 『이제의』(대정장45, p.79c・81a・94a3회・109b), 『중관론소』(대
   정장42, p.16c), 『법화현론』(대정장34, p.429b), 『법화의소』(대정장3
   4, p.565b) 등이다. 또한 전오라는 용어가 사용된 맥락을 살펴보면, 앞의
   두 논서에서는 논의의 전개에 중요한 위치를 점유하지 않지만, 길장의 저
   술에서는 매우 중요한 의미를 지니고 있다. 이상과 같은 점을 고려할 때
   전오라는 용어를 삼론학이 특히 중요시했다는 것을 알 수 있다. 전오는 보
   통 전미개오(轉迷開悟)의 줄임말로 보는 경우가 많다. 이것은 김동화(金
   東華)가 『불교학개론』(寶蓮閣, 1984 6판), p.11에서 불교를 종교, 철학,
   윤리의 세 영역으로 분류하고, 종교적 관점에서 이고득락(離苦得樂), 철학
   적 관점에서 전미개오(轉迷開悟), 윤리적 관점에서 지악수선(止惡修善:
   책의 본문에는 '善'을 '喜'라 하였는데, 앞뒤의 문맥을 살펴보면 喜는 善의
   오식이다)을 목적으로 한다는 점을 밝히면서 사용한 용어이다. 전미개오
   는 붓다의 교설을 통해서 궁극적인 세계에 도달하는 양태를 간략하게 정
   의한 것이라고 할 수 있다. 김하우(金夏雨)는 전미개오를 위한 다양한 논
   리구조를 전오방식이라고 명명하고, 여러 저술을 통해 삼론학을 비롯한
   법장, 원효 등이 제시하는 다양한 전오방식을 밝혔다(『불교철학연구—반
   야공관 위주의』, 예문서원, 2001).

어서 실천과 관련하여 매우 중요한 문제가 아닐 수 없다. 누구에게나 불성이 있다는 인식은 불성의 자성적 실체에 얽매이게 함으로써 오히려 성불(成佛)의 계기를 상실하게 할 수도 있다. 따라서 불성에 대한 여러 가지 교설들을 어떤 방식으로 접근해야 만이, 그 교설이 성불을 향한 가능성으로 되살아나게 되는지를 검토해 보고자 한다. 마지막으로 사문과 불성이라는 교설을 고찰함으로써 드러난 무득의 전오방식이 결국은 길장이 경전에 나타난 언어를 풀이하는 방법으로서 제시하는 사종석의(四種釋義)와 구조적인 동일성을 가지고 있음을 밝혀 보고자 한다. 사종석의는 모든 언어를 대하는 불교인의 올바른 사유방식을 보여주는 하나의 틀로서 제공될 수 있지 않을까 하는 것이 필자의 생각이다. 이 틀은 논리적인 형식을 말하는 것이 아니라 실천적인 계기로 작용하는 틀이다. 삼론학은 실천적 계기를 가지지 않았다는 비판은 이러한 실천적 사유방식을 제시함으로써 해소될 수 있을 것으로 보인다.

제1장 삼론학 형성의 사상사적 배경

1. 삼론의 성격과 삼론 개념의 연원(淵源)

이미 서술한 것처럼 삼론 가운데 『중론』과 『십이문론』[1]은 용수의 저술이고, 『백론』은 용수의 제자인 제바가 지은 것으로 전해지고 있지만, 『십이문론』의 저자에 대해서는 아직까지 몇 가지 문제가 제기되고 있다.[2] 그러나 이 세 부의 논서가 동일한 사상적 경향을 가졌다는 점에

---

1) 『십이문론』은 범본·티베트본이 현존하지 않고 오직 409년 라집의 한역 본만이 현존한다.

2) 우정백수는 "첫째 한역본에서 용수가 저자임을 명백히 밝히고 있고, 둘째 그 게송의 내용이 용수의 또 다른 저술인 『중론』으로부터 인용된 것이 많으며, 셋째 『십이문론』(대정장30, p.159c26)의 첫 번째 게송에 '衆緣所生法 是卽無自性 若無自性者 云何有是法'이라는 구절이 있는데, 견의(堅意)가 『입대승론(入大乘論)』(대정장32, p.41b16)에서 '如尊者龍樹所說偈 因緣所生法 是卽無自性 若無自性者 云何有體相'이라고 하여, 앞의 구절을 용수가 설한 게송으로 인용하였고, 견의가 용수의 설이라고 한 게송은 『십이문론』을 제외한 용수의 다른 저술에서는 보이지 않는다"고 하여 용수의 저술로 본다(『國譯大藏經』 論部 第五卷 「三論解題」 pp.68~72). 안정광제(安井廣濟)는 『미륵보살소문경론(彌勒菩薩所問經論)』(대정장26, p.236a)의 "如尊者龍樹菩薩偈言 因緣和合生 彼法無實體 若無實體者 云何名有法"이라는 기록도 우정백수의 주장의 신빙성을 입증하는 또 하나의 근거가 될 수 있다고 하였다. 또한 삼론학의 집대성자인 길장도 "게송은 전체적으로 용수가 짓고 일부는 후대에 첨가된 것이며 장항은 청목이 주석한 것이다"(『십이문론소(十二門論疏)』, 대정장42, p.178a)라고 하여, 다른 사람의 주장을 인용하여 용수의 저술이라고 하였는데, 안정광제는 이 주장 자체는 적극적인 근거가 없기 때문에 타당하지 않다고 하고 이 논서가 용수의 저술이 아닐 수도 있을 몇 가지 근거를 다음과 같이 제시하였다. 문제가 되는 것은 『십이문론』 제8장 「관성문(觀性門)」(대정장30, p.165a)에 "見有變異相 諸法無有性 無性法亦無 諸法皆空故"라고 한 게송이다. 우선 여기

대해서는 이의가 없는 실정이다. 『중론』의 불교사에서의 위치는 『반야경』에 나타난 공사상을 철학적으로 해명한 점에 있다고 하겠다. 『반야경』에서는 유부철학을 비롯한 종래의 부파불교에서 존재의 영역에 두었던 모든 것을 공이라고 하여 부정하고 있는데, 이때 그것들이 공인 이유에 대한 조직적인 해명은 하지 않고 있다. 『중론』은 이러한 『반야경』의 공사상을 수용하면서 동시에 그것이 지니고 있는 한계를 극복하기 위하여 다양한 철학적인 근거를 제시하였다. 『중론』은 원문 그 자체로 남아 있는 것은 없고, 주석서에 인용된 형태로 전해지고 있는데, 그 대표적인 것을 보면 다음과 같다. 409년 라집이 청목(靑目)의 주석과 함

에서 이 게송은 일체공을 설하는 용수의 주장으로 서술된다. 그리고 이 게송은 『중론』 제13장 「관행품(觀行品)」(대정장30, p.18a)에 "諸法有異故 知皆是無性 無性法亦無 一切法空故"라는 게송과 동일한 내용이다. 『중론』의 이 게송에 대해서 청목의 『중론주(中論註)』와 안혜의 『대승중관석론(大乘中觀釋論)』에서는 『십이문론』과 마찬가지로 용수의 주장으로 파악하였다. 그러나 이 『중론』의 게송을 인도의 중관학파 학자인 월칭의 『중론석정명구론(中論釋淨名句論)』, 용수 자신의 주석으로 알려진 『무외주(無畏註)』, 청변의 『반야등론』, 불호의 『중론석』 등에는 자성이 있음을 설하는 반대론자의 주장이라고 하였다. 만일 『무외주』가 용수의 자주(自註)라면 용수는 동일한 내용의 게송을 『중론』에서는 반대자의 것이라고 하고, 그 논서의 강요서라고 할 수 있는 『십이문론』에서는 자신의 주장이라고 한 모순에 빠지게 된다. 따라서 혹시 『무외주』가 후인의 저술이라고 한다면, 그 저자와, 청변, 불호 등은 용수의 저술인 『십이문론』에 『중론』과 동일한 내용의 게송을 서술하고 명백하게 용수의 설이라고 드러낸 것을 보지 않았다고 하는 점을 추정할 수 있게 된다. 여기서 이들이 보지 못한 이유를 책이 산실되어서 라고 할 수도 있겠지만, 이 「관성문」의 게송은 『십이문론』 전체에 매우 중요한 게송이기 때문에, 만약 이 책이 용수의 저술인 것으로 전해져 왔다면, 용수를 계승한 중관학파의 학자로서, 설령 그 책이 없어졌다고 해도 어떤 식으로든 내용이 전해졌을 것이기 때문에 책이 산실되어서 보지 못했다고 할 수도 없다. 이러한 논리에 의해 『십이문론』은 용수와 같은 권위있는 사람의 저술이 아니라 용수 이후의 사람, 그 중에서도 『중론』의 게송을 청목, 안혜의 입장에서 이해한 논사에 의해 저술된 것이라고 추정할 수 있다(安井廣濟, 『中觀思想の硏究』, 附錄, 東京, 法藏館, 1979 3쇄, p. 374).

께 한역한 『중론』, 용수의 자주(自註)라고 전해지는 『중론무외소(中論無畏疏, Mūlamadhyamaka-vṛtti Akutobhayā)』(티베트본), 월칭(月稱, 600~650년 무렵)의 『중론석정명구론(中論釋淨名句論, Mūlamadhyamaka-vṛtti-Prasannapadā)』(티베트본과 범본), 불호(佛護, 470~540년 무렵)의 『근본중론주(根本中論註, mūlamadhyamaka-vṛtti)』(티베트역), 청변(淸辨, 6세기 경)의 『반야등론(般若燈論, Prajñāpradīpa-mūlamadhyamaka-vṛtti)』(한역본과 티베트본), 안혜(安慧, 475~555)의 『대승중관석론(大乘中觀釋論, Mūlamadhyamakasandhi-nirmocana-vyākhyā)』(한역본), 무착(無着, 4~5세기 경)의 『순중론(順中論)』(한역본) 등이 있다.3)

　『중론』의 서술방식은 어떤 사상을 정립한 후에 그것의 논리적 타당성을 설명해 나가는 것이 아니라, 이미 존재하던 특정사상에 대해서 그것이 지니고 있는 논리적인 모순을 폭로함으로써 그 자리에서 진리가 드러나도록 하는 방식을 취하고 있다. 이러한 정신은 삼론학에서 파사즉현정4)이라는 사상으로 계승된다. 새로운 것을 주장하는 것이 아니라, 이미 붓다에 의해 설해진 교설에 대한 잘못된 이해를 물리침으로써, 그 자리에서 붓다의 가르침에 대한 올바른 이해가 생겨나도록 하는 것이다. 또한 용수의 파사적 태도에 의해, 그의 주장을 허무주의적 공론(空論)으로 이해한 상대방의 지적에 대한 답변에서 잠깐 나타나는 이제설(二諦說)은 삼론학에서 이제시교설(二諦是敎說)·이제합명중도설(二諦合名中道說)·사중이제설(四重二諦說) 등으로 발전적으로 계승되었다. 이 밖에 이 논서에 나타난 상의상대(相依相待)의 연기설, 팔불중도(八不中道) 등이 삼론학의 형성에 큰 영향을 미친 것으로 평가된다.

---

3) 小林守, 「中觀論書」 『梵語佛典の硏究』 Ⅲ(塚本啓祥, 松長有慶, 磯田熙文 編, 京都, 平樂寺書店, 1990), p.108.
4) 서론의 주12)의 내용을 참조할 것.

24

『백론』의 본문은 제바가 지었고 바수(婆藪)5)가 주석을 달았다. 승조에 의하면 이 논서는 본래 모두 각 5게송을 가진 20개의 품으로 이루어졌는데, 10품은 중국불교에 보탬이 되는 내용이 아니기에 번역하지 않았다고 하여6) 『백론』이라는 이름이 본래 20품이었던 범본의 게송의 숫자에서 유래한 것임을 밝혔다. 그러나 현재 전하고 있는『백론』의 내용을 보면 게송과 주석의 구별이 명료하지 않아, 품마다 5게송으로 구성되었다고 확정지을 만한 근거를 찾기 어렵다. 본서는 404년 라집에 의해 한역되었고, 범어나 티베트본이 존재하지 않는다. 이 논서는 용수의 공사상과 파사정신을 발전적으로 계승하여, 불교내의 여러 학파에 한정하지 않고 당시에 유행하던 불교 이외의 여러 학파의 사설(邪說)을 함께 논파하였다. 자연철학과 논리학을 주로 주창하였던 정리학파(正理學派)와 정신과 물질의 이원론(二元論)을 설한 수론파(數論派), 여섯 가지 범주에 의해 세계의 현상을 실재론적으로 설한 승론파(勝論派) 등 세 학파의 학설을 많이 언급하고 있다. 『중론』은 다른 학파의 이견을 무너뜨리는 가운데, 그 견(見)의 바른 모습이 드러나지만, 『백론』은 이견을 물리치는 것이 논의의 본질이 되는 경향이 있다. 이것은『중론』이 각 장(章)의 제명(題名)에 있어서 다양한 문제를 관찰한다고 하는 말을

---

5) 길장은 『백론소 (百論疏)』(대정장42, p.234b)에서 주석자인 바수(婆藪)를 『구사론(俱舍論)』의 저자인 바수반두(Vasubandhu)와 동일인물로 보았다(有婆藪下…… 天親本小乘學 造五百部小乘論 方等遂沒翳而不傳). 이후로 오랫동안 이것이 정설인 것처럼 여겨져 왔으나, 다음과 같은 측면에서 비판을 받았다. 첫째 『백론』은 라집이 번역했기 때문에 바수반두의 출생연대가 그보다 앞서야 하는데, 현재 연구결과에 의하면 5세기에 출생한 것을 정설로 치는 점, 둘째 라집보다 먼저 태어났다고 가정할 때, 라집이 바수반두의 활동권인 가습미라국에서 소승을 배웠던 일이 있고, 그렇다면 이때 반드시 바수반두의 사상을 접했을 것인데, 중국에서의 행적에서 그에 대하여 사상적으로나 인물적인 측면에서의 언급이 전혀 없었다는 점 등이다(羽溪了諦, 『國譯一切經』 中觀部 1 「三論解題」, 東京, 大同出版社, 1930, p.39).

6) 『百論序』(대정장30, p.168a)

사용하고 있음에 비해, 『백론』의 여러 장은 다양한 견해를 파척하고 좇아버린다는 표현을 사용한다는 점에서 알 수 있다.7) 인도의 중관학파가 오로지 용수의 『중론』을 연구하는데 주력하였던 것에 비해서 삼론학파는 『백론』을 중시하여, 이 학파가 중점적으로 의지하는 3부의 논서 중 하나로 들었는데, 이것은 이 논서가 갖는 파사현정의 철저화라는 성격을 높이 평가하였기 때문인 것으로 생각된다.

『십이문론』도 역시 409년 라집이 번역하였는데, 『중론』에서 12가지의 주제를 선별하여 그 사상을 자세하게 설명함으로써 공성을 깨닫게 할 목적으로 쓰여진 입문적인 강요서이다. 모두 26개의 게송과 그에 대해 주석을 달은 문장으로 이루어졌는데, 26개의 게송의 2/3 이상이 『중론』에서 인용되었을 정도로 『중론』과 관계가 깊으며, 또한 『중론』처럼 양도논법을 사용하여 우리들의 인식경험, 즉 상대적 지식 일체를 부정하고 있다.

라집의 제자인 승예(僧叡)는 노장사상(老莊思想)에 의해 불교를 이해하는 격의(格義)의 방식이 불교의 근본사상인 성공(性空)의 진리와 멀리 떨어진 것8)임을 지적하고, 『중론』의 역출로 인해 비로소 현자들이 실상(實相)을 논할 수 있게 되었다9)고 함으로써, 이 논서의 중요성을 강조하였다. 승예의 태도를 통해 인도에서 『중론』의 성립이 그 후의 대승불교의 사상적 전개의 원점이었던 것처럼 중국에서도 『중론』을 필두로 하는 삼론의 전역은 본격적인 대승불교사상연구의 개시를 알리는 것으로 받아들여졌음을 알 수 있다.

---

7) 山口益, 『般若思想史』 4장 「龍樹の 中觀說」 「5)提婆の 諸百論の 傾向」(京都, 法藏館, 소화53 6쇄), p.50. 예를 들면 『중론』의 품명은 「관사제품(觀四諦品)」, 「관거래품(觀去來品)」 등과 같이 앞에 '관'이 붙어 있고, 『백론』의 품명은 「사죄복품(捨罪福品)」, 「파신품(破神品)」 등과 같이 앞에 물리침의 뜻을 가진 단어가 붙어 있다.

8) 『出三藏記集』 권8 「毘摩羅詰堤經義疏序」(대정장55, p.59a), 「格義迂而乖本 六家偏而不卽性空之宗.」

9) 『中論序』(대정장30, p.1a), 「今而後 談道之賢 始可與論實矣」.

26

인도에서 용수의 학설을 계승한 학자들은 주로 『중론』을 중점적으로 연구하였기 때문에 중관학파라고 부른다. 이들의 저술에서 삼론이라는 용어가 사용된 기록이 없을 뿐 아니라, 세 가지 논서를 함께 중요시한 흔적도 없다. 또한 『십이문론』은 범본이나 티베트본이 존재하지 않는다. 따라서 삼론이라는 용어는 중국불교 고유의 것이다. 이 용어가 언제부터 사용되었는가를 살펴보는 것은 삼론학의 성립과 관련해 중요한 시준이 될 수 있을 것이다.10)

이상의 세 논서를 함께 묶어서 삼론이라고 칭한 것이 언제부터인가는 확실하지 않다. 현재 전하는 기록에 의하면 라집의 제자인 승도(僧導)에게 『삼론의소(三論義疏)』라는 저술이 있었다고 하는데,11) 이것이 사실이라면 '삼론'이라는 용어는 이 논서가 번역된 초기부터 사용된 것으로 볼 수 있다. 그러나 이 책은 현존하지 않을 뿐 아니라 그 전승의 흔적도 찾기 어렵다는 점, 『삼론의소』를 책의 명칭으로 보기보다는 3부의 논서 각각에 승도가 의소(義疏)를 지었던 것을 편의상 하나로 묶어서 표현한 것, 곧 '세 가지 논서 각각에 대한 의소'라는 뜻으로 사용한 것일 수도 있다는 점 등에 의해 이러한 단정은 무리한 것이라는 점이 지적된다.12) 다만 혜교(慧皎)의 『고승전(高僧傳)』에 여러 고승들의 행적을 기록하면서 '삼론에 통달했다'는 말을 빈번하게 사용하고 있는 것으로 보아, 이 책이 성립된 시기인 519년에는 이미 삼론이라는 말이 정착되었음을 알 수 있을 뿐이다.13)

그런데 승도의 스승이었던 승예가 라집이 살아있을 때 지은 『중론서(中論序)』에서 "『백론』은 외도(外道)를 다스려 삿된 것을 없애고, 『중론』은 내도(內道)를 좇아서 막힌 것을 흐르게 하며, 『대지도론(大智度

---

10) 이하는 平井俊榮이 지은 『中國般若思想史硏究』, pp.9~10을 참조하였다.
11) 『梁高僧傳』 권7 「釋僧導傳」(대정장50, p.371b), 「迺著成實三論義疏 及空有二諦論等.」
12) 平井俊榮, 『中國般若思想史硏究』, p.10.
13) 『高僧傳』 권7, 대정장50, p.369, 373c, p.375c 등.

論)』은 폭넓게 불교의 진리를 펼쳐 보이고, 『십이문론』은 불교의 진리를 정교하게 고찰한다. 이 네 가지 논서를 잘 연구하면 진실로 해와 달을 가슴에 품은 듯 환히 꿰뚫어 비추지 못하는 것이 없게 된다"14)고 하였다. 여기에선 삼론에 『대지도론』을 더하여, 이들이 동일한 범주로 묶여질 수 있는 사상을 가진 것으로 보는 시각을 분명히 보여주고 있기 때문에, 삼론이라는 용어 자체를 사용했는지의 여부는 불분명하지만 삼론을 동일한 범주에 넣어 이해하려는 태도는 이미 성립된 상황이었다고 볼 수 있겠다.15)

이상을 통해서 라집에 의한 경전 번역의 시기에 삼론의 근본사상을 규정하고, 이것을 통해 불교 전체를 이해하려는 명백한 시도가 나타났던 것은 아니지만, 세 가지 논서가 어떤 식으로든 동일한 사상적 맥락을 지니고 있다는 것에 대한 어렴풋한 자각은 존재했던 것을 알 수 있다. 이것은 나중에 서술할 것처럼 라집을 삼론학의 성립에 있어서 최초의 인물로 볼 수 있는 근거가 되기도 한다.

2. 종(宗)과 학(學)의 함의(含意) 이해

현재 학계에서 길장에 의해 집대성된 삼론을 중시하는 학파를 일컫는 호칭은 크게 삼론학과 삼론종의 두 가지로 분류된다.16) 이 가운데

---

14) 『中論序』(대정장30, p.1b), 「百論治外以閑邪 斯文袪內以流滯 大智釋論之淵博 十二門觀之精詣 尋斯四者 眞若日月入懷 無不朗然鑒徹矣.」
15) 平井俊榮, 『中國般若思想史研究』, p.10.
16) 평정준영이 편찬한 『三論敎學の 硏究』(東京, 春秋社, 1990)에 수록된 삼론학과 관련된 27편의 연구논문 속에 삼론종이라는 용어를 사용한 것이 하나(『維摩經義疏』と 三論宗－僞撰說再考, 袴谷憲昭)이고, 나머지는 모두 삼론학, 삼론교학이라고 명명하였거나, 삼론학의 집대성자로 알려진 길장

이라는 용어로서 삼론학을 대신하였다. 평정준영은 삼론학자로서 삼론학을 종파적인 의미에서의 삼론종이라는 용어로부터 구별하기 위해 그 문헌적 근거를 제시한 최초의 학자이다. 『三論敎學の 研究』라는 책에 삼론종이라는 용어가 사용되지 않는 것은 그의 이러한 노력의 결실일 것으로 생각된다. 삼론학의 전공자가 아닌 학자들이 불교사상사의 일부로서 삼론학을 다룰 때, 거의 대부분이 삼론종이라는 용어를 사용한다. 『三論敎學の 研究』의 부록으로 수록된 삼론학 관련논문의 제명을 보면, 삼론학 보다는 삼론종이라는 용어가 더욱 많이 사용되어 왔음을 알 수 있다. 탕석여는 삼론종이라는 용어에 대해, 종파적인 의미에서의 '종'과는 구별된다는 것을 전제로 하고 삼론종이라는 용어를 사용하고 있다(『漢魏兩晋南北朝佛敎史』, 臺北, 漢聲出版社, 1972, p.718). 그러나 삼론종이라는 용어를 사용하는 대부분의 학자는 이러한 용어에 대한 반성이 없이 선종, 화엄종, 법상종 등과 동일한 개념으로서 사용하고 있다. 대만에서 출판된 삼론학 연구논문집인 『三論宗之發展及其思想』(臺灣, 大乘文化出版社, 민국67)에서도, 그 제목 자체가 삼론종일 뿐 아니라, 그 안에 수록된 21개의 논문 가운데 16개의 제명이 삼론종이라는 용어를 사용하였고 나머지는 삼론학, 삼론가(三論家), 삼론 등을 사용하여, 삼론종이라는 용어를 더욱 많이 사용하고 있음을 알 수 있다. 여징(呂澄)도 『中國佛學思想論』(台北, 天華出版社, 1991), p.175에서 수나라 때 성립된 다섯 종파의 하나로 삼론종을 열거하였다. 우리나라 최초의 삼론학자라고 할 수 있는 김잉석(金芿石)은 「僧朗을 繼承한 中國三論의 眞理性」(동국대학교, 불교학보 1집, 1963)이라는 논문에서 삼론이라는 용어를 자주 사용하고 이것으로 삼론학, 삼론종이라는 의미를 내포하기도 한다. 김하우도 또한 삼론, 삼론종, 삼론학이라는 용어를 구별 없이 사용하고 있는데, 특기할 것은 삼론학을 중국 중관학파라고 명명하기도 하는 점이다. 이것과 더불어 특히 '삼론'이라는 용어를 많이 사용하면서 그 속에 삼론학, 삼론종의 의미를 내포하고 있는 것을 고려할 때, 삼론학에 대해서 인도 중관학파의 계승이라는 측면에 더욱 가치를 두는 것으로 보인다. 또한 이것은 중국에서 후대에 성립한 고유의 종관념과 삼론학은 무관하다는 것을 드러내는 것이기도 하다(『불교철학연구』, 예문서원, 2001). 김인덕(金仁德)은 삼론학과 관련된 많은 논문 중에서 삼론학이라는 용어를 자주 사용하고 있다. 간혹 삼론종이라는 말을 사용하기도 하지만, 이는 아주 일부이며 제명에는 삼론학이라고 명명하는 것으로 보아, 그 주된 취지가 삼론학에 있음을 알 수 있다(「三論學의 中道佛性論」, 불교학보 21집. 「吉藏의 草木成佛論」, 불교학보 22집. 「吉藏의 破邪論 小考」, 불교학보10집. 「三論玄義 顯正論 研究」, 동국대학교박사학위논문, 1979). 고익진(高翊晋)도 신삼론의 종조인 고구려 출신의 승랑(僧朗)에 대해 연구하면서, 삼론학이라는 용어를

에서 삼론종이라는 명칭이 더욱 많이 사용되는 것이 현재 학계의 실정이지만, 필자는 삼론학이라는 용어를 채택하였다. 삼론종이라는 용어에 대해서 필자가 문제를 제기하는 이유는 삼론학의 관련 논서를 탐구할 때 전 저술에 흐르는 근본정신은 불교의 모든 사상을 하나라도 버리거나 배격하지 않고 감싸 안으려는 포용성이라는 점을 간과할 수 없기 때문이다. 오늘날 '종'이라는 말의 일상적 용법 속에는 어떤 식으로든 하나의 사상적 입각점을 갖고 버려야 할 것과 지녀야 할 것을 가르는 태도가 내포되어 있다. 그러나 삼론학에서는 어떤 사상에 대해서도 그것 자체의 고유의 입장을 고수하면서 그것을 지켜 가기 위해 노력하는 모습을 볼 수 없다. 다만 사상의 고착화를 치열하게 배격하며, 설령 삼론학 자신의 주장일지라도 그러한 비판으로부터 자유로울 수가 없는 측면이 자주 부각된다. 이것은 파사즉현정이라는 삼론학의 논리에서 잘 드러난다. 보통 사상가들은 특정 종류의 바른 것〔正〕을 내세우고 그것에 어긋나는 것〔邪〕을 배격하는 형식으로 자신의 학파 또는 종파를 형성해 간다. 그러나 삼론학은 잘못된 것을 물리칠 뿐이고 새로운 것을 세우지 않는 것을 '정(正)'의 구체적인 내용을 정립하는 것보다 우선으로 한다. 잘못된 것을 물리치는 그 자리에서 바른 것이 드러날 뿐이므로, 궁극적인 진리에 입각할 때는 새롭게 바른 것을 세울

사용하고 있다(『韓國佛敎思想史』 제3장 제1절 「高句麗 僧朗의 三論學과 그 영향」, 동국대학교출판부, 1989). 또한 김용표(金容彪)의 『불교와 종교철학―공사상으로 본 세계종교』 제3장 「구마라집의 역경해석학과 중관사상」과 제4장 「서구불교학의 문제점과 수용의 과제―반야·중관학을 중심으로―」(동국대학교출판부, 2002)에서도 삼론학, 또는 삼론학파라는 명칭을 사용하였다. 이상으로 볼 때, 대만에서는 삼론종이라는 용어가 많이 사용되었고, 오늘날까지 그 전통이 이어지고 있으며, 일본에서는 평정준영을 중심으로 한 일군의 삼론학 전공자에게서는 삼론학이라는 용어가 선호되고, 나머지 불교대가들의 사상사에서는 삼론종이라는 용어가 사용되며, 우리나라에서는 삼론학이라는 용어가 일반적으로 사용되고 있음을 알 수 있다.

필요가 없는 것이다. 그러므로 모든 학파와 종파는 그 자체가 파사(破邪)의 대상이기도 하면서 현정(顯正)의 주인공이기도 하다. 이러한 형식의 논리를 구사하는 학파, 즉 자신만의 실천적 관법이라든가 독자적인 체계를 지니고 그것을 조직화하는 것을 거부하는 학파를 '종'이라고 부르기 위해서는 우리가 일반적으로 사용하는 '종'이라는 의미를 넘어선 새로운 형태로서의 '종'의 이해가 필요한 것으로 보인다.

인도에서 '종'에 해당하는 범어는 두 가지가 있다. 첫째 siddhānta로 각각의 가르침이 중요하게 여기는 근본적인 취지를 가리킨다. 둘째 paksa로 인명학(因明學)의 삼지작법(三支作法)에서 사용하는 용어의 하나로, 논증해야 할 주제를 일컫는 말이다. 중국에서는 소종(小宗)과 대종(大宗)이라고 할 때의 '종'이 가장 원초적인 형태의 '종'의 의미이다. 여기에서의 '종'은 동일한 조상에게서 나온 후손들로 서로 존귀하게 여긴다는 뜻에서 붙여진 명칭이다. 결국 '종'은 인도에서든 중국에서든 초기에 모두 존귀하게 여기는 것이라는 뜻으로 사용되었음을 알 수 있다.17)

중국에서 찬술된 불교 관련문헌에 나타난 '종'의 용례를 초기불교의 대표적 인물인 승조의 『조론(肇論)』을 통해서 알아보면 다음과 같다. 우선 여기에 수록된 네 편의 논문에 대한 서문(序文)의 명칭이 「종본의(宗本義)」인데, 이 글은 네 가지 논문이 나타내고자 하는 근본적인 뜻을 논하는 내용을 담고 있으므로, '종'이란 근본적인 것이라는 뜻으로 사용되었음을 알 수 있다. 이것은 원강(元康)의 다음과 같은 주석에서도 드러난다.

> 종(宗)은 종조(宗祖)이고 본(本)은 근본이라는 뜻이다. 승조법사는 본무(本無), 실상(實相) 등을 여러 경론의 종본(宗本)이라고 보았다. 이제 이 뜻을 밝히기 때문에 종본의라고 한다. 또한 이렇게 분

---

17) 顔尚文, 『隋唐佛教宗派研究』(臺北, 新文豊出版公司, 민국69), p.4.

량이 적은 글로 이하에 수록된 네 가지 논문의 종본을 삼기 때문에 종본이라고 한다.[18]

다음으로 『조론』의 본문에 나타난 '종'의 용례를 살펴보면 다음과 같다.

진리의 말씀은 시비를 다투어 변론하는데서 막히고, 종도(宗途)는 다른 것을 좋아하는데서 굽혀진다. 그러므로 고요함과 움직임의 극치는 말하기 쉽지 않다…… 무릇 지극히 텅비어 생겨남이 없는 것은 대저 반야가 현묘(玄妙)하게 비추는 오묘한 취처(趣處)이고 존재하는 모든 것의 종극(宗極)이다…… 그 때문에 요즈음 담론하는 사람들이 허종(虛宗)에 이르러서는 매번 의견의 일치를 보지 못하였다…… 텅 비고 현묘한 반야는 삼승(三乘)의 종극이니, 진실로 참된 하나로서 차별상이 없는 것이다.[19]

'종도'란 바른 길로 인도하는 근본이 되는 길, '종극'이란 모든 것들의 궁극적인 근원, '허종'이란 반야공(般若空)의 근본적인 뜻을 나타낸다.[20] 그러므로 이 용례에서 '종'이란 존귀하게 여기는 것, 그와 동시에 근본적인 것이라는 뜻을 내포하고 있다. 특히 허종이라는 말에서 '종'은 특정사상 또는 경전의 근본적인 취지를 나타내는 뜻으로 사용되었다는 점에서 주목된다. 이는 후대에 있어서까지 '종'의 의미로 사용된 개념이기 때문이다.

---

18) 『肇論疏』((대정장45, p.165a), 「宗者宗祖 本名根本 肇法師 以本無實相等 是諸經論之宗本 今明此義 故云宗本義也 亦可以此少文 爲下四論之宗本 故云宗本義也.」
19) 『肇論』(대정장45, pp.151a), 「眞言滯於競辯 宗途屈於好異 所以靜躁之極 未易言也…… 夫至虛無生者 蓋是般若玄鑑之妙趣 有物之宗極者也…… 故頃爾談論 至於虛宗 每有不同…… 夫般若虛玄者 蓋是三乘之宗極也 誠眞一之無差.」
20) 뒤를 이어 승조는 반야의 이해에 대한 3가의 이설을 들어 비판하고 있는데, 이것으로 보아 허종(虛宗)은 반야로 환언할 수 있다.

승조 자신이 특정경전과 다른 경전과의 차이성을 의식하였는가의 여부는 알 수 없지만, 후대에 이르러 중국불교는 여러 경전의 차이성을 어떻게 이해할 것인가에 관심이 쏠리게 되었는데, 이러한 관심의 물결에 의해 나타난 중국불교사상의 독특한 양식이 바로 교상판석(敎相判釋)이다. 중국 초기불교는 여러 경전을 총괄하는 근본적인 사상을 규명하는 것에 중점을 두었고, 다시 시간이 흐르면서 여러 경론이 각각 지니고 있는 근본특성을 찾아내려는 분석적 경향으로 나아갔다.[21] 여러 경전의 본질, 곧 경종(經宗)의 탐구를 기반으로 하여 여러 가르침을 비교 연구하는 작업이 교상판석이기 때문에, 이것은 '종'의 관념과 밀접한 관계를 맺고 있다.

이러한 노력에 의해 성립된 여러 가지 교판론 가운데, '종'의 의미와 관련하여 특히 주목되는 것은 혜광(慧光, 468~37)의 교판론이다. 그 이전의 대표적인 교판론은 혜관(慧觀, 368~438)의 이교오시설(二敎五時說)인데, 여기엔 '종'이라는 용어가 사용되지 않았던 것에 비해, 혜광은 인연종(因緣宗: 毘曇), 가명종(假名宗: 成實), 부진종(不眞宗: 三論), 진종(眞宗: 十地論) 등의 사종교판(四宗敎判)[22]을 시설하였기 때문이다. 혜광은 여기에서 각 논서가 드러내는 근본적인 뜻을 '종'이라는 용어로 표현하였다.

정영사(淨影寺) 혜원(慧遠, 523~592)은 『대승의장(大乘義章)』에서 '종'의 완성된 의미를 다음과 같이 제시하였다.

---

21) 眞野正順, 『佛敎における宗觀念の成立』 제2편 中國(東京, 理想社, 1964), p.236. 예를 들면 광택사의 법운(460~529)이 그 선구적인 예가 된다. 그는 모든 경전의 종지는, 첫째 인(因)을 종(宗)으로 삼는 것, 둘째 과(果)를 종으로 삼는 것, 셋째 인(因)과 과(果)를 종으로 삼는 것 등의 세 가지로 요약할 수 있는데, 첫 번째는 『승만경』, 두 번째는 『열반경』, 세 번째는 『법화경』이 해당한다고 하였다(『法華義記』, 대정장33, p.574b).

22) 『大乘玄論』(대정장45, p.63c), 「四宗者 毘曇是因緣宗 成實謂假名宗 三論名不眞宗 十地論爲眞宗.」

종을 정한다는 것은 다음과 같은 뜻이다. 여러 경전은 부류에 따라 구별되니, 종취(宗趣)도 또한 다르다. 종취가 비록 많지만 요약하면 오직 두 가지이다. 첫째 말로 나타낸 것〔所說〕이고, 둘째 드러내려고 하는 것〔所表〕이다. 말로 나타낸 것은 이른바 행덕(行德)이고, 드러내려고 하는 것은 드러내려는 법을 말한다. 단지 법은 드러내기 어려우니 덕에 의해 드러난다. 법을 드러내는 덕문(德門)은 한량없는 차별이 있기 때문에 여러 경전으로 하여금 종취도 각각 다르게 드러내도록 한다.23)

경전의 종취에는 말로 나타난 것과 말에 의해 드러내려는 것의 두 가지가 있다. 드러내려는 법은 말로 표현할 수 없기 때문에 눈에 보이는 덕에 의지하여 그 뜻을 드러내게 되는데, 이 덕의 문이 한량없기 때문에 여러 경전의 종취에 차이가 나타난다. 곧 모든 경전이 드러내고자 하는 근본적인 뜻은 동일하지만, 그 근본적인 뜻을 드러내기 위해 다양한 언설로서 나타난 그 형식은 그 속에서 또한 그 나름대로의 근본적인 뜻을 갖는다. 이것은 ‘종’의 두 가지 의미를 포괄적으로 해명한 것이라고 하겠다. 전 불교를 일관하는 근본사상도 ‘종’이지만 그것은 말로 설명할 수 없기 때문에 우리가 대상으로 하는 것은 다양한 언설로 표현된 것들이고, 이들 각각이 갖는 근본사상을 또한 ‘종’이라고 한다. 그러므로 우리가 경전을 접할 때 우선해야 할 것은 바로 이러한 의미의 종취를 간취하는 것이다. 혜원은 이러한 입장을 제시한 후 바로 여러 경전의 종취를 다음과 같이 규정하였는데, 여기에서 ‘종’은 각 경전을 성격 지우는 특수한 본질을 가리킨다.

---

23) 『大乘義章』(대정장44, p.466c), 「言定宗者 諸經部別 宗趣亦異 宗趣雖衆 要唯二種 一 是所說 二 是所表 言所說者 所謂行德 言所表者 同爲表法 但 法難彰 寄德以顯 顯法之德門 別無量 故使諸經 宗趣各異.」

34

예를 들어 저『발보리심경』등은 발심(發心)을 밝히는 것을 종취(宗)
로 삼고,『온실경』등은 보시를 밝히는 것을 종취로 삼으며,『청정비
니우바새계』등의 경전은 계(戒)를 밝히는 것을 종취로 삼고,『화엄
경』·『법화경』·『무량의경』등은 삼매(三昧)를 밝히는 것을 종취로
삼으며,『반야경』등은 지혜를 밝히는 것을 종으로 삼고,『유마경』
등은 해탈을 밝히는 것을 종취로 삼으며,『금광명경』등은 법신(法
身)을 밝히는 것을 종취로 삼고,『방등여문』등의 경전은 다라니를
밝히는 것을 종취로 삼으며.『승만경』등은 일승(一乘)을 밝히는 것
을 종취로 삼고,『열반경』등은 부처님께서 증득하신 원적(圓寂)의
묘과(妙果)를 밝히는 것을 종취로 삼는다. 이와 같은 경전은 주로
밝히고자 하는 것은 각각 다르지만, 그 속에서 설하는 내용은 모두
대승의 연기(緣起)와 행덕(行德)의 궁극적이고 완전한 뜻을 드러내
는 것이라는 점에서 같다.24)

　이상과 같이 삼론학의 집대성자인 길장의 시대에 이르기까지 '종'이
라는 용어에는 근본사상이라는 뜻이 들어 있을 뿐, 후대에 이르러 발
생한 종파적인 의미의 종개념은 나타나지 않았던 것으로 보인다. 이
시대에 쓰여진 모든 저술 속에서 성실종, 비담종, 삼론종 등이라는 용
어가 거의 나오지 않는 점, 설령 몇 군데에서 성실종, 비담종 등이라
는 용어를 사용하고는 있지만 그 구체적인 내용은 이미 살펴본 것과
같은 의미에서의 '종'을 벗어나지 않는다는 점25)은 이에 대한 증거가

―――――――――――――――――

24)『大乘義章』(대정장44. p.466c),「如彼發菩提心經等　發心爲宗　溫室經等
　　以施爲宗　淸淨毘尼優婆塞戒　如是等經　以戒爲宗　華嚴法華無量義等　三昧爲
　　宗　般若經等　以慧爲宗　維摩經等　解脫爲宗　金光明等　法身爲宗　方等如門
　　如是經等　陀羅尼爲宗　勝鬘經等　一乘爲宗　涅槃經等　以佛圓寂妙果爲宗　如
　　是等經　所明各異　然其所說　皆是大乘緣起行德究竟了義.」

25) 길장은『三論玄義』(대정장45. p.5c)에서 "비담종에 의하면 3승은 동일하
　　게 사제를 본 후에 도리를 증득한다. 성실의에 따르면 단지 일멸(一滅)에
　　계합하여야 비로소 성도를 성취한다. 依毘曇宗　三乘則同見四諦　然後得道
　　就成實義　但會一滅　方乃成聖"라고 하였는데, 본문의 비담종은 비담의 근
　　본적인 주장이라는 뜻으로, 여기에서의 종은 성실의(成實義)라고 할 때,

될 수 있다.

이러한 '종'의 의미가 어떻게 후대에 종파적인 의미의 '종'으로 사용되게 되었는가? 양자의 의미 사이에 어떤 개념적인 유사성은 존재하지 않는 것인가? 먼저 특정 경론의 근본사상을 '종'이라고 표현하는 용례에 주목하면, 특정 경론의 특성으로 여겨지는 이 '종'의 개념이 확장되어, 모든 경론의 '종'이라는 뜻으로까지 발전되었고, 바로 여기에서 종파로서의 '종'의 의미가 들어 설 여지가 생겨난 것으로 볼 수 있다.

육조후기(六朝後期) 불교교단의 특성 중 하나는 특정 경론을 중점적으로 강론하는 경사(經師) 또는 논사(論師)가 매우 많았던 것을 들 수 있는데, 이들이 처음에는 특정 경론의 집중적 논의로서 '종'을 밝히던 것이 점차 시간이 흐르면서 그 '종'의 절대화라는 또 다른 흐름을 갖게 되었던 것으로 추정된다. 즉 자신이 중점적으로 연구하는 경론의 중요성을 강조하는데 그치지 않고, 그것을 통해 여타의 경론을 모두 통섭하려는 경향성이 나타났고, 그러한 경향성이 보다 진전되어 배타성을 가지면서 종파로서의 '종'의 의미가 나타난 것이다. 이러한 맥락에서 보면 삼론학은 그 중간지점에 위치한다. 길장은 그의 저술 속에서 각 경론의 종지를 밝히는데 그치는 것이 아니라, 삼론을 불교의 가장 근본적인 사상이라고 보고, 다시 삼론으로 여타의 경론을 통섭하려는 시도를 하고 있기 때문이다. 길장은 『열반경유의(涅槃經遊意)』에서 다음과 같이 말한다.

'의'와 그 의미가 같다. 또한 보량(寶亮, 444~509)은 『열반경집해(涅槃經集解)』 권1(대정장37, p.399a)에서 "도혜(道慧, 451~481)가 다음과 같이 말하였다. 이 품을 크게 네 단으로 분과할 수 있다. 첫째 대중이 슬퍼하여 탄식하는 것 둘째 붓다가 열반종을 열어 보이는 것 셋째 빼어난 수행을 설하는 것 넷째 회통하는 것이다. 道慧記曰 大分此品爲四段 第一 大衆哀歎 第二 佛開涅槃宗 第三 說勝修 第四 會通也"라고 하였는데, 본문의 열반종이란 열반의 근본사상이라는 뜻이다.

저들은 이렇게 말한다. 뒤의 약으로는 뒤의 병을 치료하니, 뒤의 약은 뒤의 경의 종지이다. 앞의 약으로 앞의 병을 치유하니, 앞의 약은 앞의 경의 종지이다. 삼론학에서는 다음과 같이 밝힌다. 그대는 앞의 약이 앞의 경의 종지라고 하였다. 그런데 앞의 경에는 한량없이 많은 종류가 있으니 어찌 모두 아울러 무상(無常)을 앞의 경의 종지라고 할 수 있겠는가. 이미 무상을 종지라고 할 수 없으면 뒤의 경에 대해 어찌 상(常)을 종지라고 할 수 있겠는가. 이제 그대의 주장에 상대하기 때문에 무득을 종지로 삼는다. 그대는 상(常)을 종지로 한다고 하였는데 어디에 그것이 나오는가. 나는 이제 경문에 '무득이란 대열반(大涅槃)이다'라고 한 말에 의지하기 때문에 무소득을 이 경의 종지로 삼는다…… 이제 상을 밝히고 무상을 밝힘은 인연가명(因緣假名)에 의해 설한 것이니, 있다고 할 만한 무상(無常)도 없고 얻을 만한 상(常)이라는 것도 없다. 한결같이 무소주(無所住)이므로 무소득이라 한다…… 이제 모든 법은 일찍이 상(常), 무상(無常)이 없고 혹은 상(常)을 설하고 혹은 무상(無常)을 설해도 제법실상(諸法實相)에서 상(常)과 무상(無常)을 행한다. 그리하여 무소득은 단지 이 경의 종지일 뿐 아니라 모든 대승의 바른 뜻이다.[26]

보통 『열반경』은 상주를 밝힌 것으로 인정되지만, 길장은 상주라고 하면 불상(不常)과 대립된 개념을 갖게 되고, 이로써 중도의 본질에서 벗어난 치우친 견해에 집착하게 되기 때문에, 무소득을 이 경전의 근본사상이라고 보아야 함을 주장한다. 무소득은 뒤에서 서술할 것이지만, 삼론학의 근본사상이며, 이 종취의 근거가 되는 경론은 반야부경

---

26) 『涅槃經遊意』(대정장38, p.232b), 「彼云 後藥治後病 後藥爲後經宗 前藥治前病 前藥爲前經宗 今明前藥爲前經宗 前經有無量種 豈得倂以無常爲經前宗 旣不可無常爲宗 後經寧得以常爲宗 今對彼故 以無得爲宗 汝以常爲宗 文何所出 我今依經文自云 無得者 名大涅槃 故無所得 此經宗也…… 今明常明無常 因緣假名字說 無有無常可有 亦無有常之可得 一無所住故 名無所得也…… 今明諸法 未曾常無常 或說常 或說無常 諸法實相 行常無常也 然無所得 非但是此經宗 通是一切大乘之正意也.」

전과 삼론이다. 길장은 여기에서 삼론을 통해 『열반경』을 통섭하려는
경향성을 보이고 있음을 알 수 있다. 삼론학 그 자체가 종파불교는 아
니지만, 그 맹아를 가지고 있었다고 보는 학자들의 주장이 타당성의
여지를 갖는 것은 바로 이러한 점 때문일 것으로 보인다. 그러나 길장
에게서는 여타 교판론의 일반적인 통섭경향과 다른 점이 발견되는데,
여러 경론을 가치론적으로 배열하고 그 가운데 어느 특정경론의 우월
성을 주장하는 것이 아니라, 삼론과 반야계경전을 통해 얻은 무득의
근본정신을 여러 경론의 근본정신으로 확대시키는 점이 그것이다.[27]

탕석여(湯錫予)는 종파의 성립요건은, 「첫째 교리를 천명하고 스스
로 방도(方道)를 찾아내는 것, 둘째 파벌이 심화되어 하나의 주장을
맹신하고 다른 것을 무시하는 것, 셋째 대기설법(對機說法)한 가르침
가운데 자신이 중시하는 가르침만이 가장 뛰어나다고 하여 다른 학파
와 서로 충돌하는 것」 등이라 하고, 남북조시대(南北朝時代)에는 이러
한 의미에서의 종파는 없었다고 하였다.[28] 삼론학파는 삼론에 의해
공의 이치를 설했으나 파벌의 의미는 없었고 다른 논서나 경전을 무시
하지도 않았으며, 성실논사들은 이 논서를 중점적으로 홍포하기는 하
였으나 여타의 경론도 중시하였고 도통의식 같은 것은 없었다. 뒤에서
서술하겠지만 삼론학의 교판론에서 그 중심경전인 『반야경』이 하위에
위치한다는 것은 이러한 면모를 잘 보여주는 것이라 할 수 있다.[29]

람길부(藍吉富)는 종파의 성립조건으로 「첫째 해당 종(宗)이 소속된
사원, 곧 전종사원(專宗寺院)이 있어야 하고, 둘째 교의상 일반불교와
다른 독특한 체계가 있어야 하며, 셋째 해당종파의 교도는 자신이 속
한 종파에 대해 종파 및 종조의식이 있어야 한다」[30]고 하여, 종파 성

---

27) 본서 제2장의 교판론 부분을 참조할 것.
28) 湯錫予, 『隋唐及五代佛教史』 제4장 「隋唐之宗派」(臺北, 慧炬出版社, 민국
　　75), p.128. 湯錫予, 『漢魏兩晉南北朝佛教史』, p.718.
29) 본서 제2장의 교판론 관련부분을 참조할 것.
30) 藍吉富, 『隋代佛教史述論』(臺灣商務印書館, 1974), p.179.

38

립의 요건을 보다 강화하였는데, 이것에 근거할 때에도 삼론학은 실질
적인 의미에서 종파관념을 갖지 않았다고 볼 수 있다.

그러나 안상문(顏尚文)은 람길부(藍吉富)가 말한 전종사원이나 조직
제도 등은 종파성립의 주요요인이기는 하지만 기본요소는 아니라고 보
고, 종파를 학파식 종파와 교파식 종파의 두 가지로 분류하여, 학파식
종파는 종의(宗義)와 사승(師承) 관계, 미세한 파벌의식을 가진 교의
체계 등이 있는 것이고, 교파식 종파는 종의, 사승관계, 전종사원, 조
직제도와 강렬한 파벌, 종조, 도통의식 등을 가진 교단이 있는 것이라
고 규정하였다. 그리고 중국과 일본의 학자들에 의해 일컬어지는 15가
지 종파 가운데, 열반(涅槃), 지론(地論), 섭론(攝論), 구사(俱舍), 비담
(毘曇), 성실(成實) 등은 학파식 종파, 선(禪), 율(律), 천태(天台), 화엄
(華嚴), 밀종(密宗), 삼론(三論), 유식(唯識), 삼계(三階) 등은 교파식 종
파, 정토종(淨土宗)은 이 둘 사이에 위치한다고 하였다.31) 종파를 두
가지로 구분하는 안상문의 기준은 무리가 없는 것으로 보이지만, 여기
에서 삼론을 교파식 종파에 배대하는 것에는 문제가 있는 것으로 보인
다. 삼론학은 전종사원이라든가 격렬한 도통의식 등을 가진 흔적이 없
기 때문이다. 이것에 대한 어떤 근거도 제시하지 않은 상태에서 삼론
을 후자에 배대하는 것은 타당하지 않다.

이상의 '종'개념에 대한 고찰을 통해서 볼 때, 길장에 의해 집대성된
삼론을 중시하던 일군의 학자들의 학문체계를 삼론종이라고 명명할
때, 그 의미는 '삼론을 근본사상으로 삼았던 학파'라는 뜻으로 한정되
는 것이어야 한다는 점을 알 수 있다. 필자는 이러한 의미의 '종'개념
을 후대에 나타난 '종'개념과의 혼돈을 예상하면서까지 그대로 사용할
필요는 없다고 보기 때문에 삼론학이라는 명칭을 사용하기로 한다.

---

31) 顏尚文, 『隋唐佛教宗派研究』, pp.8~9.

3. 삼론학의 성립과정, 그리고 승랑

1) 고삼론(古三論)과 신삼론(新三論)

중국불교사상에서 라집 이전에 중국인으로서 반야이해에 가장 근접했던 사람은 도안(道安, 312~385)이다.[32] 그는 『광찬반야경(光讚般若經)』의 주석서 2부, 『방광반야경(放光般若經)』의 주석서 3부 등을 남길 정도로 반야에 대한 이해가 깊었는데, 이러한 이해를 기반으로 하여, 이전까지 일반적으로 인정되었던 격의불교(格義佛敎)의 오류를 자각하고 그에 대한 비판을 시도하였다. 그러나 전해오는 기록에 의하면, 그 자신의 공(空)에 대한 이해가 아직 격의적인 단계에 머물고 있음을 알 수 있고, 이 사실은 중국인들에게 있어서 외래종교인 불교를 그 자체로서 이해한다는 것이 얼마나 지난한 일이었던가를 다시 한 번 확인하게 한다.[33]

---

32) 이하, 성립과정의 고찰에서는 다음과 같은 문헌들을 참조하였다. 김용표, 「Kumarajiva의 經典解釋學과 中觀思想」(『韓國佛敎學』 Vol.24 No.1, 1998). 김충렬, 『中國哲學散稿』(1)(온누리, 1990). 탕석여, 『漢魏兩晋南北朝佛敎史』(臺北, 漢聲出版社, 1972). 印順, 「三論宗史略」(張曼濤編, 『三論宗之發展及其思想』, 臺北, 大乘文化出版社, 1978). 木村淸孝, 章輝玉譯, 『中國佛敎思想史』(민족사, 1989). 金芿石, 「高句麗 僧朗과 三論學」(白性郁博士頌壽記念 『佛敎學論文集』, 동국문화사, 단기4292). 鎌田茂雄, 鄭舜日譯, 『中國佛敎史』(경서원, 1985). 鎌田茂雄, 章輝玉譯, 『中國佛敎史』 1·2·3 (장승, 1992·1993·1996).

33) 길장은 『중관론소』에서 승조가 「부진공론」에서 종래에 불교에 대한 잘못된 이해를 했던 대표적인 학파 셋에 대해 비판한 내용을 수록하고 해석을 덧붙였는데, 그 처음에 해당하는 본무의(本無義) 비판에서 도안 또한 이를 주장했으나 도안은 그 본지를 잃지 않았다고 하여 옹호하고 있다. 도안의 주장은 "무(無)는 만물의 변화의 앞에 있고 공은 모든 형태 지워진 것의 시작이다. 무릇 사람이 막히게 되는 것은 그 막힘이 말유(末有)에 있는 것이니, 만약 마음을 본무(本無)에 의탁하면 차별된 생각이 모두

도안에 의한 본격적인 반야사상 이해의 노력이 완성된 모습으로 드러난 것은 5세기 초 장안(長安)에 들어온 서역승 라집에 이르러서이다. 후진(後秦)의 요흥(姚興)은 401년 후량(後涼)을 토벌하고 라집을 장안으로 데려온 후, 서명각(西明閣)과 소요원(逍遙園)에 머물며 번역에 전념하도록 하였다. 이후 12년 동안 라집이 번역한 경론을 『출삼장기집(出三藏記集)』에서는 35부 294권, 『역대삼보기(歷代三寶紀)』에서는 97부 425권, 『개원석교록(開元釋教錄)』에서는 74부 384권이라고 한다. 『개원석교록』에서 『역대삼보기』의 기록은 하나의 경전을 여러 번 열거했기 때문에 그 수가 증가한 것이라고 지적하였다. 현재 대정신수대장경에 라집의 번역으로 기록된 것은 모두 54부인데, 이 중에도 『인왕반야경(仁王般若經)』, 『범망경(梵網經)』, 『반야대명주경(般若大

사라진다. 無在萬化之前 空爲衆形之始 夫人之所滯 滯在末有 若託心本無 則異想便息"(대정장42, p.29a)라는 말로 요약된다. 이 이론자체로는 도안이 주장한 무와 도가가 주장하는 본체론적인 무와의 사이에 차별이 있는 것으로 보이지 않는다. 그러나 길장은 "도안이 본무를 밝힌 것은 모든 법의 본성이 텅비고 고요하기 때문에 본무라고 한 것이다. 安公明本無者 一切諸法 本性空寂 故云本無"(대정장42, p.29a)라고 하여, 도안의 본무론이 갖는 본체론적인 무의 의미를 무시하고, 도안의 본무란 본성이 텅비고 고요하다는 뜻이라고 풀이하여, 도안의 학설을 삼론학의 주장과 일치시키려는 노력을 보인다. 그러나 앞서 제시된 도안의 설과 도안에 대한 길장의 풀이 사이에 어떤 연결점도 발견할 수 없는 것이 사실이다. 그렇다면 도안이 설한 본무는 어느 쪽에 가까운 것인가. 길장은 여기에서 도안의 제자이며 삼론학의 형성에 큰 역할을 담당하였던 승예의 말을 인용하여, 도안의 사상이 후자에 가까운 것임을 입증하고자 한다. "승예가 말했다. 도안은 거친 길을 뚫어 길을 열었고 현지를 성공(性空)으로 나타내었으며, 쇠를 녹이는 가마와 같은 공력으로 이것을 몸소 체험하였으니, 오직 성공의 종지만이 가장 그 실상을 얻은 것이다. 師云 安和上 鑿荒途以開轍 標玄旨於性空 以爐冶之功驗之 唯性空之宗 最得其實"(대정장42, p.29a)라고 하는 문장이 그것이다. 곧 승예는 성공을 도안사상의 종지로 보았는데, 성공이란 모든 사물의 본성은 실체적인 것이 없다고 하는 것을 의미한다. 이것을 통해 볼 때 도안의 설은 길장의 해석에 가깝다고 할 수 있다. 그렇지만 승예의 변명을 통하지 않았을 때의 도안은 여전히 도가의 본체론적인 무에서 벗어나지 못한 채로 남겨진다.

明呪經)』, 『수보리보살경(須摩提菩薩經)』 등은 라집의 번역이 아니거나 적어도 의심을 받고 있는 것들이다.34) 라집이 번역한 많은 경론 가운데 그가 가장 심혈을 기울였던 것은 반야계통의 대승경전과 용수와 제바 계통의 중관부(中觀部) 논서의 번역이다.35) 그는 이미 서술한 것과 같은 삼론을 역출하였고, 역시 용수의 저술이자 『대품반야경』의 주석서인 『대지도론』을 역출하였으며, 이전에 이미 번역되었던 『대품반야경』, 『소품반야경(小品般若經)』 등을 재번역함으로써 대승의 공사상의 참된 의미를 알 수 있는 확고한 기반을 마련하였다.

라집의 문하에서 번역에 참여하고 그의 강론을 들었던 사람들 가운데, 향후 중국불교사에서 중추적인 역할을 하였던 인물들이 수다하게 배출되었다. 후대의 사람들은 도생(道生), 승조, 도융(道融), 승예 등을 라집 문하의 사성(四聖)이라 하고, 여기에 도빙(道憑), 담영(曇影), 혜엄(慧嚴), 혜관(慧觀)을 더하여 팔준(八俊)이라 하며, 다시 여기에 도항(道恒: 道常)과 도표(道標)를 더하여 십철(十哲)이라고 한다.36) 이 가운데 삼론학의 성립과 밀접한 관련이 있는 사람은 승예, 담영, 승조이다.37)

승예는 삼론학의 주요 논서인 『대지도론』, 『중론』, 『십이문론』에 대한 서문을 지었다. 그는 앞에서 서술한 것처럼 『중론서』에서 사론(四論) 각각의 특성을 설명하고, 이것을 연구하면 모든 것을 환히 알게 된다고 하였다. 또한 그는 이 서문을 짓는 것이 단순히 외부에서의 의뢰에 의해 이루어진 것이 아니라, 그 자신이 오랜 동안 천착하여 온 논서이기 때문에 자의에 의해 이루어진 것임을 고백하고 있다.38) 이

---

34) 鎌田茂雄, 장휘옥譯, 『中國佛敎史』 2, p.282.
35) 鎌田茂雄, 정순일譯, 『中國佛敎史』, p.70. 탕석여도 라집의 번역사업 가운데 삼론, 반야부경전의 역출을 가장 중요한 업적으로 열거하고 있다(『漢魏兩晋南北朝佛敎史』, p.610).
36) 『涅槃玄義發源機要』 권2(대정장50, p.23b), 『北山錄』(대정장52, p597c).
37) 印順, 『中國佛敎史略』(臺北, 正聞學社叢書, 民國55年), p.10.
38) 『中論序』(대정장30, p.1a), 「予翫之味之 不能釋手 遂復忘其鄙拙 託悟懷於一序 并目品義題之於首.」

러한 정황으로 보아 삼론에 대한 직접적인 주석서는 없지만 이미 태산
(泰山)의 승랑(僧朗)에게 『방광반야경』을 배우고 도안과 함께 반야공
을 이해하기 위해 노력했던 승예가 50살에 이르러 라집의 삼론전역
(三論傳譯)과 강론(講論)이라는 역사적 상황을 맞이하여 큰 역할을 했
었음을 알 수 있다. 길장은 그의 「중론서」가 다른 어느 것보다도 이치
와 일(事)을 정밀하고 그윽하게 밝혔기 때문에, 스승인 법랑(法朗)이
강의할 때 항상 이 글을 읽었다는 사실을 전하고 있다.39)

  담영은 『중론』의 주석서를 지었는데40) 이 책은 현존하지 않는다. 다
만 안징(安澄)의 『중론소기(中觀論疏記)』에 이 책이 인용된 것으로 보
아, 이 무렵까지는 전해진 것이 확실할 뿐이다.41) 또한 길장의 『중관
론소(中觀論疏)』에는 담영의 『중론소(中論疏)』라고 명기하면서 그 내
용을 인용한 글이 열 두 곳에 이른다.42) 길장에 의해 인용된 담영의
글에 나타난 사상은 신삼론(新三論)의 중심사상과 맥락적으로 일치한
다. 특히 이제(二諦)를 중시하고, 이것을 「비록 무이지만 유(有). 雖無
而有」·「비록 유이지만 무. 雖有而無」라고 하여, 유(有)와 무(無)의 상
즉방식(相卽方式)에 의해 풀이한 것이 주목된다.43) 담영은 비록 그 저
술이 전해지지 않고 삼론학을 벗어나 불교사상사의 큰 흐름 속에서 볼
때는 큰 역할을 한 것으로 볼 수 없지만, 삼론학의 중심교의를 펼쳐 보
이고 있기 때문에, 삼론학에 있어서는 중요한 위치를 차지한다.

---

39) 『中觀論序疏』(대정장42, p.1a), 「作中論序 非止一人 曇影製義疏序 河西
  道朗 亦製論序 而睿公 文義備擧 理事精玄 興皇和上 開講常讀 蓋是信而好
  古 述而不作.」
40) 앞의 책(대정장42, p.1a). 『高僧傳』 권6(대정장50, p.364a).
41) 平井俊榮, 『中國般若思想史研究』, p.105.
42) 平井俊榮, 『中國般若思想史研究』, p.106.
43) 金夏雨, 「法藏의 華嚴思想과 三論―兩家의 接近体系」(『불교철학연구―반야공관
  위주의』), p.88. 길장 삼론학의 중심과제 중 하나는 이제를 이치라고 보았던
  종래의 입장에서 벗어나 교문이라고 주장한 것인데, 이러한 사상의 근거를 담
  영에게서 볼 수 있다. 삼론학의 중요개념인 초장의가 그 대표적인 예인데, 이
  것은 뒤에 서술할 것이다.

승조는 삼론학에 있어서 뿐만 아니라 후세 선종(禪宗)에 이르기까지 중국불교에 큰 영향을 미친 반야학(般若學)의 일인자이다. 『백론서(百論序)』를 지어 이 논서야말로 성인의 마음을 통달하는 길이고 진제(眞諦)를 증득하는 요체가 되는 것이라고 하면서,44) 이 논서의 종지를 선양하였다. 『대품반야경』이 번역되자 「반야무지론」을 지어 라집에게 바쳤고 라집은 이 글은 자신이 더 덧붙일 것이 없을 정도로 뛰어나다고 칭찬하였다.45) 이 「반야무지론」에는 당시(405년)에 아직 번역되지 않았던 『중론』을 인용하기도 하였는데, 이는 라집의 초고본을 보았거나 강의한 내용을 기억하여 인용했을 것으로 추정된다.46) 승조는 「부진공론(不眞空論)」을 지어서, 그 이전에 행해지던 반야공에 대한 격의적 이해의 방식을 모두 타파하기도 하였다. 이러한 승조의 업적의 특성을 한 마디로 요약하면 삼론에 의한 새로운 반야연구의 길을 연 것이라고 하겠다.47) 승조가 지은 대표적인 논문인 「반야무지론」, 「물불천론(物不遷論)」, 「부진공론」, 「열반무명론」 등이 오늘날처럼 『조론』으로 정리되어 전해진 것은 남조의 양(梁)나라 말기에서 진(陳)나라의 사이에 성실학파와의 차별성을 자각한 삼론학파의 인물에 의한 것이라는 점48)은, 승조가 삼론학의 계보에서 차지하는 위치가 얼마나 지대한지를 보여주는 하나의 예가 된다. 또한 길장은 그의 저술 곳곳에서 라집의 입을 빌어 승조가 공의 이해에 가장 뛰어난 사람이었음을 강조하고 있을 뿐만 아니라, 승조와의 사상적 동일성을 밝히도 하였다.49)

　이상과 같이 라집과 그 문하의 제자들 사이에서 성행했던 삼론연구

---

44) 『百論序』(대정장30, p.167c).
45) 『高僧傳』 권6 「釋僧肇傳」(대정장50, p.365a).
46) 鎌田茂雄, 장휘옥譯, 『中國佛敎史』 2, p.306.
47) 金仁德, 『三論玄義 顯正論研究』(동국대박사학위논문, 1979), pp.18~19.
48) 塚本善隆, 「佛敎史上における肇論の意義」(『肇論硏究』, 京都, 法藏館, 소화30), p.158.
49) 『百論序疏』(대정장42, p.232a), 『淨名玄論』 권6(대정장38, p.892a).

경향을 평정준영은 살롱적 삼론연구라고 칭하였다.50) 또한 삼론학을
시대적으로 구분할 때에는 이 시기에 시작된 삼론연구를 고삼론(古三
論)이라고 한다.51)

　승예는 특히 라집이 죽은 후 장안이 혼란에 빠지자 강남(江南) 건강
(健康)으로 가서 오의사(烏衣寺)에 머물며 경전을 강의하였다.52) 이

---

50) 平井俊榮, 『中國般若思想史研究』, p.146.

51) 후대의 학자들은 삼론학을 전승사에 근거하여 크게 고삼론과 신삼론의 둘
　　로 분류하였다. 그런데 그 분류의 내용은 학자마다 차이가 있다. 여러 학
　　설 중에서 오늘날까지 영향력을 미치는 대표적인 것은 라집에 의해 전해
　　진 용수·제바의 삼론이 고삼론이고, 당나라 때 일조(日照 613~687)삼
　　장이 청변(500~570)계통의 삼론을 전한 것이 신삼론이라고 한 전전혜
　　운(前田慧雲)의 설(『三論宗綱要』, 東京, 丙午出版社, 1920, p.48)과 일
　　조가 가져온 삼론의 영향은 단순히 법장으로 하여금 『십이문론』의 주석서
　　인 『십이문론종치의기(十二門論宗致義記)』를 제작하게 한 정도에 그쳤고
　　고삼론에서 이루어진 삼론에 대한 이해를 넘어서 새롭게 교설을 발전시킨
　　것이 없기 때문에 신삼론이라는 이름을 붙이기에 적합하지 않다고 비판하
　　고, 삼론학이 교세발전상 가장 두드러진 변화를 보인 때가 승랑을 전후해
　　서이므로 승랑 이전을 고삼론, 이후를 신삼론이라고 하는 것이 가장 타당
　　하다고 한 고웅의견(高雄義堅)의 설(『三論玄義解說』, 京都, 興敎書院, 19
　　36, p.12)이다. 평정준영은 후자의 입장이 타당한 것으로 보고, 전전혜
　　운의 분류가 부당한 근거를 보다 상세하게 제시함으로써 고웅의견의 입장
　　이 정설로 받아들여질 수 있는 토대를 마련하였다(『中國般若思想史研究』,
　　pp.232~241). 그 근거로 제시된 것을 간략히 살펴보면 다음과 같다.
　　첫째 법장이 『십이문론종치의기』에서 일조의 말을 빌어 계현(戒賢)으로
　　대표되는 유식학파의 교판론〔제1시 아함→제2시 반야→제3시 유식〕과 지
　　광(智光)으로 대표되는 중관학파의 교판론〔제1시 아함→제2시 유식→제3
　　시 반야〕을 소개함으로써 당시 큰 세력을 갖지 못하던 중관학파의 지위를
　　유식과 동일한 위치로 까지 격상시키는 역할을 한 것 때문에 그를 삼론학
　　의 계열에 집어넣는데, 이 교판론을 소개한 법장의 의도는 당시 성행하던
　　유식에 대한 견제심리에 의한 것이지 중관학파를 가장 상위에 올려놓으려
　　는 것은 결코 아니다. 그 자신이 삼론에 대한 별다른 연구를 진척시키지
　　않고 있다는 점이 그 증례가 된다. 둘째 법장에게 인도 중관학파의 교판
　　론을 전해 준 일조의 경우도 앞에서 인용된 것을 제외하고는 삼론학과 관
　　련된 것으로 보이는 어떤 글이나 행적도 남기지 않았다.

52) 승예와 혜예를 두 인물로 보는 설, 동일인물로 보는 설이 있다. 경야황양
　　(境野黃洋)(『支那佛敎精史』 제2편　제1장 「鳩摩羅什の系統」, 境野黃洋博

렇게 승예의 학문적 경향과 강남으로의 이주라는 역사적 사실을 통해서, 그가 아비담(阿毘曇)과 열반상주사상(涅槃常住思想)의 성행으로 인해 역사의 무대에서 사라져 가던 반야사상이 강남에서 어떤 식으로든 면면히 이어져 갈 소지를 제공했다는 것을 추측할 수 있다. 『고승전(高僧傳)』에 "승예는 나중에 기원사에 머물렀는데 삼론을 잘하여 송나라 문제(文帝)의 공경을 받았다"53)고 한 기록은 이러한 추측을 확인시켜 준다.

라집의 제자 가운데 후대의 삼론학의 발전과 더불어 빼놓을 수 없는 인물이 승도(僧導)이다. 그는 라집의 제자들이 뿔뿔이 흩어질 때 남하(南下)하여 유송(劉宋)의 효무제(孝武帝)가 그를 위해 세운 수춘(壽春)의 동산사(東山寺)로 피신하였다. 특히 『성실』과 삼론에 정통했고 『성실의소(成實義疏)』와 『삼론의소(三論義疏)』 및 『공유이제론(空有二

士遺稿刊行會, 소화10, p.415), 포시호악(布施浩岳)(『涅槃宗の研究』, 叢文閣, 1973 再刊, pp.176~186)은 다른 인물로 보고, 횡초혜일(横超慧日)(『中國佛敎の研究』, 法藏館, 1971, p.128), Richard H. Robinson(『Early Mādhyamika in India and China』, Delhi, 1978, p.116) 등은 동일 인물로 본다. 평정준영은 기존의 이설에 대해 자세하게 설명하고, 길장은 승예를 칭할 때 보통 예사라고 하는데 『중관론소』 권1(대정장42, p.18b)에 예사가 「유의(喩疑)」를 지었다고 한 점, 그 밖의 저술에서 인용된 「유의」의 내용이 승예의 다른 저술과 공통된 것이 많다는 점 등을 들어, 그가 혜예와 승예를 동일인물로 보았다고 보고, 두 사람을 동일인물로 보는 입장에서 논의를 전개하고 있다(『中國般若思想史研究』, pp.156~158).

53) 『高僧傳』 권7(대정장50, p.369a), 「後祇洹寺 又有釋僧叡 善三論 爲宋文所重..」 당시 강남불교계의 상황은 402년 기원사를 건립한 현학자 범태(范泰)가 혜관(慧觀)과 도생에게 보낸 글에서 알 수 있다. 그는 「강남불교계는 승가제바가 온 이후로 아비담이 성행하다가, 다시 법현이 『니원경』을 번역한 이래로 열반상주사상이 성행하여, 그것만을 최고의 진리로 여기며 반야의 이치는 모두 그 아래에서 나온 것이라고 하였다」(『弘明集』 권12 「范伯倫與生觀二法師書」, 대정장52, p.78b)고 하여 당시 시류에 따라 한 곳에 치우치는 사상경향에 대해 한탄하였다. 승예의 기원사 주석은 이러한 범태의 시대상황에 대한 인식과 밀접한 관련이 있는 것으로 보인다.

諦論)』을 지었다.54) 후세에 미친 그의 학적 성향이 『성실론』에 기울어져 있기 때문에 삼론학의 정통계보에서 크게 중시되지 않지만,55) 소극적인 의미에서라도 장안불교의 강남전파에 가장 큰 공헌을 한 사람이 승도이다. 제나라와 양나라 때 『성실론』과 삼론의 교학에 대한 연구가 융성했던 것은 승도의 노력에 의한 것이다. 이렇게 승도는 『성실론』과 삼론을 함께 학습하는 풍토를 조성하였기 때문에, 삼론의 강남전파에 공헌을 하면서, 동시에 제나라와 양나라 때 성실연구가 압도적으로 흥성한 원인을 제공하기도 한 것으로 평가받는다. 이것이 길장이 정통계보로 삼는 섭산(攝山) 삼론학파의 일문으로부터 한 번도 삼론의 학계라고 인정받지 않는 이유이다.56)

이렇게 라집의 제자들이 강남으로 남하하여 반야사상을 강론하기는 했지만, 이 시대의 대세는 『열반경』과 『성실론』이 장악하였다. 송(宋, 420~479)·제(齊, 479~502)·양(梁, 502~557)·진(陳, 557~589)의 4대에는 학자들이 반야에 대한 조예가 아무리 깊더라도 그의 지명도는 『열반』이나 『성실』에 의해 드러날 뿐이었기 때문에, 반야사상가들이 세상에 미친 영향은 거의 없을 정도였다.57) 유송시대에는

---

54) 『高僧傳』 권7 「釋僧導傳」(대정장50, p.371b).
55) 탕석여는 승도계열의 성실학파를 수춘계성실학파(壽春系成實學派)라고 하고, 라집의 또 다른 제자로『성실론』에 능통하였고 팽성(彭城)의 백탑사(白塔寺)에 머물며 강의에 전념하였던 승숭(僧嵩)계열의 성실학파를 팽성계성실학파(彭城系成實學派)라고 칭하고, 전자는 강남에 영향을 미쳤다면 후자는 강남과 강북에 두루 영향을 미쳤다고 하였다(『漢魏兩晋南北朝佛敎史』, pp.721~722). 또한 『성실론』이 양나라에서 성행하였을 때, 대표적인 논사로는 선무법총(宣武法寵), 광택법운(光宅法雲), 장엄승민(莊嚴僧旻), 개선지장(開善智藏) 등이 있었는데, 법총은 승도의 제자인 담제(曇濟)와 도맹(道猛)에게서 배운 수춘계이고, 나머지 3명은 승숭의 제자인 승유(僧柔)와 혜차(慧次)에게서 배운 팽성계의 지말이라고 하여, 팽성계의 활약이 두드러졌음을 밝혔다(『漢魏兩晋南北朝佛敎史』, p.724).
56) 平井俊榮, 『中國般若思想史研究』, p.161.
57) 湯錫予, 『漢魏兩晋南北朝佛敎史』, p.730.

사령운(射靈運, 385~433)·혜관 등이 라집이 장안에서 역경에 몰두
하던 무렵 담무참(曇無讖)에 의해 강북(江北)의 양주(涼州)에서 번역
되었던 40권본 『열반경』을 법현(法顯)이 418년 한역한 6권 『대반니
원경(大般泥洹經)』과 대조하여 재번역하였다. 이렇게 해서 성립된 것
이 36권본 『열반경』으로 전자를 북본 『열반경』, 후자를 남본 『열반경』
이라고 한다. 이후 남조에서는 『열반경』에 대한 연구가 흥성하였다.
양나라의 무제는 『열반경』의 주석서를 모두 모아 『대반열반경집해(大
般涅槃經集解)』를 짓도록 하였는데, 여기에 실린 주석은 모두 71편이
다. 『성실론』은 이미 앞에서 살펴본 것처럼 승도와 승숭(僧嵩)의 제자
들에 의해 남방에 널리 퍼져, 이에 대한 주소가 28종에 이르렀다.58)

 이렇게 신삼론이 등장하기 이전에 중국에서 『성실론』은 반야공관사
상과 위배되지 않을 뿐 아니라 대승공관을 명징하고 체계적으로 밝힌
논서로 여겨졌기 때문에, 반야계경론보다 우월한 것으로 간주되어 강
남불교의 주류를 형성하기까지 하였다. 삼론이 소멸하고 『성실론』이
성행하게 된 이유를 궁본정존(宮本正尊)은 「성실은 비담에 대해서 비
판적인 관점에 서기는 하지만, 비담이 지니고 있는 법상(法相), 심상
(心相)에 대한 분석적 경향을 보존하고 있었던 점, 세친(世親)의 『구
사론』같이 명쾌하게 법상을 분석하는 논서가 아직 전해지지 않은 상태
에서 『성실론』이 이 방면의 유일한 지위를 차지했던 점, 삼론은 유부
의 아비달마적 경향과 대척적인 성향을 가진 법성분별(法性分別)에 전
념한 『반야경』 계통에 속하는 논서였다는 점」59) 등을 들었다.

 『열반경』과 『성실론』의 대세에 묻혀 그 세력을 상실하였던 삼론학이
다시 부흥하게 된 것은 『성실론』과 삼론은 서로 다른 사상적 입각점을
지니고 있고, 『성실론』은 대승의 근본사상이 아니고 소승이라는 자각

---

58) K.S.케네쓰 첸, 『중국불교』 상(민족사, 1991), pp.146~147.
59) 『中道思想及びその發達』 第10章 「支那に於ける成實と三論の關係」 p.525
    (平井俊榮, 『中國般若思想史研究』, p.178의 재인용).

48

을 하게 된 것을 그 시발점으로 한다. 『성실론』이 소승으로 판정되고 중국불교사상에서 자취를 감추게 된 것은 전적으로 삼론학에 의한 것이다. 삼론, 성실의 두 학파의 논쟁적 대립이 두드러지게 나타난 것은 법랑(法朗)과 길장에서부터이고, 다시 이 두 사람의 적극적인 삼론전파에 자극받아 그 대립이 극단적으로 첨예화된 것은 수(隋)·당(唐) 이후의 일이다.60) 이러한 결과를 낳기까지 삼론과 성실의 이질성에 대한 인식이 이루어진 시초가 된 사람이 있을 것이고, 그가 바로 강남에서 삼론학이 부흥하는데 있어서 선구적인 역할을 한 것으로 인정받을 수 있을 것인데, 지림(智琳, 409~487)과 현학자(玄學者)였던 주옹(周顒)이 바로 그들이다.

지림은 처음엔 비담을 잘하였으나 나중에는 삼론에 뜻을 두어, 『이제론(二諦論)』을 짓고 『십이문론』과 『중론』의 주석을 달았다고 하는데, 기록에 따르면 『이제론』은 이제의(二諦義)에 대해 각각 달리 해석하는 세 가지 주장이 있음을 밝힌 내용인 것으로 추정된다.61) 다른 두 글은 현재 전하지 않고 『중론』에 대한 주석서가 일본 삼론학자의 저술에 보인다.62) 이렇게 삼론에 대한 이해가 깊었던 지림은 역시 반야사상에 대한 이해가 깊었을 뿐 아니라 이를 중시하였던 주옹63)이 「삼종론(三

---

60) 삼론학자 인법사(印法師)의 제자 영예(靈睿)가 법취사(法聚寺)에서 대승의 공론(空論)을 강의하자 성실학파의 무리들이 그의 사상경향을 싫어하여 대나무로 만든 창으로 찔러 죽이려고 하였으나 실패하고 도적을 고용하여 해치고자 하였으나 또한 실패하였고, 영예가 악업을 피하고자 다른 절로 옮겼던 일이 있다(『續高僧傳』 권15 「釋靈睿傳」, 대정장50, pp.539c~540a).
61) 『高僧傳』(대정장50, p.376a·p.376b).
62) 平井俊榮, 『中國般若思想史硏究』, p.182. 평정준영은 같은 책에서 일본 삼론학자에 의해 인용된 지림의 『중론』 주석과 길장의 『중관론소』를 비교하여 양자 사이에 사상적으로 밀접한 관련성이 있음을 밝혔고(p.187), 또한 지림의 주석서가 담영, 승조 등의 설을 충실히 계승하고 있음을 밝혔다(p.193).
63) 『弘明集』 권6(대정장52, p.39c)에 수록된 주옹이 장융에게 보내는 편지에 "도가를 말하는 사람이 어찌 『노자』의 상편과 하편을 주된 것으로 삼

宗論)」을 짓자, 편지를 보내 적극적으로 출간할 것을 권유하였다. 이 편지에서 지림은 라집의 반야사상이 제대로 전해지지 않아 온 시대적 상황을 한탄하였다.64)

주옹은 처음에 『성실론』의 서문을 지은 것으로 보아 이 논서에 능통한 것으로 보이지만, 후에 「삼종론」을 지어 『성실론』을 비판하였는데, 이는 『성실론』과 삼론의 이질성에 대한 자각을 보여주는 최초의 글이다.65) 길장은 주옹의 학문적 전환이 승랑(僧朗)을 만나면서 이루어진 것이라고 보고 있으나,66) 이 주장의 타당성 여부에 대해서는 학자들 간에 의견이 엇갈린다. 탕석여는 지림이 고창으로 돌아가 죽은 것이 487년이기 때문에 「삼종론」이 지어진 것은 영명년간(永明年間, 483～493)으로 보아야 하는데, 이는 승랑이 남하한지 얼마 안 되어서이기 때문에 사상적 영향을 미친 것으로 보기엔 타당하지 않다고 하고, 주옹이 만났던 다른 사람들, 곧 혜기(慧基), 현창(玄暢) 등이 반야와 삼론에 능했기 때문에 이들의 영향에 의한 것이라고 추정하였다.67) 그러나 평정준영은 주옹이 섭산에 오기 전에 종산(鐘山) 초당사(草堂寺, 480년 개창)에 머물렀고 이 초당사는 주옹이 혜약(慧約)을 위해 건립한 절이고 승랑이 회계산(會稽山)에 머물 때 주옹이 그곳 섬현(剡縣)의 현령(縣令)으로 있었던 인연이 있기 때문에 두 사람의 만남의 가능성이 전혀 없는 것은 아니라고 하였다.68) 이상의 논의를 따를 때 주옹의 『성

지 않겠습니까. 불교를 말하는 사람은 그와 마찬가지로 응당 반야를 근본 종지로 삼아야 할 것입니다. 『노자』의 상편과 하편이 귀하게 여기는 뜻은 허무를 극진히 하는데 있고, 반야가 관조하는 것은 법성을 궁구하는데 있다. 허무와 법성은 그 고요함이 비록 같더라도 고요함에 머무는 방법에 있어서는 그 취지가 다르다. 言道家者 豈不以二篇爲主 言佛敎者 亦應以般若爲宗 二篇所貴義極虛無 般若所觀照窮法性 虛無法性 其寂雖同 住寂之方 其旨則別"라고 한 것은 주옹의 이러한 면모를 여실히 보여준다고 하겠다.

64) 『高僧傳』(대정장50, p.376a).
65) 湯錫予, 『漢魏兩晋南北朝佛敎史』, p.740.
66) 『二諦義』(대정장45, p.108b).
67) 湯錫予, 『漢魏兩晋南北朝佛敎史』, p.738.

50

실론』비판은 승랑 이전에 강남의 지식인들 사이에서 자연스럽게 형성된 기류의 반영이라고 볼 수 있고, 이 때 주옹은 신삼론의 등장을 위한 여러 가지 배경의 하나로 열거될 수 있다.69)

이렇게 지림과 주옹에 의해 당대 강남의 지식인들 사이에서『성실론』에 대한 비판의식이 고조되었지만, 이들은 삼론학 부흥의 전조에 지나지 않는다. 길장에 의거할 때 그 선구적 역할을 인정받지 않는 것은 아니지만, 삼론이 그 중요성을 확연히 인정받고 사상적 체계를 갖추어 일종의 학파로서 확립된 것은 승랑부터라고 할 수 있다. 승랑을 신삼론의 개조로 삼는 것은 길장 자신의 저술을 통해서도 파악할 수 있지만, 여타의 학파에서도 이를 인정하는 것으로 보아, 당시 학계의 정설로 통했음을 알 수 있다.70)

고구려 출신의 승랑은 멀리 라집·승조에 의해 성행하였던 장안불교의 오의(奧義)를 습득하고 강남으로 남하하여, 종산 초당사와 섭산의 서하사(棲霞寺)에 주석하면서 삼론을 강론하였다. 그 명성을 들은 양무제가 10명의 승려를 선발하여 수학하도록 보내고 그 스스로도『성실론』을 버리고 대승에 의하여 장소(章疏)를 지었다.71) 이 때 양무제에 의해 섭산에 파견된 승려 가운데 오직 승전(僧詮) 만이 승랑의 강의를 이해하여 섭산에 머물러 그 법을 이어 받았다.72) 승전은 반야중관(般若中觀)과 좌선삼매(坐禪三昧)를 중시하였고, 제자들에게 배운 것을 말하지 않겠다는 서원을 하도록 한 후에 가르침을 주었다. 그러므로 그의 제자들은 승전이 살아 있을 때에는 산 속에 머물며 그의 뜻

---

68) 平井俊榮,『中國般若思想史硏究』, p.257.
69) 주옹과 승랑의 사제관계에 대한 다양한 견해는, 박상수(朴商洙)의「僧朗의 三論學과 師弟說에 대한 誤解와 眞實(Ⅰ)」(『불교학연구』창간호, 불교학연구회, 2000)과 뒤에 함께 수록된 이현옥의 논평을 참조할 것.
70)『法華玄義釋籤』(대정장33, p.951a).
71)『大乘玄論』(대정장45, p.19b).
72)『法華玄義釋籤』(대정장33, p.951a).

을 따랐고, 승전이 죽은 후에야 비로소 산을 떠나 스승의 가르침을 사람들에게 전파하였다.73) 이것을 통해 승전에게서 반야삼론(般若三論)의 연구가 보다 순수한 형태로 전개되고 선법을 병행하였다는 특징을 발견할 수 있다. 이 때 승전에게서 반야삼론학의 측면을 계승한 대표적인 인물은 산을 내려와 삼론을 강설했던 법랑(法朗)이고, 선적인 측면을 계승한 대표적인 인물은 스승이 입적한 후에도 산사에 남아 좌선을 즐겼던 혜포(慧布)이다. 혜포는 선종의 제2조인 혜가(慧可), 천태종(天台宗)의 제2조인 남악혜사선사(南岳慧思禪師) 등을 만나 그 식견을 인정받았고 만년에는 보공선사(保恭禪師)를 불러 서하사에 선당(禪堂)을 건립하였다. 또한 후대인들이 승전의 뛰어난 제자 중에 특히 혜포에 대해서 후대인들이 '스승의 뜻을 얻었다〔得意〕'고 하는 특성을 부여하였고, 그가 스승과 했던 침묵의 약속을 끝까지 지켰다는 점 등으로 볼 때 승전의 후계자는 사실상 혜포라고 할 수 있을 것으로 보인다. 법랑은 558년 51세의 나이로 칙령에 의해 섭산을 나와 경사(京師)의 흥황사(興皇寺)에 머물면서 삼론을 홍포하는데 전념하였다. 삼론학이 산에서 나와 대중들 사이에 적극적으로 뛰어들었던 것은 법랑이 최초라고 할 수 있다. 또한『성실론』과 삼론의 이질성에 대한 자각으로부터 보다 발전하여『성실론』자체의 부당성을 대외적으로 치열하게 지적하기 시작한 것도 이때부터의 일이라고 할 수 있다.

법랑에게 25명의 뛰어난 제자가 있었는데, 법랑의 유촉을 받은 인물은 강론할 때에 항상 말없이 구석에 앉아 있어서 치명(癡明)이라고 불리우던 명법사(明法師)이다. 그는 스승의 지목에 의해 자신의 식견을 인정받은 후 모산(茅山)에 들어가『중론』을 강의하면서 끝내 산을 나오지 않았다. 우두종(牛頭宗)의 개조로서 선법(禪法)에 정통하였던 우두법융(牛頭法融)이 그에게서 삼론을 배웠다고 전해진다. 따라서 실

---

73)『續高僧傳』(대정장50, p.477c).

질적으로 법랑의 부촉을 받은 것은 삼론학의 선적인 측면을 주로 수용한 것으로 보이는 명법사이다. 이것은 법랑에 이르기까지 삼론학의 전통인 선법의 중시라는 면모가 면면히 이어져 왔음을 여실히 보여주는 것이다. 법랑의 이론적 측면을 계승하여 세속으로 나아가 삼론학을 발전시킨 사람은 길장이다. 그는 방대한 양의 저술을 통해서 종래의 삼론학을 집대성하였다. 따라서 앞으로 삼론학이라고 할 때 그 내용은 모두가 길장의 저술을 통해서 이루어지는데, 바로 길장 자신이 전저술을 통해서 앞에서 서술한 바와 같은 사자상승을 밝히고 있으므로, 길장의 전 저술을 삼론학의 범주에 넣는 것이 타당할 것이다.

이상으로 볼 때 삼론학은 중국불교에 있어서 반야공관에 대한 최초의 바른 이해라고 할 수 있는 장안 고삼론의 오의(奧義)가 『비담』·『성실』 등의 분석적 성격이 강한 논서에 의해 묻혀 버릴 즈음, 집착을 불러일으키는 모든 사상에 대항하여 장안 고삼론의 대의를 다시금 선양하여, 반야공관의 이해를 최후로 완성한 학파라고 할 수 있다. 그들은 또 공통적으로 선정을 중시하였던 특성을 보여주고, 초기 선가의 인물들과 빈번히 교류한 행적을 보여준다. 이러한 특성은 선종의 사상적 기반이 천태종이 아닌 삼론학파와의 교류에 의해 형성되었다고 하는 관점에 중요한 근거를 제시한다. 또한 삼론학의 이러한 특성은 필자가 이 책에서 삼론학의 이론이 갖는 실천적 특성을 살펴보려는 시도를 하게 된 계기가 된 것이기도 하다.

2) 승랑과 고구려 교학(敎學)의 유관성 문제

고구려 출신의 승랑이 중국에서 발생한 삼론학의 실질적인 개조라는 점에 대해서는 오늘날 학계에서 이의가 없는 실정이다. 그러나 문제는 이러한 승랑의 사상이 한국불교사상의 전개에 있어서 어떤 특정한 역할을 했을 것인가에 있다. 현존하는 자료 중에서 승랑이 한국불교사상에 기여한 바를 명시적으로 기록한 것은 전무하고, 승랑과 한국의 관계는 오로지 그의 출신지가 고구려라는 점 밖에 없다. 고구려에서 학문을 익힌 흔적도 없고 고구려로 돌아와서 강의를 하였다는 기록도 없다. 이러한 상황은 승랑과 고구려의 불교를 연관시켜서 보는 것 자체에 의문을 품게 하기에 충분하며, 혹자는 이러한 의문을 명시적으로 제기하고 있기도 하다. 필자 역시 이렇게 고구려에서 왔다는 기록만 있을 뿐, 고구려의 교학과 승랑을 연관지을 수 있는 근거가 되는 글들이 전혀 없는 상태에서 승랑의 삼론학을 당시 고구려의 교학수준과 동열에 놓는 것은 무리라고 생각한다.

그럼에도 불구하고 우리나라의 여러 선학들이 다른 나라의 학자들이 삼론학의 대표적 인물로 길장을 내세우는 것과는 달리 승랑을 전면에 내세우는 것은 어떤 이유인가? 아무리 승랑이 길장 삼론학의 사자상승 계보에 있어서 선구적이고 중심적 위치를 차지한다고 하더라도 아무런 글도 남기지 않은 그를 대표인물로 내세우는 것은 학문적 태도에 있어서 일상적인 것은 아니다. 이러한 비일상적 태도는 길장의 저술 속에서 승랑의 역할이 매우 강조되어, 모든 삼론학 특유의 사유구조의 원천으로 받들어지는 점을 감안하면 일상적이지는 않아도 전적으로 부당하다고 볼 수는 없다. 그러나 이것은 승랑이 삼론학에 미친 영향의 범주 속에서의 일이다. 여기에서 더 나아가 아무런 해명도 없이 승랑의 출신지가 고구려라는 사실 하나만으로 그의 사상을 통해 한국불교의 특성을 규정지으려는 시도를 한다면 이것은 문제의 여지가 있다. 그렇다면 승랑의 사상은 한국불교의 전개나 특성과 정말 무관한 것인가?

이미 서술했듯이 승랑과 한국불교의 관계를 증명할 직접적인 자료는 없다. 간접적인 자료로 고려할 수 있는 것은 승랑과 비슷한 시기 또는 승랑의 사상이 길장에 의해 하나의 세력을 가지고 명시적으로 중국불교사의 전면에 나타난 시기 및 그 이후에 활약한 한국고승들의 글에서 승랑이라는 이름이 거론되는지의 여부일 텐데 이 또한 찾아지지 않는다.

54

이제 승랑과 한국불교와의 관계를 조망하기 위한 또 하나의 방법은 여러 자료를 통합하고 분석하여 다양한 측면에서 추론하는 일이다.

첫째 승랑에 대한 기록을 주의 깊게 살펴보면 그는 단지 고구려 출신인 것이 아니라 고구려에서 자랐고 불교에 대한 선점적 이해가 있는 상태에서 그 지혜의 폭을 넓히기 위해 중국에 간 것을 알 수 있다.74) 그렇다면 당시 중국에 성행하던 여러 가지 논서가 있었음에도 불구하고 삼론을 중점학문으로 선택했다는 것은, 한 인간의 삶을 실존적으로 고찰할 때 당시 고구려의 불교 상황과 전혀 무관한 것은 아님을 추측해 볼 수 있다. 그가 중국에서 특정한 인물에게 사사한 흔적이 없다는 점은 승랑이 중국에 가기 전에 이미 불교에 대한 이해가 깊었음을 추측케 하는 단서가 된다. 길장이 승랑 삼론학의 사자상승계보를 그로부터 100년 전에 활약한 라집에 둔 것75)은 승랑의 학문경향에 근거하여, 역으로 삼론학의 계보를 라집이라는 권위자로까지 추급해 보려는 의도가 개재되었다고 보는 것이 더 타당해 보인다. 중국에서 특정한 스승이 없이 자신의 학문영역을 자리매김했다는 점을 근거로 할 때, 승랑의 삼론학을 고구려에서의 수학과 연장선상에 있는 것으로 볼 수 있고, 이로써 그의 사상을 당시 고구려의 불교에 대한 이해와 유관한 것으로 볼 수 있지 않을까 한다.

둘째 고구려 출신으로 중국에서 활약한 고승 중에는 특히 삼론학으로 명성을 떨친 이가 많다. 길장에게서 그 계보가 찾아지지 않는, 인법사(印法師)는 영예(靈睿)에게, 실법사(實法師)는 혜지(慧持, 575~642)에게 삼론을 강의한 기록이 전해진다.76) 더 나아가서는 고구려에서 일본에 불교를 전하러 갔던 승려들의 경우에도 삼론학의 거장으로 평가받는 경우가 대부분이다. 예를 들면 595년 최초로 도일한 혜

---

74) 『金陵梵刹志』 권4.
75) 『大乘玄論』 권1(대정장45, p.19b), 『二諦義』 권하(대정장45, p.108b).
76) 『唐高僧傳』 권15「靈睿傳」, 같은 책 권10「慧持傳」.

자(慧慈), 625년 도일한 혜관(慧觀)이 모두 삼론종의 거장으로 평가받고 있고,[77] 이들이 고구려의 왕실에 의해 보내진 것이라고 할 때[78] 당시 고구려의 불교는 삼론학이 주류였음을 알 수 있는데, 이 또한 승랑사상의 고구려와의 연계성을 짐작케 하는 사실이다.

셋째 원효(617~686)의 글을 읽어보면 삼론학의 영향이 발견된다. 원효의 대표사상이 화쟁의 방법에 삼론학적 사유가 개입되었다는 점은 최유진에 의해서 이미 연구된 바 있다.[79] 또한 원효의 교판론에도 삼론학과의 친밀한 관계가 드러난다. 그러나 원효는 어느 경우에도 길장이라든가 삼론학이라는 말을 쓰지 않는다. 이것은 삼론학의 교판론을 차용하고 그것의 타당성을 인정할 때에도 일관된다. 이것에 대한 자세한 내용은 제2장에서 논의될 것이다.

---

77) 『三國佛法傳通緣起』 권중 「成實宗」.
78) 앞의 책 권중 「三論宗」.
79) 崔裕鎭, 「元曉의 和諍思想研究」(서울대학교 박사학위논문, 1988).

도를 닦는 사람이여! 법다운 견해를 얻고자 생각한다면 결코 사람을 미혹되게 하는 것을 받아들여서는 안된다. 안에서도 밖에서도 무언가 마주치는 것은 모두 끊어버려야 한다. 부처를 만나면 부처를 죽이고 조사를 만나면 조사를 죽이고 나한을 만나면 나한을 죽이고 부모를 만나면 부모를 죽이고 친척을 만나면 친척을 죽여야 비로소 해탈할 수 있으니, 이로써 일체의 사물에 구애되지 않고 철저하게 벗어나 자재롭게 된다(『임제어록(州臨濟語錄)』).

제2장 불교의 근본이념[正法]에 대한 이해

1. 불교를 바라보는 시각: 교판관(敎判觀)의 이해

1) 기존의 교판론에 대한 비판적 접근

길장은 종래에 유포되던 여러 가지 교판론을 총망라하여 다양한 방법으로 비판하였다. 특히 오시설(五時說)과 사종설(四宗說)을 각각 남지(南地)와 북지(北地)의 대표적인 교판론으로 보아, 집중적으로 논란하면서 파척한다. 이 두 설도 또한 구체적인 내용으로 들어가면, 여러 학자들이 그 안에 포섭되지만, 5시설은 혜관, 4종설은 광통율사(光統律師, 468~537: 慧光이라고도 함)를 대표자로 보았다.[1] 길장이 이 두 학설을 집중적으로 비판한 것은, 이 둘에 한정된 비판에 그 목적이 있는 것이 아니라, 당대 교판론의 대표적 학설을 비판함으로써 교판론 자체가 가진 문제점 전체를 지적하려는데 그 목적이 있다. 길장은 기존의 교판론에 대해 그 내용을 매우 객관적으로 서술한 후에 비판을 시도하고 있기 때문에, 이후 교판론을 연구하는 학자들은 길장의 이 글을 통해서 기존의 교판론에 대한 그들의 이해를 심화시켜 왔다.[2]

---

1) 『法華玄論』(대정장34, p.374c).
2) 이하, 오시설에 대한 길장의 입장은 주로 平井俊榮의 『中國般若思想史研究』 p.494를 참조하였다.

① 혜관의 오시설

혜관은 노년에 여산(廬山)의 혜원(慧遠)을 따랐고 또한 라집에게도 사사한 일이 있다. 그는 붓다의 일대(一代)의 가르침을 돈(頓)·점(漸)의 2교로 나누고, 점교에 5시설을 세웠다. 길장은 현존하지 않는 혜관의 저술인 『열반경서(涅槃經序)』를 인용하여 그 학설을 서술하였는데3), 그 내용을 간단하게 도표로 정리하면 다음과 같다.

도표－혜관의 오시설

이교오시 (二敎五時)		교화대상 및 취지	교법 내용 및 경전
돈교(頓敎)		보살	『화엄경』
점교(漸敎)의 오시(五時)	삼승별교(三乘別敎)	성문	사제(四諦)
		벽지불	십이인연(十二因緣)
		대승인(大乘人)	육바라밀(六波羅蜜)
	삼승통교(三乘通敎)	성문·벽지불·대승인	『반야경』
	억양교(抑揚敎)	보살을 찬양하고 성문을 꺾음.	『유마경』, 『사익경』
	동귀교(同歸敎)	삼승을 회합하여 일승으로 귀속시킴.	『법화경』
	상주교(常住敎)	불성(佛性)의 상주성 주장. 한정된 대상이 없는 최고의 가르침.	『열반경』

혜관의 교판론은 불교의 여러 가르침의 의미를 명확하게 규정하고 있는데, 이것은 여러 대승경전의 근본사상을 거의 정확하게 포착하고 있는 것으로 평가된다. 이 설은 중국에서 교판론의 효시가 되어 강남 지방에 널리 유포되었고, 나중에 돈교와 점교에 무방부정교(無方不定敎: 無方敎)를 더해서 삼교오시설(三敎五時說)로 확립되었다. 무방교는 길장의 『승만보굴(勝鬘寶窟)』에 따르면 다음과 같다.

---

3) 『三論玄義』(대정장45, p.5b).

무방교란 돈교와 점교 이외의 것이니, 『승만경』 등이 여기에 속한다. 이 경은 『대품반야경』을 넘어서고, 『법화경』을 포괄하며, 『열반경』과 더불어 동일하게 지극하다. 비록 1승을 본체(體)로 삼지만 상주(常住)의 이치를 드러내서 말하니, 그러므로 『열반경』과 함께 이치가 동일하다. 일체삼귀(一體三歸)를 설하더라도 1승을 지극한 이치로 삼으므로 『법화경』을 포괄한다. 이렇게 뜻이 돈교와 점교의 모두에 적합하기 때문에 무방에 속한다. 또한 이것은 별도로 근기에 응한 것으로 쌍림(雙林 : 붓다가 열반에 든 곳)에서 설한 것이 아니니 그러므로 『열반경』과 다르다. 삼교(三敎)를 세우는 자는 『능가경』·『법고경』·『승만경』은 무방교에 속한다고 한다. 단 『법고경』은 『승만경』의 앞에 생겼다. 왜냐하면 『법고경』은 사위성에 있을 때 파사익왕을 위해서 설한 것이다. 왕은 붓다의 처소에서 비로소 대승에 대한 믿음을 얻었고, 이에 딸에게 서한을 보내어 지금의 설이 있게 되었다. 그러므로 『법고경』은 『승만경』의 앞에 있는 것임을 알아야 한다. 『능가경』 권4에 '나는 신통력으로 건립하여 승만과 이지(二智)를 원만하게 갖춘 여러 보살로 하여금 여래장과 식장(識藏)을 설하게 한다'고 하였고, 또한 같은 책에 '승만부인은 붓다의 위신력을 승계하여 여래의 경계를 설하였다'고 하였다. 그러므로 『능가경』은 이 경의 뒤에 나왔음을 알아야 한다.4)

천태종의 개조인 지의(智顗)는 강남과 강북에 유포된 여러 종류의 교판론을 논하면서, 혜관이 이미 3교를 세웠고, 성실론사인 광택(光宅)이 이것을 채용하였다5)고 하였지만, 길장은 혜관의 교판론을 설명할 때, 부정교(不定敎)를 집어넣는 경우가 없으며, 『법화현론(法華玄論)』 권3에서는 "부정교는 후대의 학자가 첨가한 것"임을 명백하게 밝

---

4) 『勝鬘寶窟』(대정장37, p.5c), 「三 無方之敎 出前二種之外 卽勝鬘尊經 是也 故此經 過大品 包法華 與涅槃齊極 雖以一乘爲體…… 宣說如來藏及識藏 亦文云 勝鬘夫人 承佛威神力 說如來境界 以此故知 楞伽 在此經後也.」 본문의 인용경전: 『楞伽經』 권4(대정장16, p.510c).
5) 『法華玄義』(대정장33, p.801b).

60

혀, 다른 견해를 보이고 있다.6) 3교설이 언제 누구에 의해 성립된 것인지를 알 수 있는 구체적인 자료는 없다. 다만 지의가 성실론사인 광택이 3교설을 채용하였다고 하였고, 길장이 『대품경유의(大品經遊意)』에서 "성실론사들이 3교설을 주장하였다"7)고 한 말에 근거할 때, 성실학파에 속한 사람과 깊은 관계가 있을 것임을 추정할 수 있을 뿐이다. 그리고 혜관이 3교설을 세웠다는 지의의 말은 그 구체적인 증거가 나타나지 않는 한 이러한 관련성을 확대 해석한 것으로 볼 수 있다. 또한 길장의 말을 그대로 받아들여 3교설을 성실론사가 세운 학설이라고 보기엔 무리가 있다. 문맥으로 보아 기존의 설을 수용하여 자신의 학설로 삼았다고 해도 무리가 없기 때문이다.

② 광통율사의 사종설

광통율사는 지론종 남도파(南道派)의 초조(初祖)이다. 길장은 그의 교판론을 여러 곳에서 언급하고 있지만, 그 명칭과 해당되는 학파만을 열거하였을 뿐 구체적인 내용은 수록하지 않았다.

> 북토(北土)에서는 5시를 드러내어 4종교를 세웠으니, 인연종(因緣宗), 가명종(假名宗), 부진종(不眞宗), 진종(眞宗) 등이다…… 4종이란 비담을 인연종이라 하고, 성실을 가명종이라 하며 삼론을 부진종이라 하고 십지론을 진종이라 한다.8)

여기에서 인연종은 일반적으로 소승(小乘) 유부라고 일컬어지는 학파로 사인육연(四因六緣)을 주요이론으로 삼는다. 가명종은 『성실론』

---

6) 『法華玄論』(대정장34, p.382b).
7) 『大品經遊意』(대정장33, p.66b).
8) 『勝鬘寶窟』(대정장37, p.6a), 「北土 彰於五時 立四宗敎 謂因緣假名不眞及 眞.」 『大乘玄論』(대정장45, p.63c), 「四宗者 毘曇是因緣宗 成實謂假名宗 三論名不眞宗 十地論爲眞宗.」

을 중심으로 성립한 학파로 그 중심내용이 삼가(三假)를 설하였기 때문에 붙여진 명칭이다. 지의는 부진종을 광상종(誑相宗)이라고 하였는데, 이는 길장이 집대성한 삼론학을 가리키는 말로, 이 학파가 모든 법이 허황하다는 것을 드러내어, 일체의 상(相)에 대한 집착을 여읠 것을 지나치게 강조하였음을 드러내는 뜻에서 붙여진 이름이다.9) 또한 지의는 진종을 상종(常宗)이라 하고, 『십지론』과 동일한 맥락에 있는 『화엄경』 이외에 『열반경』도 포함시켰다. 『중관론소』에서는 길장도 진종에 『열반경』 등이 소속된다고 하였기 때문에10) 기존의 교판론에 대해 두 사람이 동일한 사실을 전하고 있음을 알 수 있다.

길장은 기존의 교판론 가운데 5시설이 가장 근본이 되고, 그것의 영향으로 4종설이 생겼으며, 나머지는 모두 이것의 변주라고 보고 있다. 따라서 길장의 모든 저술에 나오는 교상판석에 대한 비판이 이 양자에 집중되어 있는 것은, 단순히 여러 교판론 가운데 둘을 선택한 것이 아니라, 당대의 교상판석 전부를 통틀어서 비판하는 의미가 있다.11) 4종설의 경우는 5시설보다 적극적으로 비판되지 않는데, 이것은 앞에 인용된 본문에서 이미 나온 것처럼 그 자신이 4종설을 5시설의 변주라고 보고 있는데서 연유한 것으로 생각된다. 따라서 이하에서는 기존의 교판론에 대한 길장의 비판을 5시설에 한정하여 살펴보기로 한다.

2) 오시설 비판 및 그 의의

5시설에 대한 비판은 길장 저술의 여러 곳에서 나타난다. 어떤 학자들은 동일한 주제를 다루더라도 저술시기에 따라 사상적 변화를 일으키는 경우가 종종 생겨나지만, 길장의 경우에는 그다지 큰 변화가 생

---

9) 『法華玄義』 권10(대정장33, p.801b).
10) 『中觀論疏』 권1(대정장42, p.7b).
11) 平井俊榮, 『中國般若思想史硏究』 p.496.

겨나는 경우가 거의 없다. 다만 파사현정의 정신에 근거하여, 새롭게 물리쳐야 할 이론이나 주장이 생겨날 경우에 기존의 설에 그것을 포용하는 길을 모색하면서, 새롭게 첨가하는 방식을 취할 뿐이다.12) 5시설은 시대에 따른 변화도 크게 눈에 띄지 않고, 다만 보다 상세하고 간략한 변화가 있을 뿐이다. 가장 상세한 것은 회계(會稽) 가상사(嘉

---

12) 3중이제설(三重二諦說)과 사중이제설(四重二諦說)이 그 좋은 예이다. 곧 3중이제설이란 그 제1중은 유(有)를 세제로 하고 무(無)를 진제로 하는 것, 제2중은 유라고 설하고 무라고 설하는 것을 세제, 비유비무(非有非無)로서 불이(不二)라고 하는 것을 진제라고 하는 것, 제3중은 유무의 이(二)와 비유비무의 불이(不二), 곧 이(二)와 불이(不二)를 세제, 비이비불이(非二非不二)를 진제라고 하는 것이다. 제1중의 이제는 유에 집착하는 범부의 미혹을 버리고 제법이 필경에는 공하여 무소유임을 참되게 아는 성인의 경지에 들어가게 하기 위한 것이다. 제2중의 이제는 다시 유무의 이변에 집착할 때, 이것을 버리고 불이중도(不二中道)에 들어가게 하기 위한 것이다. 제3중의 이제는 다시 불이에 집착할 때, 비이비불이의 절대중도에 들어가도록 하기 위한 것이다. 사중이제설은 앞의 세 가지 단계에, 다시 네 번째 단계를 첨가하는 것이다. 곧 제4중은 앞의 세 단계에서도 집착이 모두 사라지지 않았을 경우에, 앞의 세 가지 이제는 모두 속제라고 보아 이것을 버리고, 이 세 가지를 넘어서 언망려절(言忘慮絶)의 경지에 들어가게 하기 위한 것이다. 3중이제, 또는 4중이제는 특별한 대자(對者)를 설정하지 않고서도, 모든 종류의 집착을 타파하기 위한 무한한 중층구조로서의 전오방식을 제시하는 것이라고 할 수 있다. 3중이제설은 『이제의』, 『법화현론』에 언급되었고, 4중이제설은 『중관론소』, 『대승현론』에 언급되었다. 이것은 논서가 지어진 시기와 관련되어 주목되는 것인데, 전자는 남지의 성실학파가 대론(對論)의 중심에 놓여 있을 때 지어진 것이고 후자는 지론종, 섭론종이 대론의 중심으로 들어왔을 때에 지어진 것이다. 이들과의 연관관계를 고려하여, 4중이제를 배대해 보면, 첫 번째 것은 비담, 두 번째 것은 성실, 세 번째 것은 의타(依他)와 분별(分別)의 둘을 속제로 하고 의타무생(依他無生)과 분별무상(分別無相)의 불이(不二)를 진제로 하는 대승사(大乘師), 네 번째 것은 삼성(三性)은 속제이고 삼무성(三無性)과 비안립제(非安立諦)를 진제라고 하는 대승사를 대상으로 한 것이다. 길장이 이제설을 설하는 근본 의도는 일체의 집착을 벗어나도록 하는데 있기 때문에, 상황에 따라서 무수히 많은 이제설이 성립될 수 있음을 보여주는 예이다(平井俊榮, 『中國般若思想史研究』, pp.470~473).

祥寺)에 머물 때 지은 『법화현론』이고, 곳곳에서 이 논서에 5시설에 대한 구체적인 설명을 양도하고 있기도 하다. 장안시대에 지은 『법화유의(法華遊意)』에 "남방 5시의 설과 북토 4종의 논은 근거가 되는 문장도 없고 뜻도 손상된 것이다. 예전에 이미 이것에 대해 상세하게 논의하였으므로, 지금은 생략하고 서술하지 않는다"13)고 하여, 구체적으로 『법화현론』을 지목하지는 않았으나, 역시 장안시대에 저술된 『정명현론(淨名玄論)』에 "남지와 북토에서 경전을 판석한 것은 4종 5시의 설로 대표되는데 『법화현론』에서 이것을 상세하게 설명하였다"14)라고 한 것으로 보아, 『법화현론』을 지목하는 것임을 알 수 있다. 이 밖에 양주 혜일도량(慧日道場)에 주석하던 시대의 작품인 『승만보굴』에서도 『법화현론』에 구체적인 설명을 양도하는 것을 볼 수 있다.15)

이렇게 5시설에 대한 길장의 비판은 『법화현론』이 가장 상세할 뿐 아니라, 길장 자신도 이것에 자신의 사상이 집약되었음을 시인하고 있다. 그런데 이 『법화현론』에서 상세하게 설명한 것을 간결하게 요약한 것이 『삼론현의』이다. 『삼론현의』는 혜일도량 시대의 저술로, 길장이 삼론의 종지를 대외로 떨쳐 나가던 시기에 지어진 것이다. 그 내용은 기존의 모든 사상을 체계적으로 서술한 것으로, 다른 것에 설명을 양도하는 일은 보이지 않고, 기존의 것을 보다 간단명료하게 서술하였다. 따라서 『삼론현의』를 통해 5시설에 대한 길장의 비판을 고찰해도 『법화현론』의 내용과 큰 차이가 없기 때문에, 이하에서는 이것에 의해서 교상판석에 대한 길장 자신이 시설한 총괄적인 비판과 개별적인 비판의 두 범주 속에서 살펴보기로 한다.

---

13) 『法華遊意』(대정장34, p.643c), 「南方五時說 北土四宗論 無文傷義 昔已詳之 今略而不述也.」
14) 『淨名玄論』(대정장38, p.900c), 「南北判經 四宗五時之說 法華玄論 其以詳之.」
15) 『勝鬘寶窟』(대정장37, p.6a).

64

① 총괄적인 비판

대승과 소승의 두 가지 가르침만 있을 뿐 5시를 설정하는 것은 부당하다는 것을, 세 가지의 경전과 세 가지의 논서를 인용하여 설명하고 있는데, 그 내용을 정리하면 다음과 같다.

㉠ 『대품경(大品經)』: 여러 천자가 찬탄하여 말했다. '저는 염부제에서 두 번째 법륜[第二法輪]을 굴리는 것을 보았습니다'. 〔㉠〕 용수가 이 경의 주석서인 『대지도론』에서 다음과 같이 풀이하였다. '녹야원에서 이미 작은 바퀴[小輪]를 굴렸고 이제 다시 큰 법의 바퀴[大法輪]를 굴린 것을 말하는 것이다'. 〔㉡〕

㉡ 『법화경』: 옛날 베나레스에서 사제의 가르침을 굴렸고 이제 영취산에서 1승의 가르침을 설하였다. 〔㉢〕

㉢ 『열반경』: 옛날 녹야원에서 작은 것[小]을 굴렸고 이제 쌍수림에서 큰 것[大]을 설하였다. 〔㉣〕

㉣ 『대지도론』: 불법(佛法)에 두 가지가 있다. 첫째는 3장(三藏)이고 둘째는 대승장(大乘藏)이다. 〔㉤〕

㉤ 『지지론』(『보살지지경(菩薩地持經)』): 12부경 가운데 11부경을 성문장(聲聞藏)이라 하고 나머지 하나인 방등대승(方等大乘)을 보살장(菩薩藏)이라 한다. 〔㉥〕

㉥ 『정관론』(『중론』): 앞에서 성문승을 위해 생멸법(生滅法)을 설하였고 다음에 보살승을 위해 무생멸법(無生滅法)을 설하였다. 〔㉦〕16)

---

16) 『三論玄義』(대정장45, p.5b), 「難曰 但應立大小二敎 不應制於五時 略引三經三論證之…… 次爲菩薩 說無生滅法 以經論驗之 唯有二藏 無五時矣.」 본문 인용경전: ㉠ 『大品般若經』(대정장8, p.311b) ㉡ 동일한 문장은 없고 『大智度論』 권65(대정장25, p.517a)의 요약 ㉢ 『法華經』(대정장9, p.12a) ㉣ 『涅槃經』(대정장12, p.689c3) ㉤ 『大智度論』(대정장25, p.756b) ㉥ 『菩薩地持經』(대정장30, p.902c) ㉦ 『中論』(대정장30, p.1b).

이상에서 소륜, 사제, 소(小), 삼장, 성문장, 생멸법 등은 모두 동일한 가르침을 관점에 따라 달리 표현한 것으로, 통틀어서 소승이라고 명명하고, 제2법륜 또는 대법륜(大法輪), 일승, 대(大), 대승장, 보살장, 무생멸법 등도 모두 동일한 가르침을 관점에 따라 달리 표현한 것으로 통틀어서 대승이라고 명명할 수 있다. 길장은 이상과 같은 경론을 근거로 하여, 붓다의 가르침 속에서는 5시설의 근거가 되는 것을 찾을 수 없고, 오직 먼저 소승을 설하고 나중에 대승을 설하였기 때문에, 대승장과 소승장의 두 가지로만 그 가르침을 분류할 수 있다고 하여, 5시설을 비판하였다.

이러한 비판을 마친 후 길장은 붓다의 가르침에 대해 두 가지 범주만 인정할 경우에 5시설에 보이는 것과 같은 대승 각 경전간의 차이성이 드러나지 않고 모두 하나로 뭉뚱그려 버리는 문제가 발생할 수 있다는 비판적 관점을 예시하고,17) 대승과 소승의 두 가지 범주 속에서도 이러한 문제점이 해소될 수 있을 가능성을 열어 보였는데,18) 그 내용을 요약하면 다음과 같다.

㉠ 보살을 교화하고 성문은 교화하지 않는 것〔敎菩薩 不化聲聞〕---『화엄경』

㉡ 성문을 교화하고 보살은 교화하지 않는 것〔化聲聞 不敎菩薩〕---삼장교

㉢ 보살을 드러내어 교화하고 이승을 은밀하게 교화하는 것〔顯敎菩薩 密化二乘〕--반야계경전, 『유마경』, 『사익경』19)

---

17) 앞의 책(대정장45, p.5c).
18) 앞의 책(대정장45, p.5c), 「答 須識四句 衆經煥然 一 但敎菩薩 不化聲聞 謂華嚴經也…… 二 但化聲聞 不敎菩薩 謂三藏敎也 三 顯敎菩薩 密化二乘 大品以上 法華之前 諸大乘敎也 命小乘人 說於大法 謂顯敎菩薩 密示此法 以爲己任 如付窮子財 謂密化聲聞也 四 顯敎聲聞 顯敎菩薩 法華敎也 菩薩聞是法 疑網皆已除 化菩薩也 千二百羅漢 悉亦當作佛 化二乘也 四句之中 三義屬菩薩藏內開之 但化二乘 爲三藏敎矣.」

㉣ 성문을 드러내어 교화하고 보살도 드러내어 교화하는 것[顯敎
  聲聞 顯敎菩薩]--『법화경』

경전의 내용 자체에 차별성이 있는 것이 아니라, 중생에게 보살과 성문이라는 두 가지 근기의 차이가 있고 붓다가 교설하는 방법의 차이[顯과 密]에 의해 대승경전을 구별할 수 있다는 것이 본 주장의 요점이다. 그리하여 『화엄경』은 보살만을 대상으로 하고, 3장교는 성문만을 대상으로 하며, 『반야경』을 포함한 『유마경』·『사익경』 등은 드러내어 보살을 가르치고 성문은 은밀하게 가르치며, 『법화경』은 성문과 보살을 모두 드러내어 가르치는 것이라고 주장한다. 길장은 경전간의 가치서열적인 차별성을 비판하고, 붓다의 가르침을 대승과 소승의 두 가지로 분류하면서 현실적으로 드러난 각 경전의 내용의 차이를 근기와 교설방법의 차이에 의해 설명함으로써 자신의 범주의 정당성을 확보하였다.

② 개별적인 비판

이렇게 경론에 서술된 것을 근거로 하여 대승장과 소승장의 이장설(二藏說)만이 경전에 대한 올바른 이해라는 것을 밝힌 후, 길장은 5시설 각각은 경증(經證)도 없을 뿐만이 아니라, 이치상으로 따져 보아도 타당하지가 않음을 보이는데 그 내용을 취의요약하면 다음과 같다.

첫째, 삼승별교에 대한 비판: 이것은 성문, 연각, 보살의 3승이 각각 다른 가르침에 의해 깨달음을 얻는다는 주장이다. 그러나 『비담』에 의하면 '3승은 모두 사제를 본 후에 도를(道) 얻는다'고 하였고, 『성실

---

19) 본문에는 막연히 '大品以上 法華之前 諸大乘敎也'라고 하였는데, 『대품경』부터 『법화경』을 설하기 전까지 있었던 모든 대승의 가르침은, 앞에서 서술한 혜관의 오시설을 기준으로 할 때, 『대품경』 이후의 경전은 『유마경』과 『사익경』을 일컫는 것으로 볼 수 있다.

론』에 의하면 '단지 일멸(一滅)에 계합하여 성(聖)을 이룬다'고 하였으며, 대승의 교설에 따르면 '무생(無生)에 계합한 후에 범부의 지위를 벗어난다'고 하였다. 사제와 일멸과 무생은 모두 공통된 것이므로, 3승이 각각 다른 가르침에 의해 깨달음을 얻는다는 주장은 옳지 않다.[20]

　둘째, 삼승통교에 대한 비판: 이것은 『대품경』이 3승 모두를 교화한다는 주장인데, 역시 경론을 근거로 하여 문제점을 지적할 수 있다. 우선 『대지도론』에 '반야는 2승에 속하지 않고 단지 보살에만 속한다'[21]고 하였다. 만약 『대품경』이 3승 모두를 교화하는 것이라면 이 논서에서 『대품경』이 2승에 속하지 않는다고 한 말과 모순되기 때문에 타당하지 않다. 그렇다면 혜관은 왜 이것을 삼승통교라고 하였을까? 『대품경』에서 3승 모두에게 반야를 배울 것을 권한 부분[22]이 있기 때문일 것으로 추정되지만, 혜관의 풀이는 문제가 있다. 곧 반야에는 관찰의 대상, 즉 실상(實相)의 경계로서의 반야와 깨달음의 내용으로서의 반야의 두 가지가 있다. 이 가운데 후자는 마하반야(摩訶般若)로서 보살만이 얻는 것이기 때문에, 2승에는 속하지 않는다. 그러나 실상의 경계로서의 반야는 3승이 모두 관찰할 수 있는 것이기 때문에 3승에게 바로 이것을 배울 것을 권한 것이라고 보아야 한다.[23]

　셋째 억양교에 대한 비판: 이것은 『유마경』과 『사익경』이 보살을 칭찬하고 성문을 억압하였다고 하는 것인데, 이것도 경론을 상세하게 살펴보면 타당하지 않음을 드러난다. 예를 들어 『대품경』에서도 2승을 치구(癡狗)라고 꾸짖었고,[24] 『정명경』(『유마경』)에서도 성문을 폄하

---

20) 앞의 책(대정장45, p.5c).
21) 『大智度論』 권32(대정장25, p.257b).
22) 『大品般若經』(대정장8, p.234a).
23) 『三論玄義』(대정장45, p.5c).
24) 『대품반야경』에 치구(癡狗)라는 용어는 보이지 않는다. 다만 '狗'라는 용어는 두 번 나오는데, 하나(대정장8, p.254a)는 보살이 자신의 몸이 탐욕의 대상이 될 수 없음을 깨닫기 위한 관법 가운데, 죽은 후 여러 짐승이 몸을 뜯어먹는 것을 상정하면서 나오는 여러 짐승 가운데 하나이며, 다른 하나(대정

68

하여 패근(敗根)25)이라고 하였다. 이렇게 소승을 폄하하고 대승을 찬양하는 것은 두 경전이 동일한데, 5시설에서 『정명경』만이 억양교라고 하는 것은 타당하지 않다.26)

넷째 동귀교에 대한 비판: 『법화경』을 3승이 모두 하나로 돌아가게 하는 가르침이라고 하는 주장인데, 이것은 그 타당성을 인정할 수 있다. 다만 혜관은 『법화경』에 안에도 그 자신이 제5시로 분류하고 가장 궁극적 가르침이라고 보았던 『열반경』에서 밝힌 상주(常住)의 가르침이 함께 설해져 있는 점을 간과하였다. 『법화경』은 이 경에 대한 천친(天親)의 주석서인 『법화론(法華論)』에 의거할 때, "이 경은 7곳에 불성(佛性)에 관한 문장이 있고, 법신·보신(報身)·응신(應身) 등의 삼신설(三身說)을 밝혔다"고 하였기 때문에, 상주의 가르침이 설해져 있는 것이 분명하다. 그러므로 『법화경』은 혜관의 분류에 의할 때 『열반경』과 같은 완전한 가르침인데, 혜관이 제5시에 『열반경』을 두고 이것만을 완전한 가르침으로 본 것은 부당하다.27)

장8, p.319a)는 "須菩提 譬如狗不從大家求食 反從作務者索 如是須菩提 當來世 有善男子善女人 棄深般若波羅蜜 而攀枝葉 取聲聞辟支佛所應行經 當知 是爲菩薩魔事"라고 하여, 보살의 가르침인 반야바라밀을 배우지 않고 성문, 벽지불의 가르침을 배우는 사람을 개가 대가(大家)에 가면 음식을 충분히 얻을 수 있음에도 불구하고 그렇지 않은 곳을 전전하는 모습에 비유하였는데, 이 가운데 후자가 길장이 인용한 부분일 것으로 추정된다.

25) 이는 『維摩詰所說經』(대정장14, p.547a)을 인용한 것이다. 내용을 보다 분명히 하기 위해 전문을 수록하면 다음과 같다. "비유하면 어떤 사람이 맹인에게 여러 색깔을 보여 주어도 그가 보지 못하는 것과 같이, 일체 성문은 이 불가사의해탈법문을 들어도 맹인처럼 알지 못한다. 지혜로운 사람이라면 이 말씀을 듣고 어찌 아누다라삼막삼보리심을 발하지 않겠는가. 우리들은 어찌하여 그 뿌리를 영원히 단절하고 이 대승의 가르침에 앞에서 썩은 종자처럼 되었을까. 모든 성문이 이 불가사의해탈법문을 듣고 모두 대성통곡을 하여 그 울음소리가 3천대천세계에 진동할 것이다. 譬如有人 於盲者前 現衆色像 非彼所見 一切聲聞 聞是不可思議解脫法門 不能解了 爲若此也 智者聞是 其誰不發阿耨多羅三藐三菩提心 我等 何爲永絶其根 於此大乘 已如敗種 一切聲聞 聞是不可思議解脫法門 皆應號泣聲 震三千大千世界".

26) 『三論玄義』(대정장45, p.6a).

다섯째 상주교에 대한 비판: 『열반경』을 상주의 가르침을 설한 경전이라고 보는 것인데, 이것에 대해서 상주라는 용어가 지닌 불교적 의미를 해명함으로써 그 부당성을 지적한다. 즉 상(常)과 무상(無常)은 모두 그 자체 독립적인 것이 아니라, 중생의 번뇌를 다스리기 위해 시설된 것(用門)이다. 『열반경』의 본질을 논하면, 그 체(體)는 백비(百非)를 끊고 이(理)는 사구(四句)를 초월한다. 혜관이 『열반경』의 종지를 상주로 정의한 것은 작용방면만을 본 것이고 그 체는 상실한 것이다. 따라서 체의 측면에서 말하면 『열반경』이 상주의 가르침이라고 하는 혜관의 견해는 잘못된 것이다.28)

이상과 같은 5시설에 대한 길장의 비판은 뒤섞여 전래된 붓다의 가르침을 나름대로 일목요연하게 이해하고자 하는 취지에서 생겨난 교판론 성립의 역사적 사정을 무시한 것이다. 그러나 이 책에서 주력하고자 하는 것은 길장이 비판하고 있는 내용의 객관적인 타당성과 부당성에 대한 고찰이 아니라, 5시설을 비판하고 자신의 경전관을 성립시키는 가운데 드러나는 길장의 입장이다. 먼저 이상의 비판적 관점을 통해서 그의 교판론이 성문장인가 보살장인가라는 2종의 범주에 있었다는 것이 분명해진다. 앞으로 2장설과 그의 또 다른 교판론으로 전해지는 삼륜설(三輪說)을 고찰함으로써 교판론에 대한 길장의 입장을 보다 자세히 알아보기로 한다.

3) 삼론학의 교판론: 이장삼륜설(二藏三輪說)

길장의 교판론은 보통 이장과 삼법륜으로 요약된다. 『유마경의소(維摩經義疏)』에서 5시와 4종을 배척하고 나서 무엇으로 불교를 판석 할 것인가 하는 물음을 설정하고 "중생의 근기는 하나가 아니고 미혹의

---

27) 앞의 책(대정장45, p.6a).
28) 앞의 책(대정장45, p.6a).

내용도 매우 다양하지만 크게 두 가지 범주로 포섭할 수 있다. 사람들은 크게 작은 뜻을 가진 사람과 큰 근기를 가진 사람의 둘로 나뉘는데, 그에 따라 설해진 법을 각각 소승, 대승이라고 한다. 교화의 순서는 보살만을 위한 가르침인『화엄경』→성문인 만을 위한 가르침인 3장교→드러내어 보살을 가르치고 은밀하게 성문을 가르친『반야경』→보살과 성문을 모두 드러내어 가르치는『법화경』등으로 볼 수 있다. 그런데 이것도 근기의 차이에 의해서 생겨난 구별이고, 이 네 가지는 다시 두 번째인 3장교는 소승, 나머지는 대승이 되어 2장으로 포섭된다"고 하였다.29) 먼저 2장에 대해 살펴보고, 다음에 3법륜을 고찰한다.

① 이장설: 성립근거와 의미체계

기존의 교판론에 대한 길장의 비판의 요점은, 첫째 경론에서 그 근거를 찾을 수 없다는 것, 둘째 이치상 타당하지 않다는 것이었다. 그렇다면 2장은 어디에 그 근거가 있는 것인가. 이치상 타당한 것인가. 앞에서 이미 길장이 5시설의 부당함을 증명하기 위해 경론을 인용한 가운데 2장의 전거를 든 것을 보았지만, 여기에서는『법화현론』에 수록된 내용30)을 취의요약하기로 한다.

㉠『대지도론』: "불법에 두 종류가 있으니 대승장과 소승삼장이다". "불법(佛法)에 두 가지 길이 있으니 성문도와 보살도이다". 앞의

---

29)『維摩經義疏』(대정장38, p.909b),「復呵四宗之說 云何判於佛教 答 夫四生擾擾 爲失虛懷 六趣紛紛 寔由封滯 則知迴流苦海 用取爲源 超然彼岸 以無著爲本 但累根匪一 故蕩惑多門 統其要歸 凡有二轍 一 隨小志稱曰小乘 二 順大機名爲大教…… 一化始終次第之說 理無不統 敎無不攝 但四門之內 三屬菩薩藏收 顯敎聲聞不密化菩薩 爲聲聞藏攝.」

30)『法華玄論』(대정장34, p.382b),「釋論云 佛法有二種 一者 大乘藏 二者 小乘三藏 又云佛法有二道 一者 聲聞道 二 菩提薩埵道 前約法分兩 後就人開二…… 又中論云 聲聞法入第一義道 摩訶衍入第一義道.」

것은 법에 나아가서 둘로 분류한 것이고 뒤의 것은 사람에 나아가서 둘로 분류한 것이다. "붓다가 입멸한 후 가섭과 아난이 3장을 결집하였다. 문수와 미륵도 아난과 함께 대승장을 결집하였다". 이것은 역사적 사실에 대한 기록이다.

ⓛ 『대경』(『열반경』) : "반자(半字)와 만자(滿字)의 두 가지가 있다. 성문을 위해 반자를 설하고 보살을 위해 만자를 설한다", "소승을 추구하는 무리와 대승을 추구하는 무리가 있다. 옛날 바라날에서 성문을 위해 작은 법륜을 굴렸고, 이제 이 구시나성에서 비로소 여러 보살을 위해 큰 법륜을 굴린다"

ⓒ 『법화경』 : "옛날 바라날〔베나레스〕에서 생멸의 법륜을 굴리고 이제 영취산에서 무생멸의 법륜을 굴린다". 또한 이 경에서는 성문을 가르치는 것과 보살을 가르치는 것의 두 가지를 열었다. 성문을 가르친다는 것은 가난한 아들을 고용하여 분뇨를 치우는 일을 시킨 것이고, 보살을 가르친다는 것은 가난한 아들에게 재물을 물려준 것을 말한다. 또한 오직 초가집과 큰 저택이 있을 뿐이고, 오직 보배가 있는 곳을 가는 길의 중간에 있는 화성(化城: 진짜 있는 것이 아니고, 변화에 의해 만든 성)과 보배가 있는 곳이 있을 뿐이다.

ⓡ 『섭대승론』 : 성문법과 보살법을 밝혔다. "성문법은 다만 혹장(惑障)을 끊지만, 보살법은 혹장과 지장(智障)의 두 가지를 끊는다".

ⓜ 『지지론』 : 『대지도론』과 동일한 취지에서 2장을 밝혔다.

ⓗ 『정명경』 : 보살법장과 성문법장이 있음을 밝혔다.

ⓢ 『중론』 : "성문법으로 제일의도(第一義道)에 들어가고, 마하연(摩訶衍)으로 제일의도에 들어간다".

이상으로 7가지의 경론을 열거하고, 마지막으로 모든 경전에 처음에 소승의 무리와 대승의 무리를 배열하고 있음을 근거로 하여,[31] 오직 이종법륜 만이 성립될 수 있음을 밝혔다. 이러한 경론에 의한 증거 외에도 길장은 이치상으로도 2장설이 옳다는 것을 다음과 같이 밝힌다.

> 이치에 의거할 때 중생의 근기에 두 종류가 있다. 첫째는 불도를 감당할 수 있는 사람, 둘째는 대도(大道)를 감당할 수 없는 사람이다. 대도를 감당할 수 있는 사람을 위해 불승을 설하였으니, 이것을 대승이라 한다. 대도를 감당할 수 없는 사람을 위해 소승을 설한다.[32]

이것은 길장이 왜 2장이라는 교판을 세웠는가를 보여주는 부분이다. 대승과 소승이라는 교설이 고정적으로 존재하는 것이 아니라, 중생의 근기에 두 가지 성향이 있기 때문에 두 가지의 가르침이 존재한다는 것이다. 이러한 길장의 의도는 2장의 내용을 성문장, 보살장이라는 명칭으로 부르는 이유를 밝히는 가운데에서도 드러난다.

> 묻는다. 소승에는 성문, 연각의 두 부류의 사람이 있는데 왜 단지 성문법이라고만 하는가. 대승에 붓다와 보살이 있는데, 왜 단지 보살법이라고만 하는가. 답한다. 2장이라는 이름을 세우는 것은 교설을 세우기 위한 명칭이다. 교설을 세우는 뜻은 가르침을 받는 사람을 위한 것이니, 연각은 가르침을 받지 않고 성문은 가르침을 받으므로 성문장이라고 한다. 보살은 가르침을 받고 붓다는 가르침을 받지 않으니 그러므로 보살장이라고 한다.[33]

---

31) 앞의 책(대정장34, p.382c), 「又一切經初 皆列二衆 一 小乘衆 二 大乘衆.」

32) 앞의 책(대정장34, p.382c), 「又以理推之 衆生根有二種 一 堪受佛道 二 不堪受大道 堪受大道 爲說佛乘 名爲大乘 不堪受者 爲說小乘.」

33) 『中觀論疏』(대정장42, p.16b), 「問 小乘 有聲聞緣覺二人 何故 偏名聲聞 法 大乘中 有佛菩薩 云何獨名菩薩法耶 答 立二藏名者 此是立教名也 夫立 教之意 正爲稟教之人 緣覺不稟教 聲聞稟教 故名聲聞藏 菩薩稟教 佛不稟 教 故名菩薩藏.」

소승에 성문, 연각이 있지만 연각은 가르침을 받지 않고, 대승에 붓다와 보살이 있지만 붓다는 가르침을 받지 않기 때문에 가르침을 받는 두 부류의 사람을 위주로 하여 보살장과 성문장의 호칭으로 대표시키는 것이다. 2장의 구체적인 명칭을 『법화현론』에서는 성문도와 보리살타도(菩提薩陀道), 삼장(三藏)과 마하연장(摩訶衍藏), 소륜(小輪)과 대륜(大輪), 성문법과 보살법 등의 여러 가지로 일컫지만, 2장이라는 말에서 드러나듯이 성문장과 보살장으로 대표시킨 것은 이미 서술한 것처럼 『중관론소』라고 할 수 있다.

이러한 2장이라는 관점은 길장의 독창적 교판론은 아니다. 우선 『법화현론』에서 지론종에서 4종을 세우지만 『지론』을 번역하였고, 지론사(地論師)인 보리류지(菩提留支: 508년 중국에 와서 30여 년 간 활동한 행적이 있음) 자신이 반(半)·만(滿)의 두 가지가 있음을 밝혔음을 근거로 반·만이 옳고 4종은 근거가 없음을 밝혔다.34) 이것에 따르면 보리류지는 2장설의 선구적 지위를 점유한다. 또한 진해(珍海, 1091~1152)는 『삼론현소문의요(三論玄疏文義要)』에서 길장의 2장설은 정영사(淨影寺) 혜원(慧遠, 523~592)의 4종설과 동일한 맥락에 있음을 지적하였다.

정영사 혜원은 『대승의장』의 앞부분에서 교적(敎迹)을 변별하면서 오직 이장의를 밝혔다. 그리고 의취법문(意趣法門)에 이르러 비로소 이 뜻을 펼쳤으니, 진실로 말미암은 것이 있다. 앞의 두 가지는 비록 달라도 근본은 하나이고, 뒤의 두 가지는 경론이 다르지 않다. 이에 경전에는 단지 대승과 소승의 구별만 있고 마침내 사부(四部)의 다름은 없다. 그러므로 단지 2장으로 여러 경을 분류하고 4종으로 변별하지 않는다. 그러나 대승과 소승 가운데 각각 깊고 얕은 것이 있기에 의취법문에 이르러 비로소 이것을 사용하였다. 그러한즉 4종은 2장의 지말(枝末)이고 분교(分敎)의 대강(大

---

34) 『法華玄論』(대정장34, p.384c). 『仁王般若經疏』(대정장33, p.315b)에도 동일한 취지의 문장이 수록되어 있다.

綱)은 아니다. 이와 같이 큰 뜻에 따르면 이미 4종과 2장은 서로 어긋나지 않는다.35)

이러한 진해의 주장은 여러 가지 측면에서 타당하다. 우선 혜원은 『승만경의기(勝鬘經義記)』 및 『대승의장』 등에서 2장의 교판을 명료하게 제시하고 있고,36) 다시 『대승의장』에서 사종을 소승과 대승으로 회통하고 있기 때문이다.

> 종을 구별하면 네 가지가 있다. 첫째 입성종(立性宗)이니 인연종이라고도 한다. 둘째 파성종(破性宗)이니 가명종(假名宗)이라고도 한다. 셋째 파상종(破相宗)이니 부진종(不眞宗)이라고도 한다. 넷째 현실종(顯實宗)이니 진종(眞宗)이라고도 한다. 이 넷은 뜻을 바라보고 법을 이름한 것이다. 경론에는 이러한 명칭이 없다. 비록 이러한 명칭이 없지만 진실로 이러한 뜻은 있다. 네 가지 가운데 앞의 둘은 소승이고 뒤의 둘은 대승이다. 대승과 소승에 깊고 얕은 차이가 있기 때문에 네 가지가 있게 된 것이다.37)

이상으로 볼 때 길장의 2장설은 경론에 대한 자신의 이해와, 보리류지·혜원 등과 같은 저명한 학자들의 연구결과를 종합적으로 고찰함으로써 생겨난 것이라고 할 수 있다.38)

---

35) 『三論玄疏文義要』(대정장70, p.212b), 「然淨影大師 義章初 辨敎迹 唯明 二藏義 及至義聚法門 始申此義 其實有由 前兩宗論 雖是異經本猶一 後之 二宗 經論不殊 爰知 經只大小之別 遂無四部異 故但以二藏類諸經 不以四 宗辨之 然於大小之中 各明義有淺深 故知 義聚法門 則知 四宗者 二藏之枝 條 非分敎之大綱 若爾大義 旣不違耳.」
36) 『勝鬘經義記』(卍속장30, p.276a), 『大乘義章』(대정장44, p.466c).
37) 『大乘義章』(대정장44, p.483a), 「宗別有四 一 立性宗 亦名因緣 二 破性 宗 亦曰假名 三 破相宗 亦名不眞 四 顯實宗 亦曰眞宗 此四乃是望義名法 經論無名 經論之中 雖無此名 實有此義 四中前二 是其小乘 後二大乘 大小 之中 各分淺深 故有四也.」
38) 平井俊榮, 『中國般若思想史硏究』, p.506.

길장은 이장, 곧 성문장과 보살장의 차이점을 『인왕반야경소(仁王般若經疏)』에서 다음과 같이 밝혔다.

소승 반교(半敎)란 다음과 같다. 그 궁극적 이치를 밝힐 것 같으면 단지 인법이공(人法二空)을 밝히고, 그 인과(因果)를 말함에 있어서는 단지 유작사제(有作四諦)를 설한다. 이에 가르침은 종지를 다하지 못하고 말은 뜻을 다하지 못한다. 그러므로 소근(小根)이라고 한다. 오직 소행(小行)을 이루고 덕이 결여되어 있기에 반(半)이라고 한다. 그러므로 소승이라 하고 성문장이라 한다. 대승 만자교(滿字敎)란 다음과 같다. 그 이치를 밝히면 지극히 평등하여 무득정관불이(無得正觀不二)를 종지로 삼고, 그 인과(因果)를 말함에 있어서는 곧 무작사제(無作四諦)를 설한다. 이에 가르침을 대승종(大乘宗)이라 하고, 말이 원만한 뜻을 다하였기 때문에 대근(大根)이라 한다. 대행(大行)을 이루고 구족하여 결함이 없기 때문에 만(滿)이라고 한다. 그러므로 대승이라 하고 보살장이라고 한다.39)

대승과 소승을 분류하는 길장의 범주는 매우 다양하지만 이에 대해서는 뒤에서 자세하게 살펴볼 것이므로 여기에서는 교판론을 설하는 가운데 설명된 부분을 선택하였다. 길장의 주장을 정리하면 소승은 인법이공을 밝히고 유작사제를 밝히며, 대승은 무득정관불이를 밝히고 무작사제를 밝힌다는 점에서 차이가 있다고 한다. 여기서 인법이공이란 보통 대승의 학설로 분류되는데, 길장이 소승으로 분류한 것은 『성실론』을 소승이라고 판정하는 길장의 사유체계를 통해서만이 명료하게 이해될 수 있다. 소승은 영구불변의 실체가 존재하고, 이러한 실체의

---

39) 『仁王般若經疏』(대정장33, p.315c), 「所言小乘半敎者 若明其至理 但人法二空 語其因果 但說有作四諦 斯乃敎不盡宗 語不極義 說稱小根 進成小行 有所缺德 名之爲半 故云小乘 名聲聞藏 大乘滿字敎者 若明其理 至極平等 無得正觀不二爲宗 語其因果 卽說無作四諦 斯乃敎稱大乘宗 語極圓旨 說稱大根 進成大行 具足無缺 名之爲滿 故云大乘 名菩薩藏也.」

결합에 의해 시설된 것들이 존재하는데, 후자의 형태에 의해 존재하는 것들은 공한 것이라고 규정하였다. 대승은 이러한 소승의 사상에 대해 영구불변 하는 것으로 여겨진 실체는 그것에 의해 성립되는 존재에 의하지 않고는 존재할 수 없기 때문에 그것 역시 공이라고 하여, 인법이공의 입장에 선다. 그런데 『성실론』은 공개적으로 인법이공의 입장에 섰기 때문에 이를 대승이라고 여기는 것이 일반적인 풍토였다. 그러나 삼론학은 『성실론』의 인법이공에서의 공은 가(假)와 격절된 공이기 때문에 참된 의미의 공이 아니고 따라서 소승이라고 규정하였다. 유작사제는 불완전하여 다시 수행을 해야 하기에 유작사제라고 하고, 무작사제는 완전하여 다시 수행하지 않기 때문에 무작사제라고 한다.[40)

② 삼륜설: 교판론으로서의 지위부여에 대한 반성적 사유

이장설 이외에 길장의 교판론으로 인정되어 온 것으로 삼륜설이 있다. 평정준영은 삼륜설을 길장의 교판론으로 인정한 최초의 인물은 법장(法藏, 643~712)이고, 이것에 의해 후세에 삼륜설이 삼론학의 교판론이라는 통설이 정착되었다고 추정하였는데,[41) 그 전거로 삼은 것이 법장의 『화엄경탐현기(華嚴經探玄記)』에 나오는 다음의 글이다.

> 여덟째 당나라의 길장법사가 3종교를 세웠으니, 3법륜이라고 한다. 첫째 근본법륜(根本法輪)이니 『화엄경』으로 가장 먼저 설한 것이다. 둘째 지말법륜(枝末法輪)이니 소승 등으로 나중에 설한 것이다. 셋째 섭말귀본법륜(攝末歸本法輪)이니 『법화경』으로 40년이 지나서, 3승을 돌이켜서 1승으로 돌아가게 한 가르침을 설한 것이다. 자세한 것은 그의 저술에 있는 것과 같다.[42)

---

40) 『勝鬘寶窟』(대정장37, p.69a).
41) 平井俊榮, 『中國般若思想史研究』, p.509.
42) 『華嚴經探玄記』(대정장35, p.111b), 「八 唐吉藏法師 立三種教 爲三法輪

비록 주창자의 이름을 명시하지는 않았지만, 원효(元曉, 617~?)도 『법화종요(法華宗要)』에서 『법화경』을 구경료의(究竟了義)라고 분류하는 대표적인 학설로 삼종법륜을 들고 있는데, 그 내용뿐만 아니라 문장까지도 길장의 3종법륜과 동일한 형태를 보여준다.43) 그러므로 원효가 어떤 사람이라고 한 인물은 길장이고 3종법륜은 당시 이미 일반적인 설로서 자리 잡았던 것으로 추정된다. 길장의 『법화유의(法華遊意)』에 의해 3종법륜의 내용과 그것을 시설한 이유를 구체적으로 살펴보면 다음과 같다.

> 3종법륜을 설하기 위해서 이 경을 설한 것이니, 3종이란 근본법륜, 지말법륜, 섭말귀본이다. 근본법륜은 붓다가 처음 불도를 성취하고 『화엄경』을 설하는 법회에서 순전히 보살을 위해서 일인일과(一因一果)의 법문을 연 것이고, 지말법륜은 박복한 둔근기를 가진 사람은 일인일과의 도리를 듣는 것을 감당하지 못하였으므로 1불승을 분별하여 3승을 설한 것이며, 섭말귀본은 40여년을 3승의 가르침을 설하여 그 마음을 연마시키고 이제 『법화경』으로 3승을 회통하여 일도(一道)에 귀의시킨 것이다.44)

우선 『법화경』의 취지가 3법륜을 설하기 위한 것이라고 하였는데, 이것을 통해 3법륜은 오로지 『법화경』의 요지를 천명하기 위하여 설해진 것임을 알 수 있다. 다음으로 이것을 설한 구체적인 동기를 살펴보면 『화엄경』과 『법화경』의 동이(同異)를 명확히 하기 위한 것임을 알

　　一 根本法輪 卽華嚴經最初所說 二 枝末法輪 卽小乘等 於後所說 三 攝末歸本法輪 卽法華經 四十年後 說迴三入一之敎 具釋如彼.」
43) 『法華宗要』(대정장34, p.874c).
44) 『法華遊義』(대정장34, p.634c), 「欲說三種法輪故 說此經 言三種者 一者 根本法輪 二者 枝末之敎 三者 攝末歸本 根本法輪者 謂佛初成道 花嚴之會 純爲菩薩 開一因一果法門 謂根本之敎也 但薄福鈍根之流 不堪於聞一因一果故 於一佛乘 分別說三 謂枝末之敎也 四十餘年 說三乘之敎 陶練其心 至今法花 始得會彼三乘 歸於一道 卽攝末歸本敎也.」

수 있다. 곧 남방의 5시설과 북방의 4종의 교판에서는 모두『화엄경』을 원만한 가르침이라 하고, 『법화경』을 원만하지 않은 설이라고 하였는데, 길장은 이것을 논란하기 위해『법화경』에 3종법륜의 의의가 있음을 밝힘으로써『법화경』을『화엄경』과 동등한 위치에까지 올려놓으려고 한 것이다.

> 근본법륜을 설하고자 하여 이 경을 설한다. 근본법륜이란 삼세의 모든 붓다가 세상에 나온 것은 일대사인연(一大事因緣)을 위한 것이니 즉 1승의 도를 설하기 위함이다. 단지 근연(根緣)이 감당하지 못하므로 일에서 삼을 설하니 1승을 본(本), 3승을 말(末)이라 한다. 단지 대연(大緣)이 익어 1승을 감수할 수 있게 되니, 이제 다시 근본법륜을 설하고자 이 경을 설한다.45)

여기에서는 삼륜이라는 명칭이 직접적으로 드러나지는 않지만, 삼륜설이 지향하는 바는 명확하게 드러난다. 즉『법화경』도『화엄경』과 같이 근본법륜이라는 점이다. 다만『법화경』은 중생의 근기가 성숙하길 기다린 후에 1승의 도리를 설한 것이라는 점에서 차이가 날 뿐 근본법륜임에는 변함이 없다는 것이다. 이러한 입장은『법화의소』를 경유하여『법화유의』등에서『화엄경』을 근본법륜이라 하고『법화경』을 섭말귀본이라고 하는 삼전법륜의 형식적 정비를 이루어 나타난다. 이 원형에서 삼륜설을 길장의 교판론으로 보는 것은, 엄밀한 의미에서 타당하지 않다. 삼륜설은 2장 중의 보살장을『법화경』과『화엄경』에 관해서 세 가지로 나눈 것에 지나지 않기 때문이다. 교판이 붓다의 가르침을 통틀어서 가치서열을 매기는 것이라고 할 때, 삼륜설은 본래 보살장에 속하는『반야경』과『정명경』은 어떤 법륜에 포섭되는가를 밝히지 않았

---

45)『法華玄論』(대정장34, p.366a), 「復次 欲說根本法輪 故說是經 根本法輪者 謂三世諸佛出世 爲一大事因緣 卽說一乘之道 但根緣未堪故 於一說三 卽以一乘爲本 三乘敎爲末 但大緣旣熟 堪受一乘 今欲還說根本法輪故 說此經也.」

기 때문에 일반적인 의미의 교판이라고 할 수는 없다.

『법화유의』에는 이것을 "일왕(一往)하면 『화엄경』은 근본법륜이고, 『화엄경』 이후에서 『법화경』 이전은 지말의 가르침이고 『법화경』은 섭말귀본에 속한다"[46]고 한다. 이것에 따르면 '일왕의 논'이라고 제한하고 있지만, 앞에서 논한 현밀(顯密)의 사문(四門)에 의해, 3장교·『반야경』·『유마경』 등을 지말의 가르침이라고 볼 수 있다. 이렇게 할 때 3종법륜은 다양한 불교의 가르침을 모두 포섭하고 있기 때문에, 교판의 형태를 갖추었다고 할 수 있다. 그러나 이러한 점만으로 3법륜을 일반적인 의미에서의 교판이라고 할 수는 없다.

보통 교판론은 불교의 경론을 하나의 관점에서 일목요연하게 나열하고 특정한 경전의 가치론적 우월성을 확인하는 방식으로 전개된다. 앞에서 살펴본 5시설은 남본 『열반경』의 번역작업에 참여하였고 이후 전개된 열반학파의 돈점논쟁(頓漸論爭)에서 도생(道生)의 돈오론(頓悟論)에 대항하여 점오론(漸悟論)을 주창하며 적극적으로 자신의 논의를 전개하였던 혜관이 『열반경』의 지위를 높이려는 목적에서 생겨난 것이었고, 4종설은 지론사인 혜광이 지론사들이 중시하였던 『화엄경』의 지위를 높이려는 목적에서 생겨난 것이었다는 점에서 이를 확인할 수 있다. 또한 남제(南齊)의 유규(劉虯)는 『무량의경(無量義經)』이 번역되자 칠계(七階)의 판교를 내놓아 이 경전의 지위를 확보하고자 하였다.

그런데 길장은 자신이 속한 학파의 중요경전인 『반야경』을 지말법륜의 지위에 놓고 있고, 이러한 점에서 3륜설은 길장에 있어서 일반적인 의미에서의 교판론이라고 볼 수는 없다. 그러므로 후세에 이것이 삼론학의 교판론이라고 여겨진 것은 잘못된 것이다. 그러나 길장의 경전해석의 기준이 대·소의 2장에 있고 이것을 열어서 대→소→대라는 3종법륜의 의의를 설한 것은 확실하다. 3종법륜은 기본적으로는 대→소→

---

46) 『法華遊意』(대정장34, p.635b), 「一往則花嚴 爲根本法輪 自花嚴之後 法花之前 爲枝末之敎 此經 則屬攝末歸本.」

대의 전법륜의 차례를 서술한 것으로 대소이장(大小二藏)의 범주에 거두어질 수 있다.

마지막으로 3륜설에 의거하였을 때, 길장이 『법화경』의 지위를 절대화하려는 의도를 가진 것으로 오해할 소지가 존재하기 때문에, 이 점에 대해서 소략하게나마 고찰해 보기로 한다.

뒤에서 서술할 것이지만 길장은 모든 경전이 붓다의 교설이라는 점에서 동일한 가치를 지닌 것으로 보기 때문에, 교판론에 의한 경론의 배열이 가치론적인 서열로 받아 들여지는 것을 거부한다. 따라서 『법화경』을 당시 교판론에서 가장 정점에 위치한 『화엄경』과 동등한 지위에 올리고자 하는 길장의 의도는, 『화엄경』만이 아니라 다른 경전도 관점에 따라서는 최상의 지위에 놓을 수 있음을 보여주기 위한 것으로 생각된다. 이것은 교판론의 가치론적 배열을 사실상 무력화시키는 효과를 낼 수 있을 것으로 보인다. 길장은 경전간의 우열을 비교하는 것 자체를 배제하지는 않는다. 다만 그 우열이란 것이 절대적인 관점에서 이루어지는 것이 아니라, 상대적인 관점에서 이루어지는 것임을 명심해야 한다고 한다. 그 결과 그가 제시하는 경전간의 우열은 사실상 우열이 아닌 것이 된다. 차별성은 인정하되 가치론적 배열은 무력화되는 것이다.

여기에서 그렇다면 왜 하필 『법화경』의 지위를 상승시키려고 하였는가 하는 의문이 든다. 이것에 대해서는 보다 많은 연구가 필요하겠지만, 현재 다음과 같은 세 가지 이유를 추정할 수 있다. 첫째 당시 『법화경』이 유행하였음에도 불구하고 교판론상에서 그 적절한 지위를 확보하지 못하고 미료의(未了義)로 여겨졌다는 점, 둘째 일승사상(一乘思想)을 드러낸 것으로 여겨져 독보적 위치를 점유하고 있던 『화엄경』과 동등한 지위에 올려질 수 있는 것으로는 회삼귀일(會三歸一)을 설하고 있는 『법화경』이 가장 적합하였기 때문이라는 점, 셋째 본 논의가 진행된 글이 『법화경』에 대한 주석서라는 점 등이다.

이러한 세 가지 이유를 지지할 만한 증례로서는 다음과 같은 것이 들어질 수 있다. 길장이 다른 곳에서는 『법화경』이 아니라, 당대 교판론 상에서 『법화경』이나 『열반경』 보다 하열한 지위에 놓여졌던 『반야경』에 대해 『법화경』이나 『열반경』과 동등하거나 우월한 측면이 있음을 매우 자세하게 해명하고 있다는 점이다.

길장은 『법화현론』에서 "『대지도론』 「필정품 畢定品」에서 '수보리가 『법화경』에서 불퇴(不退)를 밝힌 것을 듣고 다시 『반야경』에 유퇴(有退)라고 한 것을 듣고 물었다. 「붓다여, 보살은 필정(畢定)인가 불필정(不畢定)인가」. 붓다가 말했다. 「모두 필정이다. 필정이라는 것은 초심후심의 일체보살이 모두 불퇴이니 그러므로 필정이다,'라고 하였다. 붓다가 여기에서 일체의 보살은 다 불퇴하여 필정이라고 하였기 때문에, 『반야경』과 『법화경』은 결국 동일하게 일체 중생이 필정하여 작불(作佛)하는 것을 밝혔다는 점에서 우열이 없다"[47]라고 하여, 『법화경』과 『반야경』이 우열이 없음을 밝혔다. 또한 한 걸음 더 나아가서 『대지도론』에서 『법화경』을 비롯한 열 가지의 경 중에 『반야경』이 최고라고 한 문장을 근거로 하여, 『반야경』은 무심(無心)의 묘혜(妙慧)와 무상(無相)의 허종(虛宗)의 뜻을 성대하게 밝히기 때문에 최대의 경전으로 『법화경』보다 뛰어난 것이라고 규정하기도 한다.[48]

다음으로 『법화현론』에 "이미 『반야경』은 『법화경』과 함께 일체중생이 작불(作佛)한다는 것을 밝히고 있는데, 이것은 바로 모든 중생이 불성을 가지고 있다는 것을 의미한다. 그러므로 『열반경』과 비교할 때 우열이 없다"[49]고 하고, 나아가서는 『반야경』은 경계(境)와 지혜(智),

---

47) 『法華玄論』(대정장34, p.385c), 「第三畢定品云 須菩提 聞法華經辨不退 復聞波若中 有退 是故問佛 是菩薩爲畢定 爲不畢定 佛答 皆畢定 畢定者 初心後心 一切菩薩 皆不 退 是故 畢定也 此論意明波若與法華 無有優劣 以波若法華 同明一切衆生畢定作佛 是 故 二經無優劣 旣無優劣 則二經同名祕密也.」
48) 앞의 책(대정장34, 384c).
49) 앞의 책(대정장34, p.386a), 「三者 二經無異 波若旣與法華 同明二乘作

이 두 가지의 뜻을 밝혔지만 『열반경』에는 이 뜻을 밝히지 않았기 때문에 『반야경』이 우월한 것50)이라고 하였다.

이러한 길장의 노력은 『법화경』을 『화엄경』의 지위로 상승시키려는 노력과 동일한 맥락에 있는 것으로 보인다. 사실상 길장의 저술에서 이상의 논의는 경전의 우열을 논하면서, 세 가지의 시점을 제시한 것 가운데, 편의상 일부만을 취한 것이다. 길장은 주요경전 두 가지를 들어서 상호비교하면서, 첫째 둘 가운데 하나가 우월한 것으로 규정하고 그 이유를 밝히고, 둘째 다시 첫째에서 하열한 것으로 규정된 것이 우월한 것으로 규정된 것보다 우월한 것으로 규정하고 그 이유를 밝히며, 셋째 두 경이 사실상은 우열을 논할 수 없다는 점을 밝히고 있는데, 앞에서 인용한 「반야경」과 『법화경』, 『반야경』과 『열반경』의 우열을 논한 부분은 첫 번째와 세 번째의 논의만을 끌어온 것이다.

이상은 3륜설이 『법화경』을 절대화하려는 시도라고 보기보다는, 대(對) 『화엄경』이라는 관점에서 이루어진 것으로, 『법화경』의 지위상승을 목적으로 한 것이라고 볼 수 있는 근거를 마련해 주는 것으로 보인다. 그리고 이런 관점에서 이루어진 지위의 상승은 그 자체의 지위확보에 의미가 있는 것이기 보다는 『화엄경』의 절대화 경향성에 대한 세정의 의미가 있는 것으로 볼 수 있지 않을까 한다.

③ 삼론학의 교판론의 의의

길장의 교판론은 따라서 대승과 소승의 두 가지로 분류된다고 할 수 있다. 그리고 이러한 두 가지 가르침에 대해서도 가치서열적 차별을 인정하지 않고, 다만 중생의 근기에 두 가지 부류가 있기 때문에 두 가지 가르침이 있을 뿐이라고 하였다. 이러할 때 대승과 소승은 모두

佛 亦同明佛性 故二經齊也.」
50) 앞의 책(대정장34, p.386a).

진리로 들어가기 위한 귀중한 가르침이 된다. 진리에의 길이라는 점에서 차별이 없다. 다만 보다 뛰어난 근기를 위한 가르침이라거나 하열한 근기를 위한 가르침이라는 점에서 내용의 깊고 얕음을 사유할 수는 있겠으나, 그러한 구별조차도 절대적인 것일 수는 없다.

보리류지 이후 불교는 크게 반자와 만자의 두 가지로 분류되었다. 이것은 성문장과 보살장의 2장이라고도 한다. 이러한 분류는 경전과 논서에 그 근거가 되는 문장이 수록되어 있는 참된 글이기 때문에 배척할 수 없다. 단지 중생은 2장에 대한 가르침을 듣고 대·소의 두 가지 마음을 낸다. 그러나 지극한 도리는 일찍이 대·소가 없음을 알아야 한다. 대승의 가르침에 의해 깨달음을 얻을 인연(緣)에 나아갔을 때에는 그 가르침을 억지로 대(大)라 하고, 소승의 가르침에 의해 깨달음을 얻을 인연에 나아갔을 때에는 그 가르침을 임시로 소(小)라고 할 뿐이다. 이러한 대·소의 가르침으로 인하여 지극한 이치는 비대비소(非大非小)임을 알게 한다. 이미 '대이다' '소이다'라고 하는 양시론(兩是論)에 머물지 않으니 어찌 마음에 이비론(二非論)이 존재하겠는가. 이러한 대종(大宗)을 알면 3장을 잃음이 없다.51)

불교경전을 근거로 할 때 보리류지 이후로 이어져 온 성문장과 보살장의 2장이라는 교판은 부정할 수 없는 것이지만, 이 2장설에 대해서 두 가지 가르침이 있다고 하는 생각을 낸다면 그것은 타당하지 않은 것이라고 한다. 지극한 도리에는 대승과 소승의 구별이 없기 때문이다. 다만 그 도리를 드러내기 위해 중생을 접하는 과정에서 소승의 근

---

51) 『勝鬘寶窟』(대정장37, p.6a), 「從菩提留支 度後至於卽世 大分佛敎 爲半滿兩宗 云聲聞菩薩二藏 此旣有經論誠文 不可排斥 衆生 於二藏 起大小二心 然須知 至道未曾小大 赴大緣故 而强名爲大 隨順小緣故 假名爲小 欲令因此大小 了悟至理非大非小 然旣不住於兩是 豈可心存於二非 識此大宗 則三藏無失.」

84

기를 가진 사람과 대승의 근기를 가진 사람에게 가르치는 방식에 차이가 생겨났을 뿐이라는 것이다. 이렇게 볼 때 교설의 차이는 결코 진리의 차이가 아니다. 이러한 점을 유념한다면 대승과 소승의 차별상을 짓지 않고 소승을 버리고 대승에 도달하려는 집착도 벗어나게 된다. 대승이든 소승이든 모든 가르침은 진리를 드러내기 위한 방편이 되는 것이다. 이것이 길장의 교판론이 지향하는 궁극적인 목적이고, 이러한 점에서 이장의는 종래의 교상판석과는 지향하는 바가 전혀 다른 것임을 알 수 있다. 소승장으로 배척되었던 삼장(三藏)조차도 그 활로가 생겨나는 것이다. 그렇다면 대승장과 소승장의 동일성을 지지해 주는 진리는 무엇인가.

> 대승과 소승의 경전과 논서를 통틀어서 논하면 동일하게 하나의 도리를 밝히니, 그러므로 무득정관(無得正觀)을 종지로 삼는다. 단지 소승의 근기를 가진 사람을 위한 가르침은 그들이 정관과는 멀리 떨어져 있기 때문에 사제의 가르침을 종지로 삼는다. 대승의 근기를 가진 사람들에게는 바로 정관을 밝히니, 모든 대승의 경전은 동일하게 불이정관(不二正觀)을 종지로 삼는다.[52]

무득정관이라는 하나의 도리를 드러낸다는 점에서 대승과 소승은 동일한 가치를 지닌다. 다만 소승의 근기를 가진 사람은 무득정관을 바로 가르치기에는 아직 근기가 성숙하지 못하였기 때문에 사제의 가르침으로 우원하여 들어가고, 대승의 근기를 가진 사람에게는 바로 무득정관의 가르침을 설한다. 이렇게 보면 대승경전과 소승경전은 근기의 하열과 수승함에 근거할 때 각각 심오한 가르침과 얕은 가르침이라는 구별을 할 수는 있을지라도, 이 구별이란 방편적인 것일 뿐이고 궁극적 진

---

52) 『三論玄義』(대정장45, p.10c), 「通論大小乘經 同明一道 故以無得正觀爲宗 但小乘教者 正觀猶遠 故就四諦教爲宗 大乘正明正觀 故諸大乘經 同以不二正觀爲宗.」

리의 입장에서는 동일한 가치를 지닌다. 정법의 기준은 대승경전인가, 소승경전인가에 있는 것도 아니고, 대승경전 가운데 특히 뛰어난 어떤 가르침에 있는 것도 아니다. 그것을 접하는 학인에게 붓다의 본지인 무득정관을 드러낼 수 있는가에 초점이 맞추어진다.

> 교화에 있어서 일정한 형식이 없고 중생을 가르쳐 바른 길로 끌어 들임에 있어 하나의 방법이 있지 않다. 성인의 마음을 생각하면 근심을 쉬게 하는 것을 주된 목적으로 삼고, 가르친 교설의 뜻을 총괄해 보면 이치를 통달하게 하는 것을 종지로 삼는다.53)

붓다의 교설은 상황에 따라서 이루어졌고, 그 목적은 마음의 번뇌를 쉬게 하는 것에 있으며, 그 방법은 이치를 통달하게 하는 모든 것을 동원하는 것이다. 그러므로 불교를 볼 때 그 속에서 특정한 형식을 찾으려 해서는 안 된다. 다만 그 내용이 어떤 번뇌를 벗어나게 하려는 목적을 가진 것인가. 그리고 그렇게 하기 위해서 그 내용은 어떤 방식으로 이치를 드러내고 있는가를 찾아야 한다. 즉 불교는 모두 이치를 통하게 하기 위해 시설된 것이며, 그 이치를 통함으로써 번뇌에서 벗어나도록 하려는 목적을 갖고 있다. 그렇다면 이치를 통하게 하여 번뇌를 벗어나게 하는 모든 가르침이 정법이 된다. 가르침에 일정한 형식을 부여하여, 우열을 가르는 것은 큰 의미가 없다. 그것이 붓다의 교설인 한에 있어서는 말이다.

4) 원효(元曉)의 교판론과의 비교

원효는 길장보다 약간 후대의 인물인데, 기존의 교판론에 대한 그의 비판을 고찰할 때, 길장과 그 입장이 매우 유사하다는 점을 알 수 있

---

53) 앞의 책(대정장45, p.6c), 「夫適化無方 陶誘非一 考聖心 以息患爲主 統敎意 以通理爲宗.」

다. 원효 자신이 그의 저술에서 길장이라는 이름이나, 그의 저술을 지목한 적이 없기 때문에, 그가 길장의 직접적인 영향을 받았는지의 여부는 확인할 수가 없다. 다만 그 사상의 전개과정에 나타나는 유사성에 의해서 두 사람 사이에 간접적인 교류는 있지 않았을까 하는 것이 필자의 생각이다. 최유진은 이미 박사학위논문에서 공(空)·유(有)의 쟁론을 회통하는 원효의 논리방식이 그 근본원리와 표현법에 있어서 길장과 동일하다는 것을 밝혔다.54)

그러나 필자가 여기에서 교판론을 비교하려는 것은 교류나 전승의 사실성여부를 확인하기 위해서가 아니다. 필자는 원효의 『대혜도경종요(大慧度經宗要)』를 읽으면서, 원효가 『반야경』을 『화엄경』과 동등한 지위로까지 격상시키려는 노력을 하고 있는 면을 보았고, 이 때문에 그가 삼론학의 집대성자인 길장보다 오히려 더 『반야경』을 중시한 것이 아닐까 하는 생각을 하게 되었다. 그리고 원효의 교판관을 보다 면밀하게 고찰하면서, 그의 교판관이 길장의 그것과 크게 다르지 않은 사유구조를 가지고 있는 것을 알게 되었다. 필자는 원효의 교판관을 고찰함으로써 길장의 교판관에 나타난 사유구조를 보다 명백히 하고자 한다.

① 『법화경』에 대한 이해

원효는 『법화종요』에서 『법화경』을 비료의경(非了義經: 궁극적 진리를 설하지 않은 경전)으로 보는 대표적인 학설로 현장(玄奘)의 삼륜설을 들고, 요의경(了義經: 궁극적 진리를 설한 경전)으로 보는 대표적인 학설로 길장의 삼륜설을 들었다.55) 전자는 유상법륜(有相法輪: 『아함경』), 무상법륜(無相法輪: 『반야경』·『법화경』), 무상무상법륜(無相

---

54) 崔裕鎭, 「元曉의 和諍思想研究」(서울대학교 박사학위논문, 1988).
55) 『法華宗要』(대정장34, pp.874b~875c).

無上法輪: 『해심밀경』) 등으로 분류되고, 후자는 앞에서 설한 것과 같다.

원효가 이 두 가지 설을 거론한 궁극적인 목적은 당대의 대표적인 학설을 제시하고, 그것들 각각이 가진 긍정적 의미와 부정적 의미를 드러내는 것에 있다. 원효는 전자가 요의경이라고 본 『해심밀경』에도 비료의방편설(非了義方便說)이 있고, 길장이 요의경이라고 본 『법화경』에도 역시 방편비료의설(方便非了義說)이 있음을 들어, 이들의 학설이 각각 경론에 근거한 것이기 때문에 틀리다고 말할 수는 없다고 한다. 다만 각각이 지향하는 주안점이 다르기 때문에, 주제에 근거해서 분류할 경우 하열하고 우월함을 논할 수 있을 뿐이라고 한다.

이러한 원효의 논증방식은 길장이 당대의 다양한 사상들을 여러 경론을 통해서 점검하면서 행하는 서술방식과 매우 유사한 것으로 보인다. 이러한 전제를 한 후에 원효는 이미 말한 것처럼 『법화경』에도 방편설이 있기는 하지만 이 경은 종국에는 방편설을 지식(止息)시키고 1승으로 돌아가게 하기 때문에 구경료의설로 보아야 한다고 하여, 길장의 견해가 보다 올바른 것이라고 하는 자신의 입장을 개진한다. 따라서 원효는 길장과 마찬가지로 『법화경』을 요의경으로 보았음을 알 수 있다.56)

또한 그 서술태도에 있어서 유식학파에서 『법화경』을 비료의경이라고 한 것에 상대하여, 본경이 요의경임을 밝히려는데 집중할 뿐이고, 유식학파의 요의경인 『해심밀경』이 비료의경이라는 것을 밝히는 것에는 관심을 두지 않는데, 이것을 통해서 모든 경론을 불설(佛說) 또는 그것에 근거한 것이라는 점에서 동일하게 중시하고 모든 경론에 대해 그러한 측면을 부각시키려고 노력했던 길장의 태도와 동일한 맥락에 있음을 알 수 있다.57)

---

56) 앞의 책(대정장34, p.875b~c).
57) 金俊經, 「諸敎判論에 대한 元曉大師의 批判」(한국불교학 제9집, 한국불교학

원효는 이상의 두 가지 관점을 세웠음에도 불구하고, 기필코 우열을 가리려고 하는 상대방의 질문에 대해 "모두가 경론에 근거한 것이니 어찌 진실 되지 않은 것이 있겠는가"[58]라고 답변함으로써, 모든 경론을 가치론적으로 동일시하는 자신의 입장을 다시 한번 확인하고 있다.

② 『반야경』에 대한 이해

원효의 저술에서 교판관을 드러내는 것은 『법화종요』, 『열반종요』, 『대혜도경종요』의 세 가지이다.[59] 앞에서 보았듯이 『법화종요』에서는 결론적으로는 『법화경』을 구경의 가르침이라고 하여 『화엄경』의 지위에 올려놓는 길장의 입장에 지지를 보내고 있다.

회, 1984).

58) 『法華宗要』(대정장34, p.875b), 「皆是經論 有何不實.」

59) 이 밖에 원효의 현존하는 저술에서는 볼 수 없지만, 법장은 『화엄경탐현기(華嚴經探玄記)』 권1(대정장35, p.111a)에서 원효가 『화엄경소』라는 책에서 사교판(四敎判)을 세웠다고 하고 그 내용을, 첫째 삼승별교〔사제, 연기〕, 둘째 삼승통교〔『반야경』, 『해심밀경』〕, 셋째 일승분교(一乘分敎)〔『영락경』, 『범망경』〕, 넷째 일승만교(一乘滿敎)〔『화엄경』〕 등으로 전하고, 구체적인 분류기준은 전하지 않았다. 혜원(慧苑 673~743)이 『속화엄경약소간정기(續華嚴經略疏刊定記)』 권1(卍속장5, p.18a)에서 "3승이 함께 배우기 때문에 3승이고, 이 중에서 법공을 아직 밝히지 않은 것이 별교, 법공을 밝힌 것이 통교이다. 1승만 배우기 때문에 1승이고, 이 중에서 보법(普法)을 밝히지 않은 것이 분교, 보법을 밝힌 것이 만교이다"라고 하였다. 이것이 원효의 이름으로 전해진 사교판에 대한 객관적 서술의 전부이다. 나머지는 혜원의 앞의 책과 징관(738~839)의 『화엄경소』(대정장35, p.510a)에서 원효의 교판론을 비판하는 가운데, 나타나는 여러 가지 이론에 속에서, 원효의 의도를 역으로 추산해 내는 방법이 사용될 수 있다. 그러나 비판하는 사람의 글을 통해 비판자의 의도를 추산할 수는 있어도, 비판당하는 사람의 입장을 추산하는 것은 타당하지 않은 것 같다. 예를 들어 길장의 도가비판을 통해서 도가의 입장을 추산할 때, 도가의 학자들이 수용할 수 없는 것과 같다. 원효의 4교판을 통해서 그의 교판관을 고찰하는 것은 이러한 문제점이 있기 때문에, 이 책에서는 다루지 않고 다음기회로 미루고자 한다.

『열반종요』에서는 남지의 대표적인 교판론으로 유규의 이교오시(二敎五時)를 들고, 2교는 돈교(頓敎: 『화엄경』)와 점교(漸敎)이고, 점교 내에 다시 인천교(人天敎: 五戒十善), 유상교(有相敎: 『아함경』), 무상교(無相敎: 『반야경』), 동귀교(同歸敎: 『법화경』), 상주교(常住敎: 『열반경』) 등의 5시교가 성립하는데, 앞의 네 가지는 비료의(非了義)이고 『열반경』만을 요의경(了義經)이라고 정리하였다. 다음에 북지의 대표적인 교판론으로 사종설(四宗說)을 들었는데, 이것은 『반야경』은 지혜, 『유마경』은 해탈, 『법화경』은 1승, 『열반경』은 묘과(妙果)를 근본사상으로 한다는 점에서 차이가 있지만, 모두가 큰 깨달음과 행덕(行德)을 일으키게 하는 대승료의설(大乘了義說)이라고 보는 학설이다. 이 두 가지 교판에 대한 비판은 전자에 집중되고, 모두 다섯 가지 측면에서 이루어지는데60), 이것을 간단하게 정리하면 다음과 같다.

첫째 『반야경』에 "비구들이 삼의(三衣)를 벗어 보시하였다"는 구절이 나온다. 『대지도론』에서 풀이하기를 "삼의를 벗는 것은 계율에 어긋나기 때문에, 계율이 제정되기 이전에 있었던 일로 보아야 한다"고 하였다. 『대지도론』에 의할 때, 『반야경』을 제3시에 배대하는 것은 타당하지 않다.

둘째 『대지도론』에 "수보리가 『법화경』에서 설한 말씀을 들은 것을 상기하고 『반야경』에서 퇴전(退轉), 불퇴전(不退轉)의 뜻을 물었다"고 하였다. 이것은 『법화경』이 『반야경』 이전에 설해진 것을 보여주는 기록이기 때문에, 『법화경』을 『반야경』의 뒤에 놓는 것은 타당하지 않다.

셋째 『반야경』에 "사리불이 '만일 도무지 퇴전하지 않는다면 결정코 다르지 않을 것인데 어찌하여 3승의 차별이 있고 오직 1승만 있는 것

---

60) 『涅槃宗要』(대정장38, p.255b), 「卽破前說五時敎言 如大品經 往生品中 諸比丘 聞說般若讚歎檀度 遂脫三衣 以用布施 論中釋言 佛制三衣不畜得罪 何犯戒爲行施耶…… 又言 我淨土不毀 而衆生見燒盡者 報佛如來 眞淨土 第一義諦之所攝故 旣顯常命及眞淨土 而言是不了說者 不應道理.」

은 아니라고 할 수 있겠는가'라고 하자, 수보리가 '2승도 없고 3승도 없다. 이 말을 듣고도 두려워하지 않는다면 보리를 얻을 것이다'라고 대답했다'라고 하였다. 이것에 의하면 『반야경』에도 동귀일승(同歸一乘)을 설한 내용이 있다. 따라서 『반야경』은 3승을 무너뜨리고 1승으로 돌아가게 하는 가르침을 설하지 않았기 때문에 교화하는 내용이 천박하다고 한 기존의 교판론은 타당하지 않다.

넷째 『열반경』에서 "불성은 반야바라밀이고 제1의공이다"라고 하였다. 이렇게 반야와 공은 불성과 같기 때문에, 반야를 밝히는 것은 곧 불성을 밝히는 것이다. 또한 『대품경』에 진여법성(眞如法性)을 설하였고, 『대지도론』에서 "법성은 본분종(本分種)이니, 마치 누런 돌은 금의 성품을 갖고 흰 돌은 은의 성품을 가진 것과 같아서, 모든 중생이 열반에 도달할 성품이 있다"고 하였다. 이것에 따르면 『반야경』도 불성을 설하였다고 할 수 있다. 이상과 같은 근거가 있기 때문에 『반야경』이 불성을 설하지 않았다는 이유로 천박한 가르침이라고 하는 것은 옳지 않다.

다섯째 『법화론』에 "여래께서 이룩하신 수명은 위에서 말한 숫자의 배가 된다"고 하여, 여래의 수명이 영원함을 나타내 보였다. 또한 같은 논에 "내 정토는 무너지지 않는다. 그러나 중생은 그것이 다 타서 없어진다고 본다"고 하여, 정토의 상주성(常住性)을 보였다. 이상의 전거에 의할 때, 오직 『열반경』만이 상주(常住)의 가르침을 설하였다고 하는 주장은 부당하다.

보통 원효는 자신이 주석하는 경전을 가장 뛰어난 것으로 보는 경향성이 있는 것으로 지적되는데, 이 중에 네 가지가 『반야경』과 관련된 것이라는 점과 나머지 한 가지도 『법화경』의 지위를 『열반경』과 동등하게 올려놓으려는 시도를 하고 있다는 점 등은 특기할 만한 것이다.

첫째 부분은 『반야경』을 특정한 시기에 지어진 것으로 한정시키는 것에 대한 문제점을 지적함으로써, 교판론의 시간배열이 갖는 무리함을 드러낸 것이다. 둘째 부분은 『반야경』이 『법화경』보다 뒤에 나왔다고 하는 일반적인 교판론에 대한 반론이다. 셋째 부분은 『법화경』의 회삼귀일(會三歸一)이 『반야경』에도 설해지고 있는 측면에서, 회삼귀일을 『법화경』에 한정시키는 태도의 문제를 지적했고, 넷째 부분은 『열반경』의 불성사상이 『반야경』에도 설해지고 있는 측면에서 불성을 『열반경』에 한정시키는 태도의 문제를 지적했다. 다섯째 부분은 『법화경』에도 『열반경』의 상주사상이 들어 있다는 점을 밝혔다. 이렇게 보면 원효는 『법화경』과 『반야경』을 매우 중시하는 태도를 지녔음을 알 수 있다.

그럼에도 불구하고 이러한 결론으로 만족할 수 없는 것은 이것 자체가 또 하나의 교판론이 되어 버릴 소지가 있기 때문이다. 원효는 교판론의 마지막에서 분명하게 집착에 의한 것이면 모두가 틀리고 고집하는 뜻이 없다면 모두가 옳다고 한다.61) 그러므로 원효의 교판론은 『열반경』을 가치론적으로 상위에 놓은 사람들이 이것에만 집착할 가능성을 경계한 것이라고 볼 수 있다. 만약 다른 경전이 상위에 있는 교판론이 있었다면 그것에 대해서 중점적으로 비판하고 나머지 것을 가치론적으로 동일선상에 올려놓으려고 시도했을 것이라는 점이 추정된다. 다만 『화엄경』을 돈교로 놓은 것에 대해서는 어떤 비판도 가하지 않은 점은 의문이다. 다만 『법화종요』에서 『법화경』을 『화엄경』과 동일한 지위에 올려놓은 것을 통해서 이러한 원효의 태도가 『화엄경』에 경도된 것은 아니라는 점을 추정할 수 있을 뿐이다.

『대혜도경종요』에서 원효는 혜관의 2교 5시설과 법상종의 3종법륜에서 『반야경』을 제2시에 배대한 것에 대한 직접적인 비판을 하고 있는데, 그 내용은 크게 다섯 가지로 정리할 수 있다.62)

---

61) 앞의 책(대정장38, p.255b).
62) 『大慧度經宗要』(대정장33, pp.73a~74a), 「次第五判教者 分判佛教 諸說
　　不同 今且略出二說 平章是非 有人說言 一化教門 不出二途 一者 頓教 二者

첫째 『반야경』이 『법화경』보다 나중에 설해진 것이라는 점에 대해 반론을 제기한다. 『대지도론』에 "수보리가 『법화경』에서 무퇴(無退)를 말하는 것을 듣고, 그리고 다시 『반야경』에서 유퇴(有退)를 말하는 것을 듣고, 서로 모순되는 것에 의문을 느껴 붓다에게 질문하자 붓다가 성문인이 모두 성불하니 이와 같다면 무퇴라고 하였다"는 구절이 그 증거로 제시된다. 이것에 대해 『인왕경』에서 분명히 『대품반야경』은 불도를 이룬 후 29년 동안 설한 것이고 30년째에 『인왕반야경』을 설하였다고 하였고, 『법화경』에는 이 경이 불도를 이룬 후 40여년 후에 설한 것이라고 하였기 때문에, 『법화경』이 『반야경』 뒤에 나온 것이라는 반론이 제기될 것을 예상한 후에, 다시 『반야경』은 무수히 많아서 『법화경』이전의 것도 있고 이후의 것도 있다는 점을 밝힘으로써 비판 가능성을 차단하고 있다.

둘째 『반야경』은 요의설(了義說)이 아니라고 하는 주장에 대해 비판한다. 『대지도론』에 "설법에 쟁처(諍處)와 무쟁처(無諍處)의 두 가지가 있다. 쟁처는 다른 경과 같지만 무쟁처를 밝히고자 하여, 『마하반야』를 설한다"고 하였는데, 이것에 근거하면 『반야경』은 쟁론이 발붙일 곳이 없는 가르침이기 때문에, 요의설이라고 해야 한다.

셋째 『반야경』은 오직 대승인을 위하는 가르침이라고 한 법상종의 판석에 대해서 비판한다. 『반야경』에 "3승의 보리를 구하려면 반야바라밀을 배워야 한다"고 하였고, 또한 "반야바라밀 중에 얻을 만한 법이 없지만 거기에 3승의 가르침이 있다"라고 하였기 때문에, 『반야경』은 오직 대승인을 위하는 가르침이기 때문에 비료의(非了義)라고 하는 법상종의 교판은 오류이다. 그들의 규정에 의거할 때 『반야경』은 3승을

漸教 漸教之內 有其五時…… 又華嚴經云 生死及涅槃是二悉虛妄 愚智亦如是 二皆無眞實 今此經云 色受想等 如幻如夢 乃至涅槃如幻如夢 若當有法勝涅槃者 我說亦復如幻如夢 當知 此經同彼華嚴無上無容究竟了義 但其教門各各異一耳.」

포괄하기 때문에, 오히려 제3시인 요의설에 들어간다. 또한 법상종의 중요경전인 『해심밀경』에 "성문, 독각, 보살 등이 모두 하나의 오묘하고 청정한 길이다"라고 하였는데, 이것에 의거할 때에 대승인을 위한 것이 바로 성문과 독각을 위한 것이기 때문에 대승인 만을 위한 것이라는 규정은 무의미한 것이다.

넷째 법상종에서는 『반야경』이 자성열반(自性涅槃)을 밝힐 뿐, 자성열반의 무자성성(無自性性)을 밝히지 않았기 때문에 비료의이고 제2시라고 하였다. 『반야경』에서 "자성열반의 무자성성을 밝히지 않은 이유는 그 말을 들으면 모두가 놀라고 두려워할 것을 배려하여 그렇게 한 것일 뿐이고 논의의 본질은 무자성성에 있다"고 하였기 때문에 이미 무자성성을 밝힌 것으로 보아야 하고, 따라서 비료의라고 한 점은 잘못되었다.

마지막으로 원효는 『반야경』이 요의경임을 보이기 위해 이상과 같은 노력을 경주한 후에, 마침내는 『화엄경』에 "생사와 열반, 이 둘이 모두 헛되며 어리석음과 지혜로움도 또한 이와 같아서 둘에 다 진실함이 없다"고 했고, 『반야경』에서는 "물질과 받아들임과 표상작용 등은 허깨비와 같으며 꿈과 같다. 열반에 이르기까지도 허깨비 같고 꿈같다. 만약 어떤 법이 열반보다 훌륭하다고 하더라도 나는 또한 다시 허깨비 같고 꿈같다고 말하겠다"라고 한 점을 들어, 『반야경』을 『화엄경』은 사상적으로 동일한 맥락에 있는 것이라고 보고, 양자를 동일한 지위에 있는 것이라고 규정한다.

『반야경』을 『열반경』이나 『법화경』의 지위로까지 격상시키려는 노력은 길장에게서도 보이지만, 『화엄경』의 지위로까지 격상시키는 것은 볼 수 없다. 이 점에서 원효는 『반야경』을 매우 중시하였음을 알 수 있다. 또한 세 번째 주장에서는 원효가 삼시의 교판 자체를 무력화시키고 있는 것을 볼 수 있다.

③ 사유체계의 맥락적 동일성

이상 세 가지의 저술에 나타난 교판론을 정리해 보면, 원효는『법화경』과『반야경』을 특히 중시하였고, 이 가운데『반야경』의 지위를 높이는데 더 많은 노력을 기울였다. 필자는 이러한 원효의 태도를『반야경』에 경도된 것으로 보기보다는,『화엄경』에 상응하는 지위로『법화경』을 올려놓는 작업이 어느 정도 진척된 상태에서, 그 다음단계로 경전의 평등한 가치를 드높이려는 정신을『반야경』에로 향했던 것이라고 생각한다.

이렇게 이해할 때 길장이『반야경』보다『법화경』의 지위상승에 노력하였던 이유가 보다 명백하게 드러난다. 그의 시대에 가장 시급한 일을 먼저 하는 것이라고 보는 것이다. 길장의 대표적 저술인 4부의 논서,『법화현론』,『승만보굴』,『정명현론』,『중관론소』등에서 각각의 소의경론을 제외하고, 가장 인용빈도가 높은 경전은『열반경』,『대품반야』,『법화경』,『화엄경』,『유마경』등의 순서이고, 논서로는『대지도론』과『중론』이 가장 많이 인용되었다. 그럼에도 불구하고 길장은 자신의 교판에서『열반경』을 우위에 놓으려는 노력을 하지 않는다. 이것은 그의 교판론이 자신의 사상적 입각점에 매몰된 것이 아니라, 시대상황 속에서 이루어진『화엄경』의 절대화경향에 대한 반성적 사유의 결과임을 나타내는 증거가 된다. 또한『법화경』의 주소에 있어서 스스로는 세친(世親: 天親)의『법화론』의 강령을 채용하여서『법화경』을 풀이하였다고 하지만, 실제로는『법화론』에 의한 해석은 적고 오히려 가장 많은 빈도로 인용되는 자료는『대지도론』과『열반경』이라는 점을 상기할 필요가 있다.63) 이것은 길장이 결코『반야경』을 소홀히 하지 않았음을 보여주는 증례가 된다. 따라서 길장의 삼륜설이 자신의 사상

---

63) 平井俊榮,『中國般若思想史研究』, pp.515~531.

적 입각점을 상실한 것이라기보다는, 그것에 매몰되지 않고 주변상황
과의 역동적 관계 속에서 부단히 세정의 임무를 수행하였음을 보여주
는 증례로 보아야 한다.

2. 불교의 근본이념이란 무엇인가: 자유로운 마음

1) 단멸견과 상주견, 존재론와 비존재론: 벗어나기

『삼론현의』는 파사(破邪)와 현정(顯正)의 두 단락으로 나누어서 서
술된다. 파사부분에서는 붓다의 교설이 나타난 배경은 중생의 삿된 견
해를 제거하는데 있었음을 밝히고, 용수 또한 이러한 붓다의 정신을
계승하여 그가 생존하던 당시에 횡행하던 여러 가지 삿된 견해를 물리
치는 것을 자신의 임무로 삼았음을 보이고, 삼론이 파척의 대상으로
삼는 것을 크게 네 가지로 분류하여 그 사상의 문제점을 지적한다. 현
정부분에서 파척의 대상인 네 가지 속에는 외도뿐 만이 아니라 내도
(內道)도 포함되며, 내도에는 다시 소승만이 아니라 대승도 포함되는
데, 이렇게 모든 것을 부정해 버린다면, 삼론 자신은 무엇을 바른 종
지로 삼는 것인가에 대한 상대방의 의문을 설정하고64) 다음과 같이
답한다.

마음을 내도와 외도에 두고 정(情)을 대승과 소승에 의탁하면 편
벽되고 삿된 견해에 떨어져 바른 이치를 잃는다. 바른 이치를 잃으
면 정관(正觀)은 발생하지 않는다. 정관이 생겨나지 않으면 단견
(斷見)과 상견(常見)이 없어지지 않는다. 단견과 상견이 없어지지

---

64) 『三論玄義』(대정장45, p.6c).

않으면 고통의 수레바퀴가 항상 굴러 생사를 윤회한다. 내도와 외
도의 구별이 모두 그윽해지고, 대승과 소승을 구별하는 마음이 모
두 고요해지는 것을 바른 이치(正理)라고 한다. 이러한 바른 이치
를 깨달으면 바른 관찰이 생겨나고, 바른 관찰이 생겨나면 희론이
사라지며, 희론이 사라지면 고통의 수레바퀴가 곧 무너진다. 삼론
의 대체적 종지는 그 뜻이 이와 같다.65)

우선 불교의 근본목적인 전미개오(轉迷開悟 : 미혹을 굴려서 깨달음
을 여는 것) 이고득락(離苦得樂: 고통을 여의고 즐거움을 얻는 것)의
원리에 입각하여, 고통의 원인에 대해 설명한다. 정리가 없으면 정관
이 발생하지 않고, 정관이 발생하지 않음으로써 단견과 상견에 떨어지
며, 이것에 의해 고통의 바다를 한없이 윤회하게 된다. 정리에 대한
이해의 부재가 고통의 가장 근본적인 원인이 된다. 정리에 대한 이해
의 부재는 왜 생겨나는가. 마음에 차별상이 생겨나기 때문이다. 차별
상을 지을 때 정리는 그 모습을 잃고 한쪽으로 치우쳐 삿된 견해에 떨
어지게 된다. 정리는 바로 차별상을 지음으로써 상실된다. 그렇다면
정리는 무엇인가. 여기에서 정리에 대한 정의는 특정한 교설이나, 경
론을 지목하는 형태로 이루어지지 않는다. 어떤 진리로서 지목되는 것
이 아니라 대(大)·소(小), 내(內)·외(外), 단(斷)·상(常) 등과 같
은 일체의 차별상을 여읜 마음의 경지가 바로 정리로서 표현된다.

이러한 길장의 정의는 그것이 내포한 의미를 추구하지 않고 단지 형
식적 측면에서 받아들일 때, 모든 것을 부정하는 허무주의적 단멸론
(斷滅論)과 다르지 않은 것이라는 의문이 제기된다.66) 상대방은 모든
분별을 떠나 그윽해지는 것〔冥〕, 고요해지는 것〔寂〕의 의미를 대상에

---

65) 앞의 책(대정장45, p.6c), 「答 心存內外 情寄大小 則墮在偏邪 失於正理
　　既失於正理 則正觀不生 若正觀不生 則斷常不滅 若斷常不滅 則苦輪常運
　　以內外並冥 大小俱寂 始名正理 悟斯正理 則發生正觀 發生正觀 則戲論斯
　　滅 戲論斯滅 則苦輪便壞 三論大宗 其意若此.」
66) 앞의 책(대정장45, p.6c), 「問 若內外並除 大小俱斥 乃爲斷見 何名正宗.」

대한 체득(滯得)을 넘어서는 전오(轉悟)의 계기로 작용시키지 못하고, 오직 지식체계에 기반한 앎에 머물러 모든 것을 부정해 버리는 것으로 이해한 것이다. 이러한 오해를 불식시키기 위해 다음과 같은 답변이 이어진다.

　　이미 내도와 외도의 구별이 없어지면 단견과 상견이 이에 고요해
　　진다. 이렇게 두 가지의 치우친 견해〔邊見〕을 이미 버렸으니, 어찌
　　바른 종지가 아니겠는가.67)

내도와 외도, 대승과 소승이 사라진다는 것은, 일체법은 자성적 실체를 가지고 영원히 존재한다고 하는 상견과 그 반대로 일체법은 전혀 존재하지 않는 것이라고 하는 단견의 두 가지 치우친 견해에 대한 집착을 벗어나는 것이지, 대승과 소승 자체를 모두 비존재의 영역으로 밀어 넣어 버리는 허무주의적 단멸론은 아님을 밝힌다. 삼론에서 채용하는 부정의 논리는 단견이 아니라, 일체의 치우친 견해를 벗어나 인간을 자유롭게 하는 방식으로 단견과 상견의 어디에도 머물지 않는 불상부단(不常不斷)의 중도정신(中道精神)이고, 이것이 바로 정법이라는 것이다. 이것은 용수가 새로운 학파를 창설하기 위한 것이 아니라, 붓다의 정법을 바르게 선양하기 위해 종래의 모든 학파를 통합하려고 노력했던 중도정신과 동일한 맥락에 있다. 상대방의 단견을 벗어나게 하기 위해, '명(冥)'과 '적(寂)'은 불상부단의 중도정신으로 단·상의 이견(二見)을 넘어서는 것이라고 해명하지만, 상대방은 여전히 지식에 기반한 사유체계에 사로잡혀 전오의 계기를 얻지 못하고, 다음과 같이 비판한다.

---

67) 앞의 책(대정장45, p.6c), 「答 旣內外並冥 則斷常斯寂 二邊旣捨 寧非正宗耶.」

> 단견이 있고 상견이 있는 것을 유(有)라고 하고, 단견도 없고 상견
> 도 없는 것을 무(無)라고 한다. 무엇으로 말미암아 단견을 여의었
> 다고 하는 것인가.68)

이것은 단견과 상견이 고요해지는 것〔斷常斯寂〕에서 고요함의 의미
를 앞서 대·소, 내·외가 모두 고요해지는 것〔以內外並冥 大小俱寂〕에
서의 '명'과 '적'에 대한 이해와 동일한 맥락에서 해석함으로써 발생하는
문제이다. 이미 대·소, 내·외가 고요해진다는 것은 이 둘을 비존재의
영역에 떨어뜨리는 것이 아니라는 것을 밝혔음에도 불구하고, 지식에
기반한 사유체계에 머물렀기 때문에 상대방은 단견과 상견의 두 가지
견해에 대해서도 다시 집착을 일으켜 유견(有見)과 무견(無見)이라는
두 가지 견해를 일으킨 것이다. 단견과 상견의 벗어남이라는 중도의 진
리는 수용자의 무지로 말미암아 다시 유견과 무견이라는 두 가지의 치
우친 견해에 떨어지게 된다. 그리하여 상대방은 불상부단이라는 삼론의
근본이치가 상견과 단견을 부정하는 것이기 때문에, 무견에 빠진 것이
라고 단정한다. 이에 대해 길장은 다음과 같이 답변한다.

> 이미 단견과 상견이 고요해지면 단견과 상견을 지니거나 단견과
> 상견을 부정하는 논리를 모두 여의게 되니, 다시 무견에 물들지 않
> 는다.69)

단견이란 일체법이 존재하지 않는다고 하는 허무주의적 단멸론이고
상견이란 일체법이 자성적 실체로서 존재한다고 하는 영구불변의 존재
론이라고 할 수 있다. 곧 상견은 일체법의 영구적 존재성을 주장하고,
단견은 일체법의 완전한 소멸성(消滅性)을 주장한다. 따라서 상견은 유

---

68) 『三論玄義』(대정장45, p.6c), 「難曰 夫有斷有常 故名之有 無斷無常 目之
　　 爲無 旣其是無 何由離斷.」
69) 앞의 책(대정장45, p.6c), 「答 旣斷常斯寂 則有無等皆離 不應更復謂染於無.」

견으로 이어지고, 단견은 무견으로 이어진다.

그런데 앞서 이미 단·상의 이견(二見)을 여의었기 때문에, 단견과 상견이 존재한다고 하는 유견이라거나 존재하지 않는다고 하는 무견을 모두 벗어난 것이다. 불상부단의 논리는 유견과 무견을 모두 벗어난 중도를 현현하는 것이므로, 상견과 단견의 이견을 벗어나 다시 무견에 물드는 일은 생겨나지 않는다. 여기서 다시 유견과 무견을 모두 받아들이지 않는 비유비무(非有非無)의 중도정신이 드러나고, 이것이 정법의 의미가 된다.

그러나 단견과 상견이라는 치우친 견해로부터의 벗어남이라는 불상부단의 가르침에 대해서 중도의 이치를 현시하지 못하여, 무견을 낸 상대방에 대하여, 참된 의미의 불상부단은 다시 무견에 빠지는 것이 아니라, 유견과 무견을 모두 떠나는 것이라는 길장의 답변은 다시 중도(中道)의 이치로서 전환되지 못하고 또 하나의 집견(執見)으로 귀결된다.

> 비록 이러한 해석이 어느 정도 해명은 될 수 있을지라도 유와 무가 있다고 하면 이것을 유라고 하고 유가 없고 무도 없다고 하면 이것은 비로소 대무(大無)가 된다. 이미 무에 떨어졌으니 무엇으로 말미암아 단견을 여의었다고 하는 것인가.70)

불상부단이 무견이라는 견해에 대해, 단·상의 이견을 불수(不受)하는 것이 불상부단이기 때문에 새로이 무견에 빠지지 않으며, 유견과 무견을 모두 벗어난 곳에 참된 진리가 드러난다고 하는 길장의 답변은 상대방에게 있어서 오히려 더 큰 무견에 빠지는 일인 것으로 이해된다. 단견과 상견이 없다고 하는 것이 유견을 부정하는 무견이라면 단견과 상견이 있지도 않고 없지도 않다고 하는 주장은 유견과 무견을

---

70) 앞의 책(대정장45, p.6c), 「難曰 雖有此通 夫有有無 名之爲有 無有無無 始是大無 旣其墮無 何由離斷.」

모두 부정함으로써 대무에 빠진 것이라고 보는 것이다. 이에 대해 길장은 다음과 같이 답변한다.

> 본래 유라고 하는 견해에 집착하는 병이 있으므로 무를 설한 것이니, 유라는 견해에 집착하는 병이 없어진다면 공이라고 하는 약도 또한 없어진다. 그러므로 성인의 도리에는 일찍이 유라든가 무라든가 하는 견해가 있지 아니한 것을 알 수 있으니, 어찌 유라든가 무라든가 하는 견해에 걸려서 막히는 일이 있겠는가?71)

삼론에서의 유와 무는 어떤 사상을 정립하기 위한 목적으로 정초된 것이 아니라, 유견과 무견이라고 하는 병을 얻어 그것으로부터 빠져나오지 못하는 중생들을 위해 시설된 것이다. 현실적으로 모든 병에 동일하게 처방할 수 있는 약이란 존재하지 않는 것처럼, 유견이라는 병과 무견이라는 병에 걸린 사람에 대해서는 각각 그에 합당한 처방약이 필요하다. 유견에 대해서는 무라는 약이 필요하고 무견에 대해서는 유라는 약이 필요한 것이다. 유와 무의 교설이란 결국 중생의 근기에 응하여, 그 집착을 벗어나도록 하려는 목적에서 가설된 것으로서의 위치를 지닌다는 점이 밝혀진다. 곧 삼론에서 언어 혹은 개념이란 자성적 실체를 가지고 존재하는 것이 아니라, 대상의 집착을 타파하기 위하여 가설된 것으로, 곧 병을 다스리기 위한 약과 같은 것으로서의 존재의미를 갖는다. 따라서 병이 나으면 약은 더 이상 필요하지 않듯이, 삼론의 사상이란 고정적 실체를 지닌 닫힌 주장이 아니라, 자유로 나아가는 '길'을 제시하고 다시금 그 길로부터도 자유롭게 하는 열려진 언어이다.

　여기에서 비로소 지금까지 길장이 체계적 사상을 제시하지 않고, 부

---

71) 앞의 책(대정장45, p.6c), 「本對有病 是故說無 有病若消 空藥亦廢 則知
　　聖道未曾有無 何所滯耶.」

정적인 접근방식을 통해 정법의 의미를 드러내고자 한 뜻이 드러난다. 유·무를 교설함은 유·무가 고정적인 견해로서 존재하고 있기 때문이 아니라, 유·무에 대한 인간의 집착을 깨트리려는 목적 속에서 이루어진 인연가설(因緣假說)이요, 이러한 뜻을 이해할 때, 유는 무와 비유(非有)를 향해 열려 있고, 무는 유(有)와 비무(非無)를 향해 열려 있는 언어가 된다. 삼론학의 언어란 반성적 사유를 통해 스스로를 정화하고, 상대방의 집착을 물리치기 위한 인연으로 시설된 것이므로, 단견에 빠지는 것이 아니라는 변론이다.

2) 시견과 비견, 정견과 사견: 벗어나기

여기에서 다시 유와 무의 인연가설의에 의한 비유비무의 불수의(不受義)가 지니는 의미를 이해하지 못하고, 시(是)·비(非), 정(正)·사(邪)라는 범주를 통해서 길장의 주장이 특정한 입장을 옹호하고 그것에 집착하는 치우친 견해에 빠진 것이라는 상대방의 비판이 이어진다.

> '유이기도 하고 무이기도 하다다'라고 하는 것이 양시론(兩是論)이라면 '유도 아니고 무도 아니다'라 하는 것은 양비론(兩非論)이다. 이미 옳고 그름을 가리는 논리에 떨어진 것이니 이것은 유가와 묵가가 서로 옳고 그름을 다투는 것과 같은 것이다.72)

비유비무라고 하는 길장의 주장은 비유비무가 옳고 유와 무라는 견해는 잘못되었다고 하는 시·비에 대한 분별심이 내재되어 있으며, 이것은 유가와 묵가가 서로 자신의 주장이 옳다고 하면서 쟁론하는 것과 다름이 없다는 비판에 대해서, 다시 다음과 같이 답한다.

---

72) 앞의 책(대정장45, pp.6c~7a), 「難曰 是有是無 名爲兩是 非有非無 名爲兩非 旣墮是非 還同儒墨.」

> 본래 두 가지의 시론(是論)이 있기 때문에 두 가지의 비론(非論)
> 이 있는 것이다. 두 가지의 시론이 없다면 두 가지의 비론도 또한
> 사라진다. 그러므로 시론도 아니고 비론도 아니라는 것을 알아야
> 한다.73)

양비는 양시라는 집견이 선행되어 있는 상태에서 가설된 것이다. 곧
유견과 무견에 집착하여 그것이 옳다고 하는 양시론에 빠진 사람이 있
고, 그러한 양시론은 집착을 낳기 때문에 이러한 집착을 없애기 위해
비유비무라는 양비론이 성립된다. 이렇게 양시론에 대한 대연가설(對
緣假說)로서의 양비론은 하나의 견해를 갖고 그것을 영구불변한 것이
라고 여겨, 그것과 상대하는 모든 사상을 그릇된 것으로 부정하는 형
태의 양비론과는 구별된다. 이 경우엔 '시(是)'를 말한다고 해도, '비
(非)'에 상대하여 비로소 존재하는 '시'이고, '비'를 말한다고 해도, '시'
에 상대하여 비로소 존재하는 '비'이기 때문이다. '시'라고 해도 '비(非)
의 시(是)'이니 사실상은 '시'가 아니고, '비'라고 해도 '시(是)의 비
(非)'이니 사실상은 '비'가 아닌 것이다. 이렇게 해서 시·비를 불수(不
受)하는 비시비비(非是非非)의 중도정신이 드러난다.
　다시 길장의 비시비비라는 주장에 나타난 인연가설의를 알지 못하여
중도의 진리를 깨닫는 것이 실패한 상대방은 옳지 않다는 것〔非是〕은
그릇되다는 것〔非〕이고 그릇되지 않다는 것〔非非〕은 옳은 것〔是〕이라
고 하는 견해를 지어, 비시비비는 종국에는 다시 시비론에 떨어진 것
이라고 반박하는데,74) 이에 대해 다음과 같이 밝힌다.

> 두 가지의 옳다고 하는 주장은 꿈에 호랑이를 보는 것이요, 두 가
> 지의 그릇되다고 하는 주장은 다시 허공에 핀 꽃을 보는 것이다.

---

73) 앞의 책(대정장45, p.7a), 「答 本非二是 故有雙非 二是旣亡 雙非亦息 故
　　知 非是亦復非非.」
74) 앞의 책(대정장45, p.7a).

이러한즉 본래 옳다고 할 만한 것이 없으니, 지금에 와서 다시 그
릇되다고 할 것도 없다.75)

삼론학에서 비판의 대상으로 삼았던 양시론도 사실은 실체가 있는 것
이 아니다. 다만 그러한 견해를 지어내는 중생이 있으므로 그들의 견해에
가탁하여, 그 집착을 없애기 위하여 양비론을 지은 것이니, 가탁한 대상
에 이미 실체가 없을진대 그것을 부정하는 것에 실체가 있을 수가 없음을
밝혀, 시비의 불수라는 중도의 진리를 개시한다.
  여기에 다시 시비의 불수라는 길장의 본래 목적을 이해하지 못한 상
대방은 다음과 같이 비판한다. 만약 옳고 그름을 전적으로 배제해 버
려, 옳고 그름을 판단할 수 없다면, 그릇된 것〔非〕은 삿된 것〔邪〕이고
옳은 것〔是〕은 바른 것〔正〕이기 때문에, 결국은 삿된 것과 바른 것의
구별도 역시 존재할 수 없을 것인데, 삼론학에서 파사현정이라는 편장
(篇章)까지 세우고 사(邪)와 정(正)을 논하는 것은 도대체 무슨 까닭
인지를 묻는다.76) 이에 대한 길장의 답변은 다음과 같다.

  '비'가 있고 '시'가 있으면 그것이 바로 사(邪)이고, '시'가 없고 '비'
  가 없으면 그것이 바로 정(正)이다. 그러므로 편(篇)의 이름을 세
  워 파사현정을 밝히는 것이다.77)

  그릇된 것과 옳은 것이 자성적 실체를 가지고 영구히 존재한다고 생
각하는 것이 사견이고, 그릇된 것과 옳은 것이 자성적 실체를 가지고
존재하는 것이 아님을 아는 것이 정견이다. 삼론학에서 사견을 물리치

---

75) 앞의 책(대정장45, p.7a), 「二是生乎夢虎 兩非還見空華 則知本無所是 今
    亦無非.」
76) 앞의 책(대정장45, p.7a).
77) 앞의 책(대정장45, p.7a), 「夫有非有是 此則爲邪 無是無非 乃名爲正 所
    以命篇 辨破邪顯正.」

104

고 정견을 드러내는 방식으로 사상을 전개할 때, 사견과 정견은 바로 이러한 의미를 가진 것이기 때문에 사실상은 사견과 정견에 물들지 않는 부정불사(不正不邪)의 정·사, 곧 인연가설로서의 정·사를 드러내는 것임을 밝힌 것이다.

이것에 대해 상대방은 다시 사·정이 인연에 의해 가설된 것을 알지 못하여 다음과 같이 비판한다. 옳음과 그름을 모두 부정하는 것이 정(正)이고, 옳고 그름을 모두 긍정하는 것이 사(邪)라고 하여, 사(邪)와 정(正)을 구분한다면, 여기에는 이미 무너뜨려야 할 '사'와 드러내야 할 '정'이 있어서, '사'를 버리고 '정'을 취하려는 마음이 생겨나게 된다. 이와 같다면 일체의 집착을 초월한다고 하는 삼론학의 근본주장에 위배되는 것이 아닌가 하는 의문을 제기하는데78), 이에 대하여 길장은 다음과 같이 답한다.

> 잘못된 것[邪]를 없애는 것을 억지로 바른 것[正]이라고 하는 것뿐이니, 잘못된 것이 이미 사라지면 바른 것도 또한 머물지 않는다. 그러므로 마음에 집착하는 것이 없다.79)

삼론학에서 시설하는 정견이란 그에 앞서 무수히 생겨난 사견을 파척하기 위한 목적으로 시설된 것이기 때문에 그 자체로서 독립적 실체를 갖지 않는다. 어떤 대상에 의해서 비로소 존재하는 것은 그 대상의 존재이유가 사라지면 함께 사라질 뿐이다. 삿된 견해를 소멸시키기 위해 가설된 것이 정견이니, 사견이 소멸되면 정견 또한 사라진다. 이렇게 해서 대연가설로서의 정·사란 결국 부정불사(不正不邪)의 중도정신을 현시하는 것임이 밝혀진다.

---

78) 앞의 책(대정장45, p.7a).
79) 앞의 책(대정장45, p.7a). 「答 息於邪 强名爲正 在邪旣息, 則正亦不留 故 心無所著.」

3) 어디에도 머물지 않는 마음[心無所著]: 모든 견해로부터의 벗어남

이상의 문답은 여러 단계에 걸쳐 이루어졌지만 상대방의 물음과 그에 대한 길장의 답변이 취하고 있는 논점은 처음부터 끝까지 크게 다를 것이 없다. 질문하는 사람은 삼론학이 취하는 부정적 접근방식을 존재론적인 없음과 동일한 것으로 보아, 삼론학이 일체의 견해를 부단히 부정하여 집착을 벗어나려고 시도하지만 그것은 결국 또 하나의 견해에 집착하는 일에 지나지 않는 것이기 때문에, 유·무, 단·상, 시·비, 정·사 등의 이변에 대한 변견을 여의려는 시도는, 결국 또 하나의 무견·단견에 떨어지는 결과를 초래할 뿐이라고 한다. 대답하는 이는 자신의 모든 견해는 어떤 대상도 없이 갑작스럽게 독립적으로 정립된 것이 아니라, 어떤 사상을 제시하고 그것만이 진리라고 하는 상대방의 주장이 선행하고 그것에 대해 그들의 집착을 타파하려는 목적에서 성립된 것이기 때문에, 어떤 언설을 구사한다고 하더라도 대연가설에 지나지 않고 따라서 어디에도 집착하지 않는 중도의 언어에 해당하는 것이라고 한다.

처음에 이러한 삼론학의 주장은 자기언어라든가 자신의 마음의 결백성을 주장할 뿐, 그 논리적인 해명은 부족한 듯이 보인다. 왜 동일한 단견이 비판의 대상에게 있어서는 허무주의적 단멸론이 되고, 그러한 단견을 부정하는 삼론학의 입장에서는 집착으로부터의 해탈을 추구하고 중도를 현시하는 방식이 되는 것일까. 이에 대해 삼론학의 모든 언어는 삿된 견해에 집착하는 대상을 향한 인연가설이므로 그 자체 자성을 지니고 존재하는 것은 아니라는 입장을 통하여 의문을 극복하고 있다. 이것은 삼론학의 부정은 불수(不受), 곧 어디에도 집착하지 않는 인간의 인식론적인 자아반성, 자기정화를 나타내는 표현이라는 점을 강조하는 것이다.

삼론학에서의 정법이란, 불법 중의 무엇이라고 하는 규정적인 정의로서 나타나는 것이 아니라, 일체의 대상에 대한 집착을 여의어 마음에 장애가 없는 것이라고 하는 태도의 문제로 전환되는 것을 알 수 있다. 삼론학의 부정적 접근에 대하여, 비판자는 삼론학 자신의 정체를 밝힐 것을 꾸준히 요구하지만, 끝내 자신의 특정한 견해를 노출하기를 거부하고, 질문자의 집착을 하나하나 타파해 가는 태도는 바로 이러한 자신의 입장에 스스로 충실하려는 모습을 보여주는 것이다. 길장은 마음에 집착을 없애는 것이 바로 불교의 궁극적 목적이라는 자신의 견해에 대한 증거를 다음과 같이 제시한다.

> 『법화경』에 "무수한 방편으로 중생을 인도하여 온갖 집착을 여의게 한다"〔①〕고 하였고, 『정명경』(『유마경』)에 "세간에 집착하지 않음이 마치 연꽃과 같고, 항상 공적행(空寂行)에 잘 들어가며, 제법의 모습에 통달하여 걸림이 없으니, 허공과 같아 의탁할 바가 없는 것에 머리를 숙여 예배합니다"〔②〕라고 하였다.[80]

길장은 『법화경』과 『정명경』의 두 경전을 통해 자신의 입장에 대한 확고한 증거를 이끌어 내고, 과거·현재·미래의 모든 붓다가 세상에 나와 경전을 설하고 보살들이 세상에 출현하여 논서를 지은 것은 모두 중생들로 하여금 집착에서 벗어나게 하는 것에 그 목적이 있음을 선언한다. 불교의 모든 가르침은 경전과 논서를 가리지 않고 모두가 오로지 집착으로부터의 벗어남이라고 하는 하나의 목적을 향하고 있다는 것이다.

---

80) 앞의 책(대정장45, p.7a), 「法華云 我以無數方便 引導衆生 令離諸著 淨名云 不著世間如蓮華 常善入於空寂行 達諸法相無罣礙 稽首如空無所依.」 본문 인용경전: ① 『法華經』(대정장9, p.5c) ② 『維摩詰所說經』(대정장14, p.538a).

3세의 모든 붓다는 6도를 윤회하는 중생이 마음에 집착하는 바가 있었으므로 이들을 구제하기 위해 세상에 출현하여 경을 설하였다. 네 부류의 중생이 의지할 만한 보살〔開士〕은 대승과 소승에 의지하여 불교를 배우는 사람들이 마음에 집착하는 바가 있었으므로 이들을 구제하기 위해 세상에 출현하여 논서를 지었다. 그러므로 의지하는 것이 있고 얻는 것이 있음은 생사를 윤회하는 근본이 되고 머무는 것이 없고〔無住〕 집착하는 것이 없음〔無著〕은 경전과 논서의 큰 종지가 된다.81)

길장은 이로서 일체의 대립적 견해를 벗어나 집착이 없는 것이 바로 붓다이고 정법이라고 하는 결론에 도달한다. 만약 마음에 집착이 있다면 그것은 곧 붓다가 될 수 있는 원인의 전적인 부재를 의미하는 것이고 이것은 결국 정법을 향한 눈을 닫아 버린다.

붓다의 마음에는 의탁하는 것이 없고 너의 마음에는 의탁하는 것이 있다. 그러므로 붓다와 더불어 간격이 생겨나는 것이니 무엇으로 말미암아 붓다를 보겠는가. /진(眞)도 아니고 속(俗)도 아니니, 중도라고 하고 무소유(無所有)라고 하며 정법이라고 하며 무주(無住)라고 한다.82)

이후 길장은 삼론학의 입장에서 정법의 구체적인 내용을 진속이제설(眞俗二諦說)에 입각하여 체정(體正)·용정(用正) 등으로 상세하게 서술하지만, 여기서 무엇보다도 주목되는 것은 이러한 정법의 내용을 서술하기 이전에, 지리할 정도로 집요하게 정법에 대한 부정적 접근방식을 펼쳐 가는 길장의 태도이다. 여기엔 정법의 불가언설성(不可言說

---

81) 앞의 책(대정장45, p.7a), 「三世諸佛 爲六道衆生 心有所著故 出世說經 四依開士 爲大小學人 心有所依故 出世造論 故有依有得 爲生死之本 無住 無著 爲經論大宗.」
82) 『中觀論疏』 권2(대정장42, p.27b), 「佛心無所依 汝心有所寄 乃與佛隔 何由見佛.」 『大乘玄論』(대정장45, p.16c), 「不眞不俗 亦是中道 亦名無所 有 亦名正法 亦名無住.」

性)과 더불어, 불가언설인 정법에 대한 방편으로서의 언설에 대한 집착을 경계하는 길장의 의도가 크게 작용하였을 것으로 보인다. 어떤 형태의 정법을 서술한다고 하더라도 그것은 바로 집착으로부터의 벗어남을 목적으로 하는 것임을 유념하지 않는다면, 자신의 모든 저술마저도 또한 그 존재의미를 상실할 수 있는 것이다. 따라서 무득(無得)은 삼론학에서 일관되게 주장하는 정법의 내용이라고 할 수 있다.

혜가가 말했다. '제 마음이 아직 평안하지 않습니다. 스승님께서 제 마음을 안정시켜 주십시오' 달마가 말했다. '너의 마음을 가져 오너라. 그러면 내가 그대를 안정시켜 주겠다'. 혜가가 말했다. '마음을 찾아 보았지만 찾을 수가 없습니다'. 달마가 말했다. '내가 이미 너의 마음을 안정되게 하였다'.(『경덕전등록(景德傳燈錄)』)

제3장 삼론학의 근본이념에 대한 이론적 접근: 무득(無得)의 의미

1. 잘못된 사상의 비판[破邪]에 나타난 무득의 의미체계

이미 서술한 것과 같이 길장은 『삼론현의』에서 이 책의 내용을 크게 파사와 현정의 두 단락으로 나눈 다음, 파사라는 장(章)에서 다시 파척의 대상이 되는 삿된 견해를 첫째 외도, 둘째 비담, 셋째 성실, 넷째 대승의 집착[大執] 등으로 구분한다.1) 외도는 다시 인도에서 발생한 외도와 중국에서 발생한 외도[中國三玄]의 둘로 분류되는데, 삼론학의 독자적인 무득의 의미를 드러내는 것은 후자와 관련되어 있기 때문에 전자에 대한 고찰은 생략한다. 또한 비담은 소승불교를 일컫는 말로, 그 사상적 특색을 인공법유(人空法有)로 요약할 수 있다. 이것 또한 길장에게서 비판의 대상이 되지만, 무득의 고유한 의미를 드러내는 것과는 크게 관련성이 없기 때문에 생략한다. 길장이 추구하는 진리를 무득이라고 할 때 비판은 유득(有得)으로 향해질 것을 예상할 수 있다. 『삼론현의』에서 파척의 대상에 속하지는 않았지만, 행도지인(行道之)도 곳곳에서 유득의 입장에 선 것으로 비판받고 있으며, 이 책의 전개과정에 큰 관련성이 있기 때문에 파사의 대상 중 하나로 도입한다.

---

1) 『三論玄義』(대정장45, p.1a).

1) 중국사상 비판: 『노자(老子)』·『장자(莊子)』·『주역(周易)』

중국사상사에서 불교를 제외하고 형이상학적 원리를 논한 서적 가운데 가장 큰 영향을 미쳤던 것은 『노자』, 『장자』, 『주역』 등의 세 가지이다. 앞의 두 책은 도가(道家)를 대표하고 뒤의 책은 유가(儒家)를 대표한다. 이 세 가지 서적을 통틀어서 삼현(三玄)이라고 하는데, 이 용어가 쓰여진 것은 남조(南朝)의 송나라 때부터이다.[2] 승조가 노자와 장주(莊周)의 글[3]을 읽고 아름답다고 찬탄하였으나, 아직 정신적 의지처로 삼고 마음의 불안을 벗어나는 계기로 삼기에는 미흡하다고 하고 『정명경』을 읽은 후 출가하였다[4]는 고사를 통해서도 알 수 있듯이, 특히 『노자』와 『장자』는 중국에 불교가 전파되던 초기에 중국인들의 정신적 의지처로서 각광을 받았던 책들이다. 라집은 또한 "중국인들이 『노자』와 붓다의 가르침을 동일시하는 경향성을 지니고 있는 것을 한탄하고 『노자』와 『장자』도 불교와 같이 현묘한 도리를 말하기 때문에 궁극적 진리처럼 보이기는 하지만, 그것은 이목을 현혹시키는 진리일 뿐 진리 그 자체는 아니다"[5]라고 하여 두 사상의 차이성을 밝히기 위해 노력하였다.

---

2) 『三論玄義校釋』, (韓廷傑 校譯, 北京, 中華書局出版, 1989 2차인쇄), p.27.

3) 이것은 본문의 「老子莊周之書」라고 한 부분을 풀이한 것이다. 삼지충덕(三枝充悳)은 『三論玄義』(『佛典講座27, 東京, 大藏出版株式會社, 1979 3판), p.55에서 앞의 '삼현'이라는 말에 근거하여, "『노자』, 『장자』, 『주역』이라는 책"이라고 풀이하였다. 그러나 한정걸(韓廷傑)은 『三論玄義校釋』 p.27에서 삼현을 삼지충덕과 동일하게 이해하였음에도 불구하고 본문의 해당부분을 "노자와 장주(莊周)의 글"라고 하였다. 장주는 장자의 본래 이름이고 장자는 그에 대한 존칭이기 때문에 이러한 해석이 생겨난 것으로 보인다. 뒤에 나오는 라집의 예에서도 『노자』만이 언급되고 있는 점을 생각할 때, 반드시 삼현이라는 앞의 용어에 얽매일 필요는 없을 것으로 생각되고, 한문풀이에 있어서도 이것이 보다 자연스럽기 때문에 후자를 채택하였다.

4) 『三論玄義』(대정장45, p.2a).

5) 앞의 책(대정장45, p.2a).

　노장사상(老莊思想)이 길장에게서 파척의 대상이 된 것은 이 시대까지도 여전히 이 사상이 불교를 왜곡하는 대표적인 기능을 했었음을 보여주는 것이고 실제로 양 무제의 시대를 중심으로 삼현에 대한 연구가 다시 성행하였다.6) 노장사상과 삼론을 구별하려는 길장의 노력은 이러한 시대적 상황에 대한 인식을 바탕으로 삼론학의 성립에 지대한 영향을 미친 것으로 평가되는 두 사람의 선구적인 관점을 계승한 것임을 알 수 있다. 그런데 일견하면 길장이 삼론의 이름으로 삼현에 대한 비판을 운위하는 것은 논리적으로 타당하지 않은 것으로 생각된다. 삼론은 인도에서 저술되었고, 그 저자들은 삼현의 존재에 대해서 알지 못했기 때문이다. 길장은 이러한 문제를 스스로 인지하였던 것으로 보인다.

> 『중론서』에 승예가 '현묘한 깨달음을 얻으려고 하는 사람들로 하여금 깨달음에 대해 도가를 찾아가 묻는 일을 하지 않게 하였다'라고 한 부분을 풀이하면 다음과 같다. 이것은 중국의 『장자』에 의탁하여 인도의 외도를 꾸짖은 것이다. 진실로 이곳 중국에는 별도의 외도가 없으나, 『노자』와 『장자』를 지극한 도리라고 여기고 있으니, 그러므로 이것을 물리치는 것이다.7)

　삼론에서 파척의 대상으로 삼는 외도란 인도에서 성립한 것으로, 육사외도(六師外道)를 비롯하여 96가지의 삿된 견해를 주장하는 학파를 지칭하지만, 외도를 비판하는 삼론의 의도를 고려할 때, 중국의 외도도 또한 동일한 맥락에서 비판이 가능하다고 본 것일 뿐이다. 삼론이 대상으로 하는 외도란 어떤 특정한 견해를 지칭하는 것이 아니라, 삿된 논리에 의해 집착에 빠진 모든 사상, 사람을 대상으로 한다. 그러

---

6) 中西久味, 『吉藏の老莊批判』(平井俊榮 監修, 『三論敎學の研究』, 春秋社, 1990), p.257.
7) 『中論序疏』(대정장42, p.4a), 「令玄悟之賓　喪諮詢於朝徹　此寄斥震旦莊周 以呵天竺外道　良以此土無別外道　而用老莊以爲至極　是以斥之.」

므로 그 범주를 설정하고 특정한 학파로서 한정시키는 것은 무의미하다. 다만 외도란 불교의 근본정신에 위배되는 모든 것8)을 가리키며 이런 의미에서 당대의 중국인들이 가장 지극한 도리라고 여기고 있지만, 오히려 그것에 집착하여 모든 것으로부터의 자유를 얻고자 하는 불교의 진리를 깨달을 수 있는 길을 차단하는 노장사상은 중국인들에게 있어서 가장 외도적인 것이었다. 이것이 역사적인 사실에 위배됨에도 불구하고 길장이 노장사상을 삼론이 물리치는 사상의 하나로 열거한 이유가 된다. 이러한 시대상황에 대한 인식을 바탕으로 길장은 이 삼현과 불교의 우열을 다음과 같이 여섯 가지로 분류하여 논하였다.

㉠ 외도는 단지 육체를 지니고 살아가는 현세의 삶에 대해서만 변별하지만 내도는 과거와 현재와 미래의 삼세를 환히 비추어 본다. ㉡ 외도는 안이비설신(眼·耳·鼻·舌·身) 등의 다섯 가지 감각기관 조차 자유자재로 다루지 못하지만 내도는 여섯 가지 신통력을 미세한 부분까지 다 성취하는 것에 대해서 설한다. ㉢ 외도는 아직 만물이 그대로 태허(太虛)가 된다는 것을 알지 못하지만 내도는 가명(假名)을 무너뜨리지 않고 실상을 연설한다. ㉣ 외도는 아직 무위(無爲)에 나아가 그대로 만물에 노니는 것에 대해서 알지 못하지만 내도는 진제(眞際)를 움직이지 않고 제법을 건립한다. ㉤ 외도는 얻었다든가 잃었다든가 하는 차별적 인식을 지니고 있지만, 내도는 이 두 가지 변제(邊際)를 언어에 의해 생겨나는 온갖 종류의 판단을 끊은 이치에 그윽하게 계합함으로써 초월한다. ㉥ 외도는 대상경계와 인식하는 주체로서의 지혜라는 두 가지의 인식이 모두 사라지지 않지만 내도는 반연하는 대상과 대상에 대한 인식이 모두 사라져 고요하다.9)

---

8) 『三論玄義』(대정장45, p.1b).
9) 앞의 책(대정장45, p.2a), 「外但辨乎一形 內則朗鑒三世 外則五情未達 內則說六通窮微 外未卽萬有 而爲太虛 內說不壞假名而演實相 外未能卽無爲而遊萬有 內說不動眞際建立諸法 外存得失之門內冥二際於絶句之理 外未境智兩泯 內則緣觀俱寂.」

김잉석(金芿石)은 ㉠㉡㉢는 유가와 비교한 것이고, ㉢㉣㉥은 도가와 비교한 것이라고 하였지만,10) 여기서 ㉠은 유가에 한정되는 것 같지는 않다. 길장 자신이 『백론소』에서 "『주역』, 공자(孔子), 『노자』, 『장자』가 모두 현세에서의 삶을 다루고 영혼의 문제에 대해서는 논하지 않았다"11)고 하였기 때문이다. ㉡와 ㉢를 유가철학으로 한정시킨 것은 노장사상이 감각을 넘어선 세계에 대해 설하고 언어에 의한 차별의 세계를 넘어선 세계를 논한다고 하는 일반적인 지식에 의거하여 판단한 것으로 보인다. 그러나 길장의 논지를 따라가면 이 두 가지도 또한 노장사상에 대한 비판으로도 볼 수 있다. 길장은 노장사상의 언어관이나 감각을 초월한 세계에서 자재무애하게 노니는 것 등은 모두가 하나의 얽매임에 지나지 않는다고 규정하기 때문이다. 다만 ㉢㉣㉥이 도가만을 대상으로 하는 점은 명백한 것 같고, 여기에서 도가와의 차이성을 변별하는 내용이 본 논의의 전개와 관련이 있기 때문에 이 부분을 구체적으로 살펴본다.

㉢은 도가는 만물이 그 궁극적 원리인 태허와 격절되어 있지만, 내도는 가명이라는 현상적 존재를 벗어나지 않고 실상을 설한다는 점에서 차별성을 부각시킨 것이다. 요컨대 도가는 만물이 궁극적 원리인 도와 융즉하는 길이 막혀 있지만, 불교는 현상을 본질과 융즉해 있는 가명(假名)으로 깨달아 만물이 그대로 실상이 되는 것, 즉 객관적 현상이 그대로 실상을 드러내는 대경(對境)이 된다. ㉣는 그 반대의 경우인데 ㉢과 그 취지는 같다. 앞에서는 도가철학이 현상이 본체와 격절되어 있음을 비판한 것이라면, 여기에서는 본체가 현상과 격절되어 있기 때문에, 본체가 현상으로 드러나는 통로가 막혀 버린 것을 비판한 것이다. ㉢과 ㉣는 도가가 실상을 현상적인 존재와 대립되는 것으로 봄으로써, 결국에는 분별의식으로부터의 자유를 성취하지 못한 점

---

10) 金芿石, 『僧朗을 相承한 中國三論學의 眞理性』(불교학보 1집, 1963).
11) 『百論疏』 권중(대정장42, p.260c), 「周孔老莊 但明一世事 亦不論神.」

을 지적한 것이다. ㉴에서는 도가는 마음과 마음의 대상이 서로 대립된 두 가지의 개념으로 남아 있지만, 불교는 인식의 주체와 인식하는 대상이 서로 인연에 의해 존재하는 것임을 알기 때문에 상호 대립된다고 하는 분별의식을 갖지 않는다는 점에서 차별성을 부각시킨다.

이러한 길장의 비판에 대해 상대방은 동일성의 원리에 의해 "노자는 도(道)를 태허라고 하고 붓다는 도를 무상(無相)이라고 하였다. 태허와 무상이라고 하는 두 학파의 궁극적 이치가 이미 동일하기 때문에 그 지말적인 사상의 차이가 있다고 하더라도 모두 동일한 것으로 볼 수 있다. 그럼에도 불구하고 노자는 비판하고 붓다는 찬양하는 것은 붓다에게 아첨하려는 것으로 밖에 보이지 않는다"12)고 비판한다. 길장은 이에 대해 "노자의 도는 허무이고 붓다의 도는 사구의 분별을 초월한 것이므로 서로 같지가 않은데, 동일하다고 하면 그것은 오히려 그대가 도가에 아첨하는 것이지 내가 불교에 아첨하는 것이 아니다"13)라고 하여 사구의 분별을 초월한 불교의 가르침에 대해서 노자는 알지 못하였다고 한다. 길장은 노자의 도가 명백하게 불교와 구별되며, 불교를 본뜬 것이라고 할 수는 있을지언정 결코 동일한 사상적 원리를 가지지 않은 것이라고 보았다.

도가의 도가 갖는 의미에 대해서는 주석자에 따라 여러 가지로 달리 하기 때문에 객관적으로 규정할 수는 없다. 다만 길장이 도가를 비판한 내용을 통해서 살펴보면 도가의 도는 현상에 응즉해 있지 않고 격절되어 있는 측면이 있다.14) 그리고 그가 이것을 문제 삼는 것은 결

---

12) 『三論玄義』(대정장45, p2a).
13) 앞의 책(대정장45, p.2a).
14) 길장은 도가의 도를 만물을 낳은 실체로서 가정된 정성(定性)의 무라고 본다. 그리고 이러한 길장의 이해는 왕필(王弼) 또는 그 계통의 주석자들에게서 발견되는 도와 그 의미가 같다(中西久味, 「吉藏の老莊批判」, 〔平井俊榮 監修, 『三論教學の硏究』, 春秋社, 1990〕, p.261). 이렇게 도가 실체적 존재라면 그것은 인연의 세계에서 벗어난 것이기 때문에 자신을 제외한 어느 것에 대해서도 열린 구조를 갖지 못하게 된다. 자신이 낳은 현상과 동떨어진 채 존재하는 것이다.

국 현상과 실상의 어느 곳에서도 자유를 얻지 못하고 얽매이게 되기 때문이다. 「부동진제건립제법 불괴가명이설실상(不動眞際建立諸法 不壞假名而說實相)」이라고 하는 삼론학의 입장은 현상과 실상의 어디에도 얽매이지 않는 무득에 그 진의가 있음이 드러난다. 진리의 세계를 손상시키지 않고 현실의 제법을 건립하고, 가명의 세계를 무너뜨리지 않고 실상을 설하려는 진의 속에서 공가(空假)의 상즉(相卽)을 지향하는 무득의 의미가 드러난다.

2) 성실학파 비판: 현상을 쪼개버린 공

① 『성실론』에 대해

『성실론』은 인도의 논사인 하리발마(訶梨跋摩)가 지은 책이다. 하리발마의 출세연대에 대해서는 불멸후 800년, 890년, 900년 등의 여러 가지 기록이 있는데, 이 자료에 대한 다양한 분석을 토대로 할 때 기원후 250~350년경으로, 용수보다 약간 후대의 사람일 것으로 추정된다.15) 그러나 특기할 만한 것은 본 논서의 범본이 현존하지 않을

---

15) 『출삼장기집(出三藏記集)』「하리발마전서(訶梨跋摩傳序)」에 하리발마를 구마라타의 제자라고 하였다. 『부법장전(付法藏傳)』에 전법23조 중 19조를 구마라태, 21조를 세친(世親)이라 하였고, 『전법정종기(傳法正宗記)』에 전법28조를 열거하면서 19조를 구마라타, 제21조를 세친이라고 하였다. 이상에서 세친이 구마라타의 손제자이므로, 구마라타의 직제자인 하리발마는 적어도 세친과 동시대인이거나 선배격이라는 것을 알 수 있다. 또한 『불조통기(佛祖統紀)』에 건화3년(149)에 18조 구마라타가 19조 사야다에게 법장을 부촉하였고, 19조 사야다는 희평원년(172)에 법장을 세친에게 부촉하였다고 하였다. 여기서 건화3년, 희평원년이라는 연대는 구마라타와 세친의 출세연대를 고려할 때 터무니없고, 다만 149년과 172년 사이에는 36년 정도의 차이가 나지 않는다는 점에 주목한다면, 하리발마와 세친의 시대적 간격은 더욱 좁혀진다는 것을 알 수 있다. 하리발마의 출세연대의 하한은 본 논서의 번역자 라집이 중국에 온 401년이다. 상한선은 『성실론』에 제바의

뿐 아니라 인도에서는 이 논서가 끼친 영향을 찾아볼 수 없다는 점이다.16) 『성실론』에 대해서 깊이 탐구하여 불교의 이해도를 높이고 그러한 이해의 극점에서 다시 본 논서의 문제점을 지적하면서 사상적인 발전을 꾀했던 것도 모두 중국에서 일어난 일이다.

『성실론』은 라집이 만년에 번역하였다. 그가 이 논서를 특히 중시했다고 하는 증거는 찾을 수 없으나, 번역 당시의 상황을 비추어 볼 때 특별히 배척한 것으로 보이지도 않는다. 이미 앞에서 서술했듯이 그의 제자들이 중국에서 본 논서의 유포 및 성행에 결정적인 영향을 미쳤다는 것은 이러한 결론에 대한 근거가 될 수 있다. 라집은 "이 논서를 번역한 후 승예에게 강론하도록 하고, 이 논서에서 비담을 물리친 부분이 일곱 곳이 있다고 하였는데, 승예가 스승에게 묻지 않고 스스로 이것을 찾아내자 매우 기뻐하였다"17)고 한다. 이것은 『성실론』이 비담을 파척하는 논서로서 인정받았다는 점을 보여주는 동시에, 라집이 본 논서를 번역한 이유를 추정할 수 있게 한다. 삼론학이 『성실론』의 흥성과 소멸에 모두 중요한 역할을 했다는 것은 바로 이러한 의미에서이다. 비담종을 파척하기 위해 이 논서를 도입한 것이 고삼론이라면, 나중에 이 논서 자체에 예봉을 드리운 것은 신삼론이었기 때문이다. 본 논서가 대승으로 받아들여졌다가, 신삼론에 의해 소승으로 규정되게 된 사상사적 전개과정은 외적인 요인에 의한 것이 아니라, 『성실론』 자체에 이미 내재된 싹들이 발화된 것이다.

길장은 하리발마의 고족제자가 그들의 근본사상을 서술한 것을 인용

『사백관(四百觀)』을 인용하고 있기 때문에 그 보다는 나중일 것으로 생각된다. 제바의 출세연대가 대략 170~270년경이고, 세친의 출세 년대는 320~400이다. 이렇게 해서 세친과 동시대이거나 약간 앞시대의 인물이라고 보면 250~350년설이 성립한다(福原亮嚴, 『成實論の硏究』, 永田文昌堂, 1969, pp.3~11).

16) 金東華, 『佛敎敎理發達史』(이화문화사간행, 1988 3판), p.419.

17) 『高僧傳』 권6(대정장50, p.364b).

하는 형태로, 하리발마에 대한 이해를 시도하는데, 그 고족제자가 누구인지는 알려져 있지 않다. 다만 그 내용은 『출삼장기집』에 수록된 현창(玄暢)의 「하리발마전서(訶梨跋摩傳序)」[18]와 거의 같다.

> 『성실론』은 불멸후 900년경에 출세한 하리발마가 지은 것이다. 하리발마의 한역이름은 사자개이다. 그는 본래 살파다부[有部]에 소속된 구마라타의 제자였다. 스승인 구마라타의 풀이가 명상(名相)에 치우쳐 본질을 파악하지 못하고 있음을 개탄하고 마침내 본지를 승기부[大衆部]로 옮겨서 대승과 소승을 함께 배웠다. 소승불교인 9부경을 우러러 존경하고 대중부에 소속된 다섯 부파의 오류를 시정하였으며 거듭해서 삿된 안개를 거두어 내고 거듭해서 지혜의 햇빛을 드러내었다.[19]

「하리발마전서」에서는 하리발마의 두 번째 스승이 대중부에 속하였지만 아울러 대승을 중시하여, 대중부의 다섯 부파가 모두 대승을 근본으로 하는 것이라는 사상을 가졌으며, 가리발마는 대승을 연구함으로써 기존의 소승부파에 대한 자신의 비판적 견해가 타당하다는 확신을 얻고 『성실론』을 지었다는 점을 덧붙이고 있다.[20] 이상에서 길장 자신도 하리발마의 학문적 뿌리가 소승과 대승 모두에 있고, 그 중에서도 대승에 더욱 중점을 두었다는 점을 충분히 인지한 것으로 보인다.

『성실론』의 내용으로 볼 때에도 하리발마는 대승의 학설을 알고 있었던 것이 확실하다. 이 책의 「삼수업보품(三受業報品)」에 『사백관(四百觀)』이라는 책에 있는 게송을 인용하고 있는데, 이 게송은 제바가 지은

---

18) 『出三藏記集』(대정장55, p.78b).
19) 『三論玄義』(대정장45, p.3b), 「成實論者 佛滅度後 九百年內 有訶梨跋摩 此云師子鎧之所造也 其人 本是薩婆多部 鳩摩羅陀弟子 慨其所釋 近在名相 遂徙轍僧祇 大小兼學 鑽仰九經 澄汰五部 再卷邪霧 重舒慧日.」
20) 『出三藏記集』(대정장55, p.79a), 「時 有僧祇部僧 住巴連弗邑 並遵奉大乘 云是五部之本.」

『사백론(四百論)』에 있기 때문에, 『사백관』은 곧 『사백론』과 같은 책이라고 할 수 있다. 또 「십지품(十智品)」에 마명(馬鳴)의 게송을 인용하고 "여러 대승의 논사들도 또한 이렇게 설하였다"고 덧붙였다. 「유아무아품(有我無我品)」에서는 "마음이 오염되었기에 중생이 오염되고 마음이 청정하기 때문에 중생이 청정해진다"는 문장이 나오는데, 이것은 초기 대승경전인 『유마경』을 연상하게 한다. 또한 곳곳에서 대승의 진리관을 나타내는 진속이제(眞俗二諦)를 설하고 있고, 「파법품(滅法品)」에서는 인법이공을 밝히고 있으며, 이 밖에 용수의 『중론』과 『십이문론』의 영향을 받은 것으로 보이는 주장도 적지 않다.21)

이렇게 『성실론』에는 대승적 요소가 매우 많이 산재해 있기 때문에 소승이라는 길장의 단정을 그대로 받아들이기엔 석연치 않은 면이 있다. 따라서 오늘날에도 이 논서의 대승적 요소에 대한 분석을 통해 소승논서라고 하는 길장의 규정에 대해 여러 형태의 이의가 제기되고 있다. 이 책에서는 『성실론』에 대한 길장의 비판의 타당성 여부에 초점을 두기보다는 그의 비판이 의도하는 것, 곧 그 지향점을 찾는 것이 목표이기 때문에 길장이 제기하는 『성실론』에 대한 여러 가지 문제의 타당성 여부에 대해서는 구체적으로 다루지 않는다.

『성실론』은 삼론이 저술된 이후에 나온 논서이기 때문에, 삼론에 의해 『성실론』을 비판하는 것은 역사적인 사실에 근거할 때 타당하지 않다. 이것은 삼현에 대한 비판과 동일한 맥락에서 비판받을 수 있지만, 또한 동일한 맥락에서 이해될 수 있는 길이 열려 있기도 하다. 이제 길장이 『성실론』이 지닌 대승적 요소를 인지했음에도 불구하고, 이 논서를 소승으로 규정한 이유를 알아보기로 한다.

---

21) 平井俊榮, 『成實論』 I「成實論解題」(東京, 대장출판주식회사, 1999), p.3.

② 성실학파가 소승에 속하는 열 가지 이유

길장은 곳곳에서 성실학파를 비판하고 있지만, 특히 『삼론현의』에서 이들을 총괄적으로 열 가지 측면에서 체계적으로 정리하였다. 그 내용을 취의요약하면 다음과 같다.

첫째 라집의 제자 승예가 스승의 명에 의해 지은 『성실론서』에서 다음과 같이 말했다. "『성실론』은 소승학자 구마라타의 상족제자인 하리발마가 지었다. 『성실론』의 본문에 '색·향·미·촉은 실(實)이고 지·수·화·풍은 가(假)이다'라고 하였다. 정교한 논의이기는 하지만 '실'의 의미를 제대로 밝히기에는 부족하다. 여기에서의 '실'은 소승 안에서의 '실'이기 때문에, 대승에서 밝히는 '실'에 비교하면 용촉(龍燭)과 반딧불처럼 현격한 차이가 난다. 어떤 사람이 본 논서에 대해 '멸제(滅諦)를 밝히는 점에 있어서 대승과 더불어 그 극치가 동일하다'고 하자, 라집이 '중국인들이 불교를 이해하지 못함이 어찌 이 지경에 이르렀는가. 내가 항상 대승을 두루 믿는 자를 의심하였다. 중도로 말미암지 않은 깨달음은 미혹된 앎에 지나지 않는다'고 한탄하였다". 라집은 『성실론』의 번역자이고 승예는 이 논서를 중국에서 최초로 강의한 사람이다. 『성실론』의 권위자인 두 사람이 이미 이 논서를 대승과 구별하였기 때문에 이들의 견해를 따르는 것이 타당하다.22)

둘째 『성실론』에 "여러 비구들이 다른 견해를 내었지만 붓다는 이를 모두 허락하였다. 그러므로 나는 바로 3장 가운데에 있는 실의(實義)를 논하고자 한다"〔㉠〕고 하였다. 이렇게 하리발마 자신이 그가 논하는 '실'이 3장에 기반한 것임을 밝혔기 때문에 본 논서는 소승논서이

---

22) 『三論玄義』(대정장45, p.3c), 「舊序證第一　昔羅什法師　翻成實論竟　命僧叡講之　什師沒後　叡公　錄其遺言　製論序云　成實論者　佛滅度後　八百九十年　罽賓小乘學者之匠　鳩摩羅陀上足弟子　訶梨跋摩之所造也……　何乃至此乎　吾每疑其普信大乘者　當知　悟不由中　而迷可識矣　成實　是羅什所翻　僧叡　爲講論之始　後學　不應孤負前匠.」

다. 이 논서가 대승을 밝힌 것이라고 말한다면 그 허물은 그의 문인에게 있지 하리발마에게 있는 것은 아니다. 어떤 사람은 여기에서 3장이 왜 소승인가 하는 반문을 하는데, 이것에 대한 경론의 증거를 제시하면 다음과 같다. 『법화경』의 본문에 "소승의 3장을 배우는 사람을 친근히 하지 말라"〔ⓛ〕고 하였고, 『대지도론』에 "가섭과 아난이 3장을 결집하고 문수와 미륵이 대승장을 결집하였다. 그런데 어떤 사람이 '아난은 왜 붓다에게 반야바라밀을 부촉 받고도 3장을 결집하면서 대승을 결집하지 않았는가' 하는 의문을 제기한다. 이에 대해 다시 답변하면 다음과 같다. '소승인은 대승의 가르침을 받아들이지 않기 때문에 소승장 안에 대승을 결집할 수 없었다'"라고 하였다.23)

　셋째 논서를 지을 때에는 붓다가 설한 경전을 인용한다. 예를 들어 용수가 대승을 풀이할 때는 대승경전을 인용한 것과 같다. 하리발마는 오직 소승경전을 풀이하면서 오직 소승의 경전을 증거로 삼았다. 『성실론』 202품은 모두 사부의 아함경을 탐구한 것으로, 16권에 수록된 문장을 통틀어서 대승경전을 인용한 적이 없기 때문에 소승논서이다.24)

　넷째 어떤 사람은 "『성실론』이 소승을 풀이함에 있어서 대승을 함께 밝히고 있다는 점을 허용하지 않는다면, 삼론도 대승을 풀이함에 있어서 소승을 함께 밝히는 점을 허용하지 말아야함에도 불구하고, 삼론에 대해서는 대승과 소승을 모두 밝힌다고 주장하는 것을 오류이다"라고 비판한다. 불교 경전에는 소승과 대승의 두 가지가 있는데, 대승을 밝히면 반드시 소승이 함께 밝혀지지만, 소승을 밝힌다고 해서 대승이

---

23) 앞의 책(대정장45, p.3c), 「依論徵第二 成實文云 諸比丘異論種種 佛皆聽故 我欲正論三藏內實義 訶梨自云 正論三藏 故知 成實理是小乘…… 智度論云 迦葉阿難 結集三藏 文殊彌勒 集大乘藏 外人問云 何故 不於三藏內 集大乘耶 論主答云 小乘不受大 不應小內而集大 以此推之 但是小乘耳.」 본문 인용경론: ㉠『成實論』(대정장32, p.239a). ㉡『法華經』(대정장9, p.37b).
24) 앞의 책(대정장45, p.4a), 「無大文第三 原夫作論 皆引佛言 如龍樹釋大 而還引大經 訶梨解小經 唯將小證 二百二品 並探四阿含 十六卷文 竟無方等 以此詳之 即可知矣.」

함께 밝혀지지는 않는다. 그러므로 대승경의 첫머리에는 소승에 소속된 대중이 있어도 소승경의 첫머리에는 보살승이 없다. 대승을 개시하면 능히 소승을 포괄하지만 소승은 대승을 함유하지 못한다. 불교 경전이 이미 그러하기 때문에 논서도 또한 그러하다. 대승의 논서는 소승을 겸해서 밝히지만 소승의 논서는 대승을 겸해서 밝히지 못한다. 붓다가 대승과 소승을 설한 뜻이 이렇게 나뉘는데, 붓다의 제자인 하리발마의 논서가 소승을 풀이하면서 대승을 함께 밝힌다고 한다면, 그것은 있을 수 없는 일이다. 만일 소승을 풀이하면서 대승이 밝혀지고 대승을 풀이하면서 소승이 밝혀진다고 한다면, 대승과 소승이라는 명칭으로 구별할 필요가 없다.25)

다섯째 『성실론』에서도 『반야경』에서와 같이 인법이공을 밝힌 곳이 많이 있고,26) 『반야경』에도 『성실론』처럼 사제의 평등한 모양을 설한 곳27)이 있다. 이러한 관점에서 『성실론』도 대승을 탐구하여 소승을 풀이한 논서라고 주장하는 사람이 있다. 사부의 아함경에도 인법이공을 밝히는 글이 있는데, 『성실론』에서 밝힌 이공은 바로 이 3장에서의 이공을 풀이한 것이다. 마치 『사리불아비담론』에서도 이공을 밝혔지만 이것은 소승일 뿐 대승이 아닌 것과 같다. 왜냐하면 『사리불아비담론』은 붓다의 소승교설에 의거한 저술이기 때문이다. 붓다가 이미 소승의 가르침을 펼쳤는데, 그것에 의해서 대승의 가르침을 낸다는 것은 가능

---

25) 앞의 책(대정장45, p.4a), 「有條例第四 問 若成實釋小 不許兼明於大 亦應三論解大 不應兼明於小 答 義有條例 不應相濫 佛經有二 一者 小乘 二者 方等若明大乘 必兼辨小 若辨小乘 不兼明大…… 大乘之論 兼明小乘 小乘之論 不兼明大 若弟子之論 探大釋小 如來之經 義亦應然 則巨細互兼 何名大小.」

26) 『成實論』「立假名品」(대정장32, p.327a)에 가명심(假名心)과 법심(法心)과 공심(空心)의 멸(滅)을 논하고 오온(五蘊)으로 이루어진 중생의 공(空)과 제법(諸法)의 공(空)을 설명하였다.

27) 『大品般若經』「四諦品」(대정장8, p.412a)에 고(苦), 고지(苦智), 집(集), 집지(集智), 멸(滅), 멸지(滅智), 도(道), 도지(道智) 등이 없는 것을 사제평등상이라고 하고 이것에 의해 열반에 도달할 수 있다고 하였다.

하지 않다.28)

여섯째 보통 인공(人空)을 밝히고 법공(法空)을 밝히지 않은 것은 소승, 인법이공을 밝힌 것은 대승이라고 하여 구별한다. 그런데 삼론에서는 성실에서 인법이공을 밝혔음에도 불구하고 이를 소승이라고 규정하였다. 그렇다면 대승과 소승을 구별하는 기준은 무엇인가하고 의문을 갖는 사람들이 있다. 새로운 기준을 제시한다면 동일하게 이공을 밝힌다고 하더라도 그 내용에 있어서 다음과 같은 차이가 있다. ¹소승은 법을 분석하여 공을 밝히는데 대승은 본성이 공적(空寂)함을 밝힌다. ²소승은 단지 3계 내의 인법이공을 밝혀서 공의 뜻이 천박하지만, 대승은 3계 내외의 인법이공을 밝히니 공의 뜻이 심오하다. ³소승은 단지 공을 밝히고 불공(不空)을 설하지 않지만 대승은 공을 밝히고 불공을 설한다. 『열반경』에 "성문인은 단지 공을 보고 불공을 보지 못한다. 지혜로운 이는 공과 불공을 본다. 공은 일체생사이고 불공은 대열반이다"라고 하였다. ⁴소승은 단공(但空)이라 하니, 단지 공에 머문다. 보살은 불가득공(不可得空)이라고 하니, 공도 또한 불가득이다. 이렇게 공의 뜻이 다르기 때문에 『성실론』이 비록 이공을 밝히고 있지만 그 공의 내용에 있어서 소승이라고 하는 것이다.29)

일곱째 용수는 『대지도론』에서 "붓다의 제자 가운데 공을 가장 잘 이해했던 수보리가 증득한 이공도 보살의 이공에 비교하면 터럭 속의 허공과 시방의 허공의 크기를 비교하는 것만큼 큰 차이가 난다"30)고

------

28) 『三論玄義』(대정장45, p.4a), 「迷本宗第五 問 成實論文 盛辨生法二空 與大品 明四諦平等 義旣無異 故知 應是探大釋小 答 四阿含敎內有二空 論明二空 則還 釋三藏 云何乃言探大解小.」

29) 앞의 책(대정장45, p.4a), 「分大小第六 問 小明一空 大辨二空 可有差別 旣同其二空 大小何異 答 雖同辨二空 二空不同 略明四種 一者 小乘拆法明 空 大乘本性空寂 二者 小乘但明三界內人法二空 空義卽短 大乘明三界內外 人法並空 空義卽長 三者 小乘但明於空 未說不空 大乘明空 亦辨不空…… 四者 小乘名爲但空 謂但住於空 菩薩名不可得空 空亦不可得也 故知 雖明二 空 空義有異 故分大小.」 본문 인용경전: 『涅槃經』(대정장12, p.523b).

하였다. 이것에 근거할 때 소승공은 천박하고 대승공은 심오하여 차이가 있다. 『성실론』에서 밝힌 공은 성문공이고 보살이 증득한 공은 아니다.31)

여덟째 『법화경』「신해품」에 "네 분의 대성문이 스스로 증득한 공을 서술하여 말했다. 우리들은 긴긴 밤에 공법을 닦아 익혔다. 그리하여 생도 없고 멸도 없고 소승도 없고 대승도 없으며 번뇌도 없고 행위도 없으며, 붓다의 지혜에 대해 탐욕하여 집착하는 일도 없었다"〔㉠〕라고 하였다. 『성실론』에서 밝히는 것은 바로 대성문이 밝힌 공과 같은 것이니, 그러므로 대승이라고 할 수 없다. 『법화경』에서 성문이 설한 공의 내용을 구체적으로 살펴보면 다음과 같다. 성문은 공을 증득하였을 뿐, 공에 나아가서 유(有)를 관찰하고 유에 나아가서 공을 관찰하지는 못하였기에 상즉(相卽)의 뜻이 없다. 그리고 『성실론』에서 설한 공도 또한 상즉의 뜻이 없다. 상즉이란 공과 유를 아울러 관찰하는 것〔並觀〕인데 『성실론』에는 이 뜻이 없다. 소승에 상즉의 뜻이 없음은 용수가 『대지도론』에서 "소승 내에서는 생사가 곧 필경공임을 밝히지 않았고 오직 대승에서만 이것을 설하였다"〔㉡〕고 한 것에서 알 수 있다.32)

아홉째 『열반경』에 "성문과 벽지불이라는 소승의 마음에 의지하여, 보시의 실천과 그 의의를 보지 않는다면, 이것은 계율을 파괴하는 것이고 삿된 견해를 일으키는 것이다"라고 하였다. 소승인은 공관(空觀)을 증득하여 들어가, 보시의 실천과 그 의의를 보지 않음으로써 대승의 실천행을 파괴하

---

30) 『大智度論』 권79(대정장25, p.618b).

31) 『三論玄義』(대정장45, p.4b), 「格優降第七 龍樹釋般若累教品云 善吉觀生法二空 欲比菩薩二空 譬如毛孔之空 比十方空 卽小空爲淺 大空爲深 成實所明 但是聲聞空 非大士所得耳.」

32) 앞의 책(대정장45, p.4b), 「無相卽第八 法華信解品云 四大聲聞 自述所得空云 我等長夜 修習空法 無生無滅 無小無大 無漏無爲 於佛智慧 不生貪著 成實所辨 與此全同 故知非大也…… 答 釋論云 小乘內不明生死卽畢竟空 唯大乘乃説 故知爾也.」 본문 인용경론: ㉠ 『法華經』(대정장9, p.18b). ㉡ 『大智度論』 권19(대정장25, p.197c).

니, 그러므로 계율을 파괴하는 것이라고 하였다. 또한 대승적인 깨달음을 무너뜨리기 때문에 삿된 견해라고 하였다. 『성실론』에서도 "보시의 실천과 그 의의를 보지 않는 것이 진실한 법공(法空)이다"라고 하고, 이것을 궁극적 진리로 보고 있다. 대승을 추구하고자 하면 소승의 마음을 일으켜서는 안 된다. 그런데 『성실론』은 소승인의 마음에 의지하여 보시를 설하기 때문에 대승의 깨달음과 실천을 모두 손상시켰고, 따라서 소승이라고 판정할 수 있다.33)

열 번째 405년 크샤트리아족 출신의 인도인이 배를 타고 장안에 왔다. 라집이 대승을 가르친다는 소문을 듣고 찾아와 『중론』에 대해 질문하면서 그를 시험하였다. 라집이 그의 질문에 명쾌하게 답변하자 감탄하면서 라집에게 말했다. "인도에 있을 때 여러 논사들이, 계빈국의 소승학자 구마라타가 스스로를 밝은 달이 세상을 비추는 것과 같다고 하였는데, 그 지혜는 한쪽에 치우쳤고 재주도 빼어나지 못한 사람이 자신을 이렇게 말하는 것을 보고 모두 이상하게 생각하는 것을 들었다. 제자 하리발마는 스승이 뛰어난 재주를 가지고도 오히려 스스로를 손상시키고 훌륭한 지혜를 가지고도 스스로 병을 만들었음을 애석하게 여겨 『성실론』을 지었다. 이 논서에서 유법(有法)의 진실을 밝히고 그 진실에 의거한 가(假)를 밝혔으니, 그래서 이 논서를 『성실론』이라고 한 것이다". 이렇게 인도에서 온 사람이 직접 하리발마의 스승이 소승학자였다고 전하였으므로 그도 또한 소승학자임을 알 수 있다.34)

---

33) 앞의 책(대정장45, p.4b), 「傷解行第九 涅槃經云 若以聲聞辟支佛心 言無布施 是卽名爲破戒邪見…而成實 明不見布施 是實法空 以爲宗極 欲爲大乘勿起小心也.」 본문 인용경전: 『涅槃經』(대정장12, p.507a).

34) 앞의 책(대정장45, p.4b), 「檢世人第十 秦弘始七年 天竺有利利 浮海至長安 聞羅什作大乘學 以正觀論等 諮而驗之 什公爲其敷折…… 而訶梨 惜其師 以才自傷 以智自病 故作此論 以辨有法之實 明其依實之假 故以成實爲名 用天竺利利之言驗之 跋摩師資 皆小乘學也.」

③ 길장의 성실관(成實觀)에 대한 비판적 검토

첫 번째 부분에 인용된 『성실론』의 문장은 현재 이 논서에서 찾을 수 없다. 다만 본 논서의 「색상품(色相品)」, 「색명품(色名品)」, 「사대가명품(四大假名品)」, 「사대실유품(四大實有品)」, 「비피증품(非彼證品)」 「명본종품(明本宗品)」 등에서 비담이 사대(四大)를 실(實)이라고 한 것에 대한 비판을 전개하고, 색·향·미·촉 등의 네 가지 극미(極微: 四塵)가 '실'이라고 하였기 때문에 이 문장이 하리발마의 입장이라는 점은 분명하다. 승예는 이러한 하리발마의 주장이 소승의 비담을 파척하는 뜻을 가졌다는 점에서는 그 성과를 인정하지만, 대승의 교설과 비교할 때는 궁극적 진리라고 할 수 없음을 주장한 것이다. 그러나 어떤 점에서 차이가 있는지는 구체적으로 밝히지 않았다. 라집은 성실을 대승이라고 보는 사람의 천박한 견해에 탄식을 금치 못하면서 중도로 말미암지 않았기에 대승이 아니라고 하여, 보다 구체적으로 문제점을 지적하였다. 그러나 앞에서 이미 보았듯이 『성실』도 또한 중도를 밝힌다. 다만 중도의 내용에 있어서 차이가 있는 것이지 중도를 밝히는지의 여부는 차이의 근거가 되지 못한다. 따라서 라집의 말도 또한 구체적인 차이점을 명백하게 드러내지는 못하였다고 볼 수 있다. 여기에서 이러한 구체적인 차이가 문제가 되지 않는 것은 길장이 승예와 라집의 말을 인용한 의도가 그들이 밝힌 차이성을 드러내기 위한 것이 아니기 때문이다. 길장은 라집은 『성실론』의 번역자이고, 승예는 『성실론』을 최초로 중국에서 강의한 강연자라는 지위에 있음을 강조하고, 이렇게 권위 있는 두 사람이 모두 『성실』을 소승이라고 하였다는 점을 들어 소승임을 주장하려고 하는 것이다. 그렇다면 여기서 논의된 내용을 이치적으로 따지는 것은 무의미하다. 다만 성실을 옹호하는 입장에 선 사람이라면 이 부분에 대해서는 권위에의 호소에 의한 오류라고 하는 비판을 할 수 있을 것이다.

둘째 부분에서 하리발마 자신이 "3장의 실(實)을 밝히겠다"고 한 점

에서 『성실론』은 통틀어서 소승을 설하는 논서라고 주장하였다. 3장이
라는 용어는 반드시 소승에 국한되지 않고 대승 3장을 일컫는 말로도
사용된다. 물론 본 논서에서 하리발마는 보살장이라는 용어를 별도로
사용하고 있기 때문에 3장은 현재 사용되는 의미에서 볼 때 소승 3장
에 국한되는 것으로 볼 수 있다.35) 그러나 하리발마는 본 논서에서 3
장만이 아니라 잡장(雜藏)과 보살장 등도 인정한다. 특히 보살장은 「육
삼매품(六三昧品)」에서 정의에 위반되지 않는 증명처로 삼고 있다.36)
『성실론』에 "묻는다. 성문부의 경전에는 단지 성문의 설이 있고 또한
나머지 경전37)에는 여러 천신(天神)이 말한 것이 있다. 너는 무엇 때
문에 오직 붓다의 설이라고 하는가. 답한다. 이 법의 근본은 모두 붓다
에게서 나왔다. 여러 성문과 천신 등은 모두 붓다의 말씀을 전한 것이
다. 율장38)에서 '붓다의 법은 붓다가 설한 것, 제자가 설한 것, 변화신
(變化身)이 설한 것, 여러 하늘이 설한 것을 이름한 것이다'라고 한 것
과 같다. 요점을 취해서 말해 보면, 일체세간에 존재하는 선어(善語)는
모두 붓다의 교설이니, 그러므로 독법(獨法)이라고 한다"39)고 한 것은
하리발마의 경전관을 잘 드러낸다고 하겠다. 그는 보살장이든 3장이든

---

35) 그러나 『成實論』 I p.40 주2)에서는 여기에서 3장이라는 용어를 붓다
의 교설 전반을 일컫는 의도가 있을 것이라고 보았다. 별도의 해명이 없
기에 그 이유는 알 수 없지만, 필자는 하리발마의 의도를 고려한 해석을
한다면 그리 무리한 것이라고 할 수 없을 것으로 생각한다. 아래 서술이
이를 증명할 수 있을 것이다.
36) 『成實論の研究』 제4장 「所屬の學派」 p.28. 『成實論』 권12(대정장32, p.
338c), 「汝言此經違正義者 是事不然 汝言何故不能超至四者 菩薩藏中 說
超越相 從初禪起 入滅盡定 從滅盡定起 乃至入散心中 以心力大故 能如是.」
37) 『成實論』 1 p.60 주7)에 대승경전을 가리킨다고 하였다.
38) 『五分律』 권10(대정장22, p.76c)에 "法者 佛所說 聲聞所說 仙人所說 諸
天所說 及一切如法說者"라고 한 부분을 일컫는 것으로 생각된다.
39) 『成實論』 권1 「三善品」(대정장32, p.243b), 「問曰 有聲聞部經 但聲聞說 又
有餘經 諸天神說 汝何故言獨佛說耶 答曰 是法根本 皆從佛出 是諸聲聞 及天神
等 皆傳佛語 如比尼中說 佛法 名佛所說 弟子所說 變化所說 諸天所說 取要言
之 一切世間所有善語 皆是佛說 故名獨法.」

그 뜻이 올바르게 전해졌는지의 여부를 살피는데 주력할 뿐이다. 따라서 특히 3장을 지목한 것은 본 논서 전체에서 일관되게 '오로지 3장이라는 범주에 한정하여 3장이 가진 실의를 드러내겠다'는 뜻이 아니라, 기존의 소승부파들이 주된 의지처로 삼는 대상으로서의 3장을 표적으로 하여 그에 대한 잘못된 견해를 물리치고 3장이 지닌 올바른 뜻을 드러내려는 것을 근본목표로 삼겠다는 뜻으로 볼 수 있다. 3장은 그 자체가 중요한 것이 아니고, 잘못된 견해의 의지처로서 중요한 의미를 갖는 것이다. 따라서 보살장을 하리발마에게 있어서 실의 범주에서 벗어나는 것으로 볼 수 있는 근거는 없다. 따라서 길장의 비판을 전적으로 타당하다고 볼 수만은 없다.

셋째 부분에서는 성실이 오로지 소승경전 만을 자신의 주장을 보증하는 증거로 삼는다고 하였다. 그러나 이미 앞에서 보았듯이 하리발마는 소승만을 불설(佛說)이라고 보지는 않는다. 그가 소승경전을 자주 사용한 것은 사실이지만,[40] 그것은 그가 파척하려는 대상이 소승인 것에서 연유한 것으로 보인다. 『성실론』「육삼매품」에서 특정한 경전의 명칭을 지목하지는 않았지만, 보살장을 자신의 주장을 지지하는 근거로 삼는 것[41]과 제바의 『사백론』을 인용하고 있는 점 등은 길장의 주장에 대한 하나의 반증이 된다. 따라서 이 주장도 또한 부분적으로만 타당하다.

넷째 부분에서는 『성실론』이 소승을 풀이하여 이것에 깃든 대승적인 의미를 드러내려고 하는 논서라는 주장에 대한 비판이다. 소승과 대승

---

40) 복원량엄(福原亮嚴)은 『성실론』에 인용된 경론은, 경전 70부, 논서 4부, 외도의 서적 3부 등이라고 하였다. 70부의 경전 가운데에는 오늘날 그 서적과 내용이 모두 전해지지 않는 것이 많기 때문에 전적으로 소승경전이라고 단정할 수는 없지만 현재 전해지고 있는 경전들은 대부분이 소승경전이다. 논서는 『사백관』을 제외하고는 모두 유부의 논서이다(『成實論の研究』 제3장 「引用の經論」, pp.18~24).

41) 『成實論』(대정장32, p.338c).

은 본래부터 그 기능이 다르다. 소승은 소승의 근기를 가진 사람들을 가르치기 위해 설해진 가르침이고 대승은 대승의 근기를 가진 사람들을 가르치기 위해 설해진 가르침이다. 따라서 큰 그릇엔 작은 그릇이 들어가도 작은 그릇엔 큰 그릇이 들어갈 수 없는 것처럼, 대승은 소승의 뜻을 내포해도 소승은 대승의 뜻을 내포할 수가 없다. 그런데 하리발마가 소승3장 속에서 대승적 의미를 드러낸다는 것은 있을 수 없는 일이라는 것이다. 그러나 앞의 교판론에서 이미 보았듯이 3장도 붓다의 가르침인 한은 그것을 통해서 불도에 들어가는 길은 열려 있다는 것이 길장의 사유방식이다. 그럼에도 불구하고 자신에겐 허용된 것을 하리발마에게서는 허용하지 않는 것은 타당하지 않다.

다섯째 부분에서는 『반야경』에 소승경전에서 나온 사제설을 밝힌 것이 있듯이 『성실론』에도 반야계경전의 사상으로 알려진 인법이공사상이 있기 때문에, 『성실론』을 대승에 의해 소승을 풀이한 논서라고 보아야 한다는 주장에 대한 비판이다. 길장은 『사리불아비담론』에도 이공설이 나오지만 이 이공설은 사부 아함경의 이공설에 의지한 것이기 때문에 대승이 아닌 것처럼, 『성실론』의 이공설도 그 출처가 소승이라고 하여 이공이 의지하는 경전의 차이에 의해 『성실론』을 소승으로 규정한다. 이러한 길장의 태도는 넷째 부분과 유사한 맥락에서 비판될 수 있다. 여기서 이공의 구체적인 차이점은 밝히지 않았다.

일곱 번째의 경우도 대승공과 소승공은 하늘과 땅처럼 차이가 있는 것이라고 한 후, 『성실론』이 소승공이라고 할 뿐, 그 구체적인 이유는 밝히고 있지 않다. 여섯 번째 부분과 여덟 번째 부분은 공의 내용에 있어서 성실과 삼론의 차이를 구체적으로 밝힌 것이다. 길장은 성실의 이공이 소승을 대표하는 유부의 인공법유보다는 차원이 높지만 역시 대승의 공과는 다른 것이기 때문에 소승이라고 규정한다. 그 자세한 내용은 뒤에서 서술하기로 한다. 아홉 번째 부분의 내용은 너무나 소략하여 이해하기 어렵다. 우선 여기서 인용된 『열반경』의 본문에 해당

130

하는 부분은 다음으로 추정된다.

> 어떤 것을 보시를 하는 사람과 그것을 받는 사람이 모두 청정하지
> 않다고 하는가. 보시를 하는 사람과 그것을 받는 사람이 모두 계행
> 을 파괴하고 사견에 집착하여 보시와 보시의 과보가 없다고 하는
> 것이다. 만일 그렇다면 어찌하여 다시 이러한 사람이 모두 청정한
> 과보를 얻는다고 하는가. 보시도 없고 보시의 과보도 없으므로 청
> 정하다고 한다. 선남자여, 보시와 보시의 과보를 보지 않으면 이
> 사람은 계율을 파괴하고 사견에 집착한다고 하지 않는다. 그런데
> 성문에 의지하여 보시와 보시의 과보를 보지 않는다고 말하면 이
> 것은 계율을 파괴하고 사견에 빠진 것이라 한다. 『열반경』에 의지
> 하여 보시와 보시의 과보를 보지 않는다고 하면 이것은 계율을 수
> 지하는 것이고 정견(正見)을 지닌 것이라 한다.42)

동일하게 보시와 보시의 과보를 보지 않는다고 하여도, 그러한 말의
근거가 소승에서 비롯된 것인가, 아니면 『열반경』에 근거한 것인가에
따라 파계와 사견이 되기도 하고 지계(持戒)와 정견이 되기도 한다는
기준을 차용한 것이다. 그렇다면 『열반경』에서 이러한 구별을 하는 기
준은 무엇인가. 보시와 보시의 과보를 보지 않는 것은 결국 보시하는
사람과 보시를 받는 사람이라는 차별상을 짓지 않는 것을 의미한다.
이 문장은 보살이 복전과 복전이 아닌 것에 대해 차별상을 짓지 않는
것을 설명하면서 나온 것이다. 특정한 범주를 설정하고 이것이 복전이
라고 한다면 이것은 용렬한 것으로 보살의 마음이 아니라고 한다. 보
살은 모든 중생이 복전이라고 생각하는데, 이것은 복전과 복전이 아닌

---

42) 『涅槃經』 권24 「光明遍照高貴德王菩薩品」(대정장12, p.507a), 「云何名
　　爲二俱不淨 施者受者 破戒邪見 言無有施及施果報 若如是者 云何復言得淨
　　果報 以無施無報 故名爲淨 善男子 若有不見施及施報 當知 是人不名破戒
　　專著邪見 若依聲聞 言不見施及施果報 是則名爲破戒邪見 若依如是大涅槃
　　經 不見惠施及施果報 是則名爲持戒正見.」

것에 대한 차별상을 없앰으로써 도달하는 경지이다.

다음으로 길장이 『성실론』에서 보시를 보지 않는 것이 참된 의미에서의 법공이라고 주장하였다고 한 것에 해당되는 부분은 다음일 것으로 추정된다.

> 또한 세제란 모든 붓다의 교화의 근본이니, 보시와 지계와 과보로서 좋은 곳에 태어나는 것을 말한다. 만약 이 법으로 그 마음을 조유(調柔)한다면 불도의 가르침을 감당할 수 있게 된다. 그렇게 한 후에 제1의제를 설한다. 이와 같이 불법은 처음부터 단박에 깊은 것을 설하지 않는다. 마치 큰 바다와 같이 점점 깊어지기 때문에 세제를 설하고 또한 능히 성취하여 도지혜(道智慧)를 얻으면 이에 실법(實法)을 설할 수 있다.43)

길장은 『성실론』에서 보시와 지계와 그 과보로서 좋은 곳에 태어나는 것을 세제라고 한 것을 제1의제로 가는 준비적 교설에 불과한 것이라고 해석하여, 궁극적 진리인 제1의제에서는 보시를 보지 않는 것을 주장하였다고 파악한 것이다.

이상을 정리하면 『열반경』에서 소승에 근거하여 보시를 부정하면 보시 자체를 부정하는 것이어서 보시를 부정하면서 보시를 향해 나아가는 길이 막혀 버리기 때문에 보시에 대한 진정한 이해〔解〕를 손상시키며, 또한 이러한 이해에 근거할 때 보시라는 실천적 행위는 생기지 않기 때문에 실천〔行〕도 손상시키는 것이라고 하였다. 『열반경』에서는 보시의 자성적 실체를 부정하는 것이지 보시 자체를 부정하는 것이 아니기 때문에, 이 경전에 근거하는 한 보시를 부정한다고 하여도 보시를 향해 나아가는 길이 열려 있고, 따라서 보시의 실천행도 가능해진

---

43) 『成實論』(대정장32, p.327b), 「又世諦者　是諸佛敎化根本　謂布施持戒報生善處　若以此法調柔其心　堪受道敎　然後爲說第一義諦　如是佛法初不頓深猶如大海　漸漸轉深　故說世諦　又若能成就得道智慧　乃可爲說實法.」

132

다. 그런데 『성실론』에서 보시를 부정함은 소승의 관점에 선 것이기 때문에 보시를 향해 열려 있지 않고 폐쇄되어 있다. 따라서 지혜와 실천이 모두 막혀 있다는 것이 길장의 주장이다. 길장은 『성실론』에서는 보시의 공만을 볼 뿐, 불공(不空)을 보지 못하는 점을 지적한 것이다. 그런데 과연 『성실론』은 불공의 관점을 갖고 있지 않는 것인가.

> 어두움으로 인해 밝음의 성품이 있고 불공으로 인해 공이 있다. 색으로 인해 가없는 허공성이 있고, 가없는 허공성 때문에 가없는 식성(識性)이 있으며, 가없는 식성 때문에 무소유성(無所有性)이 있고, 무소유성이 있기 때문에 비상비비상성(非想非非想性)이 있다. 오음(五陰) 때문에 멸성(滅性)이 있다.44)

이러한 불공의 관점이 어떤 이치에 근거한 것인지는 알 수 없지만, 『성실론』은 공이 불공과 인연관계에 있음을 인지한 것은 분명한 것 같다. 다만 그것을 보다 적극적으로 해명하고 있지는 않다는 점에서 대승과 차이가 있을 수도 있다. 그러나 보시의 부정이라는 것이 단순히 성문에 의한 것이라고 단정할 만한 결정적 근거도 없기 때문에 길장의 비판은 전적으로 옳다고 볼 수는 없다.

열 번째 부분은 하리발마가 처음에 구마라타의 제자였으나, 나중에 대중부에 소속된 논사로서 대승을 중시하였던 사람을 스승으로 하여, 그의 가르침에 의해 『성실론』을 지었다고 하는 역사적 사실을 방기함으로써 가능한 비판이다. 전적으로 그릇된 것은 아니지만, 일부의 사실만을 부각시킴으로써 반증가능성이 있는 다른 사실에 대한 고의적인 왜곡이 발생했음을 부인할 수 없다.

이상의 고찰에 의해, 길장이 『성실론』을 소승논서라고 규정하는 논

---

44) 앞의 책(대정장32, p.340a), 「因闇故有明性 因不空故有空性 因色故有無邊虛空性 因無邊虛空性故有無邊識性 因無邊識故有無所有性 因無所有故有非想非非想性 因五陰故有滅性.」

리가 전적으로 올바른 것은 아님을 알 수 있다. 그렇지만 『성실론』이 소승적인 요소를 그 안에 내포하고 있는 것도 역시 사실인 한에 있어서 이것을 대승이라고 주장하는 것은 길장이 소승이라고 주장하는 것보다 더욱 큰 오류를 범하는 일이 될 수도 있다. 여기서는 다만 『성실론』은 전적으로 소승이라고 하는 길장의 논리가 지닌 부분적인 오류가능성을 지적하는데서 그치기로 한다.

『성실론』에 대한 길장의 논의가 타당한 것인가의 여부를 규정한다는 것은 지난한 일이다. 중국불교사상사에서도 오랜 동안 성실의 공은 대승공(大乘空)과 다르지 않은 것으로 여겨져 왔다. 삼론에 의해 성실의 공이 소승을 벗어나지 못하였다는 판정을 받았고, 천태 등을 비롯한 중국의 여러 논사들이 이어서 함께 성실을 소승이라고 규정한 이래로 성실은 별다른 사상적 저항의 과정 없이 역사의 무대에서 사라졌다. 삼론에 의해 반야공에 대한 완전한 이해가 가능해지면서 반야공 자체에 대한 이론적 논의보다는 그것을 체득하기 위한 다양한 방법론을 개발하는 일이 더욱 중요한 과제로 등장했기 때문에, 성실을 위한 변명의 기회는 주어지지 않은 것으로 보인다.

그러나 현재의 학자들 가운데 일부는 『성실론』이 대승적인 요소가 많이 있음을 밝히고 있다.45) 『성실론』의 공과 삼론의 공의 동질성과 차이성을 밝히는 것은 이렇게 간단한 일이 아닌 것이다. 이 책에서는

---

45) 도엽원성(稻葉圓成)은 「龍樹と訶梨跋摩の空思想に就て」라는 논문에서 "두 사람 사이에는 대승과 소승이라고 명료하게 구별할 수 있는 사상적 차이가 없다. 용수가 팔불에 의해서 드러낸 공사상과 하리발마가 무아(無我)에 의해서 드러낸 공사상은 서로 통하는 점이 있다. 다만 『성실론』에는 '생사가 곧 열반'이라고 하는 것과 같은 『중론』에 자주 보이는 적극적인 실상론의 그림자가 희박하다는 점에서 차이가 있을 뿐이다"라고 하였다(福原亮嚴, 『成實論の硏究』 제4장 「所屬の學派」 제7절 「大乘とする說」 p.40의 再引用). 복원량엄은 이 밖에도 『성실론』과 『백론』의 조직을 도시함으로써 『성실론』이 『백론』의 정신을 계승한 논서라는 점을 밝히는 등 다양한 관점에서 대승설이라고 할 만한 증거를 제시하였다(福原亮嚴, 앞의 책, pp.40~49).

성실에 대한 길장의 비판의 타당성 여부에 대한 세부적인 고찰은 하지 않는다. 다만 길장의 비판에 나타난 의도를 파악하는 것에 중점을 둘 것이다. 이러한 의도를 파악할 때 앞에서 보았던 것과 같은 길장의 부분적인 오류가능성 중의 일부는 해소될 수 있을 것으로 생각된다.

이미 제2장에서 밝혔던 것처럼 길장에게서는 어떤 교설을 밝히는가의 여부가 중요한 것이 아니다. 그 교설이 지향하는 진리의 내용이 중요하다. 첫 번째 부분에서 중도에 의거하지 않았기에 『성실론』은 소승이라고 한 길장의 판단은 단순히 교설로서의 중도가 없음을 말하는 것이 아니라, 중도라는 교설을 밝히고 있더라도 그것이 참된 의미의 중도, 즉 우리로 하여금 실상을 깨닫도록 유도하는 중도가 아니라면 사실상은 중도를 밝힌 것이 아니라는 관점에서 이해해야 한다. 이렇게 본다면 앞에서 길장이 주장한 첫 번째 부분의 내용에 대한 필자의 비판적 검토는 드러난 사실에만 근거한 것일 뿐, 그것이 내포한 의미를 고려하지 않았다는 점에서 오히려 타당성을 상실하게 된다. 아홉 번째 부분에서 『성실론』은 보시의 공만 볼 뿐 불공을 보지 못한다는 길장의 지적에 대해, 공이 불공에 인연한 것이라는 문장이 있는 점을 근거로 하여 행했던 필자의 비판도, 만약 『성실론』에서의 공이 참된 의미에서 불공과 열린 구조 속에 놓여 있는 것이 아니라는 점을 밝힐 수 있다면 문맥에만 얽매인 것으로 비판받을 수 있다.

따라서 길장이 무엇을 참된 의미의 중도라고 보았는가, 무엇을 참된 의미의 인법이공이라고 보았는가, 무엇은 참된 의미의 불공이라고 보았는가 하는 점을 밝히는 것이 무엇보다 중요해진다. 『성실론』과 삼론이 외형적으로는 동일하게 중도, 이제(二諦), 인법이공, 불공 등을 설한다고 하였을 때, 그들의 차별성을 보증해 주는 것은 바로 교설 자체가 아니라 그 교설이 지향하는 진리의 내용일 것이기 때문이다.

④ 성실의 공의(空義)에 대한 비판의 요지

㈀ 『성실론』의 공의

『성실론』은 사제를 중심주제로 한다. 사제 중에 특히 멸제를 중시한다. 멸제를 정의하여 삼심(三心)을 멸하는 것이라고 한 것은 이 논서의 독자적인 것이다.

> 세 가지의 마음을 멸하는 것이 멸제이니, 가명심(假名心), 법심(法心), 공심(空心)이다. 이 세 가지 마음을 어떻게 멸할 것인가. 가명심은 혹은 많이 들은 것을 인연으로 하여 생겨난 지혜로 멸하고 혹은 사유를 인연으로 하여 생겨난 지혜로 멸한다. 법심은 난(煖) 등의 법 가운데에서 공지(空智)로서 멸한다. 공심은 멸진정(滅盡定)에 들어가 멸하거나 혹은 무여열반(無餘涅槃)에 들어가 상속을 끊을 때 멸한다.46)

가명(假名)이란 5음이 합하여 이룬 인법(人法), 4진〔색향미촉〕이 합하여 이루어진 병(瓶) 등과 같은 여러 색법(色法)이다. 이렇게 생겨난 인법, 색법은 고(苦), 공(空), 무상(無常), 무아(無我), 무유자성(無有自性)이기에 가명이라 한다. 그러나 세상사람들은 이 가명을 실유(實有)라고 하는 어리석음에 빠지기 때문에 이것을 가명심이라고 한다. 중생의 번뇌는 가명법을 실유법이라고 오인하는 데서 비롯된다. 무명(無明)을 해결하는 첫걸음은 가명심을 이해하는 것이며, 그것에 의해 가명심을 멸할 것을 주장한다. 이 단계에서는 가명공(假名空)에 중심이 놓여지기 때문에 4진과 5음은 진제로서 인정된다. 그러나 가명

---

46) 『成實論』(대정장32, p.327a), 「滅三種心 名爲滅諦 謂假名心 法心 空心 問曰 云何滅此三心 答曰 假名心 或以多聞因緣智滅 或以思惟因緣智滅 法心 在煖等法中 以空智滅 空心入滅盡定滅 若入無餘泥洹 斷相續時滅.」

심이 비록 사라져도 세인은 도리어 전화(轉化)하여 인법과 색법을 구성하는 5음과 4진을 실법(實法)이라고 여기는데, 이것이 법심이다. 법심은 5음과 4진이 공임을 아는 공지(空智)에 의해서 멸한다. 이 단계에서 앞에서 진제로서 인정된 법에 대해 무아임이 선언된다. 이제 여기에 공심이 남는데 이것도 또한 멸해야 한다. 공심을 멸하는 데는 이미 서술했듯이 두 가지 방법이 있다. 멸진정에 들어가면 연(緣)이 멸하기 때문에 멸하고, 무여열반에 들어가 상속을 끊을 때는 업이 다하기 때문에 멸한다. 열반에 들어간 후에 일체의 번뇌업은 모두 멸하여 후유(後有)를 받지 않고, 이 공리(空理)를 체득한 마음은 또한 다시 머물지 않으니 이것을 멸공심(滅空心)이라 한다. 결론적으로 "세 가지 마음을 멸하였기 때문에 모든 고통에서 영원히 벗어난다. 그러므로 지혜로운 자는 응당 세 가지 마음을 멸해야 한다"47)고 한다. 하리발마의 삼심설은 가명과 법의 존재를 구별하는 것에 의의가 있는 것이 아니고, 제법에는 자상(自相)이 없다고 하는 공의 뜻을 드러내는데 의의가 있다. 그런 의미에서 유부의 자성개념에 대항하여 제법은 자성적 실체가 없다고 주장한 『반야경』과 용수의 공사상에 근거하고 있음을 알 수 있다.48)

이렇게 하리발마는 인법이공을 주장하였고, 다시 "공으로 5음공을 보고 난 후엔 다시 일공(一空)으로 이 공의 공을 보니 이것을 공공(空空)이라 한다. 무원(無願)으로 5음을 싫어하고 근심스러운 것으로 여기며, 다시 무원으로 이 무원을 싫어한다. 무상(無相)으로 5음이 적멸함을 보고 다시 무상으로 무상을 취하지 않는다"49)고 하여 공심으로부터도 벗어날 것을 주장하였다. 그의 공에 대한 이해가 중도에 기초

---

47) 앞의 책(대정장32, p.334b), 「滅三心故 於一切諸苦 永得解脫 是故 智者 應滅三心.」

48) 宮下晴輝, 「イント佛敎における『成實論』」(荒牧典俊 編著 『北朝隋唐佛敎思想史』, 京都., 法藏館, 2000), p.535.

49) 『成實論』(대정장32, p.335c).

한 것임을 다음의 글에서 알 수 있다.

> 이제가 있으니 제1의제 유아(有我)를 설하면 이것은 신견(身見)이
> 다. 만약 세제 무아(無我)를 설하면 사견(邪見)이다. 만약 세제이
> 므로 유아, 제1의제이므로 무아라고 하면 이것은 정견이다. 또한
> 제1의제이므로 무(無)를 설하고 세제이므로 유(有)를 설하면 변견
> (邊見)에 떨어지지 않고 중(中)을 보니, 이와 같으면 유・무의 두
> 가지 언어가 모두 통한다.50)

역대 『성실론』을 대승이라고 주장한 사람은 모두, 이 논서가 공・유
를 벗어날 것을 추구하는 것을 근거로 든다. 이와 같다면 길장은 또한
무엇으로서 성실을 편공(偏空)이라고 하고 붓다의 중도의 입장에 어긋
난다고 했을 것인지에 대한 의문이 생겨나지 않을 수 없다.

㈖ 『성실론』의 공의(空義) 비판에 대한 비판적 검토

여섯째 부분과 여덟째 부분을 중심으로 길장의 『성실론』 비판에 나
타난 궁극적인 의도를 살펴보기로 한다.

여섯 번째 부분에서 「소승은 법을 분석하여 공을 밝히는데, 대승은
본성이 공적함을 밝힌다」고 하였는데, 여기에서 「법을 분석하여 공을
밝힌다」는 것은 다음과 같은 의미이다. 제법을 미분자로 축소하고 다
시 그것을 극소화한 원자로 축소하며 이러한 과정을 되풀이함으로써
결국 첫째의 대상과는 완전히 성격이 다른 극미에 이른다. 그런데 성
실은 여기에서 더 나아가 이 극미 마저도 쪼개면 완전히 무(無)인 상
태에 이른다고 한다. 그리하여 마침내 모든 것이 무로 돌아가는데, 이

---

50) 앞의 책(대정장32, p.316c), 「有二諦 若說第一義諦有我是爲身見 若說世諦無我
　　是爲邪見 若說世諦故有我 第一義諦故無我 是爲正見 又第一義諦故說無 世諦故說
　　有 不墮見中 如是有無二言皆通.」

것이 제1의로서의 무이고 공이라는 것이다. 이것을 석공관(析空觀), 파괴된 공, 또는 추상화된 공이라고 한다.

이러한 『성실론』의 공관은 결국 유부철학이 공관을 성취하는 방식을 답습하고 있는 것으로 보인다. 유부철학은 인(人)을 구성하는 요소들을 분석하여 법이라는 불변의 실체를 찾아내었다. 이것은 인연연기의 실상을 '화합'이라는 관점에서 해석하여, 화합에 의해 형체가 드러나는 것은 공이지만, 화합의 요소가 되는 최소의 단위, 즉 유자성(有自性)의 실체는 실재한다는 입장을 보이는 것이다.

대승불교에서는 인연연기를 상호의존성으로 파악하여 인(人)이 법의 인연연기의 산물이라면, 법 또한 인(人)과의 인연연기에 의해 비로소 의미를 지니므로 법도 공한 것임을 밝혔다. 이러한 대승의 입장에서 보면 유부철학이 파악한 인(人)의 공성이란 결국 참된 의미의 공이 아니고, 사실상 법뿐만이 아니라 공에도 미혹된 것이다. 마찬가지로 『성실론』의 인법이공은 비록 법의 공성을 밝혔다고 하더라도, 유부철학이 인(人)을 분석하여 공성을 찾은 것처럼 법을 분석하여 공성을 찾은 것이니, 이것 역시 인연연기의 참된 의미를 파악하지 못한 것이다.

그렇다면 이러한 의미의 공이 문제가 되는 것은 무엇 때문인가. 성실의 석공관은 주옹이 「삼종론」에서 시설한 이제에 대한 세 가지의 견해 가운데, 공가명(空假名)에 해당한다. 이 공가명에 대한 길장의 비판을 통해서 그 의의를 알아보기로 한다.

> 공가명이란, 일체의 제법은 여러 가지의 인연이 화합하여 성립된 것이니, 이로 말미암아 형체가 있음을 세속제라 한다. 이렇게 제법을 산출한 연(緣)을 하나하나 분석하여 형체를 구하려고 하여도, 얻을 수가 없는 것을 진제라 한다.[51]

---

51) 『中觀論疏』 권2말(대정장42, p.29b), 「空假名者, 一切諸法, 衆緣所成, 是故有體, 名爲世諦. 折緣求之, 都不可得, 名爲眞諦.」

법의 가명유를 속제라 하고 제1의공을 진제라고 하는데, 여기서 진제는 속제로서의 가유를 분석하여 공을 구하는 것을 특징으로 한다. 길장은 이러한 공가명에 대해서 다음과 같이 비판한다.

> 먼저 가법(假法)이 있은 후에 이것을 공이라고 하니, 이것은 다시 연이 모이면 존재하고 흩어지면 없다고 하는 것과 동일한 과실을 범하는 것이다.52)

길장은 『성실론』의 입장을 육가칠종(六家七宗)의 제7종인 연회종(緣會宗)과 동일한 것으로 판명한다. 그리고 연회종을 다음과 같이 비판한다.

> 연회종은 다음의 문제점이 있다. 경전에 말하기를, '가명을 무너뜨리지 않고 실상을 설한다'고 하였거늘, 어찌하여 흩어지기를 기다린 후에, 비로소 참된 무(無)가 된다고 하겠는가? 흩어짐으로써 비로소 무가 된다고 한다면 이것은 속세에서 일반적으로 말하는 의미의 없음에 지나지 않는다.53)

『성실론』의 공이란 결국 가명(假名)을 격절한 공이어서, 존재론적인 의미의 '없음'과 동일한 것으로, 허무주의적인 단멸론에 빠지는 것이고, 가명이 그대로 공이라고 하여 일체의 변견을 갖지 않는 대승공과는 구별된다. 성실은 비록 공을 말한다고 해도 이 공은 참된 의미의 공이 아니다. 공성이란 일체의 대상이나 견해에의 집착을 벗어나는 것을 본질로 하는데, 성실의 공의는 법에의 집착을 벗어나기 위해 다시 공견이라는 새로운 집착에 빠지는 결과를 낳는다. 대승공에서 지향하는 공

---

52) 앞의 책(대정장42, p.29b), 「難曰 前有假法 然後空之 還同 緣會故有 推散卽無之過也.」
53) 앞의 책(대정장42, p.29b), 「難云 經不壞假名 而說實相 豈待推散方是眞無 推散方無 蓋是俗中之事無耳.」

과 가(假)의 상즉은 바로 공과 가 모두에 집착하지 않는 마음의 자유
를 증득하게 한다. 만일 공과 가가 격절되어 있다면 공과 가는 각각
자성을 가진 실체가 되어, 집착의 대상이 되고 전오의 계기를 상실하
게 된다. 여기 공가의 상즉을 통하여 가법을 여의지 않은 공을 체득하
는 것이 무득의 경지임이 밝혀진다.54)

3) 방광도인(方廣道人) 비판: 대승의 집착

『삼론현의』에서 대승의 집착에 대한 비판은 크게 둘로 분류된다. 첫
째 기존의 교판론 가운데 가장 대표적인 것인 이교오시에 대한 비판이
고 둘째 이제의 가르침에 미혹된 논사들에 대한 비판이다. 전자는 이
미 앞에서 살펴보았고 본 논의의 전개와 관련이 깊은 것은 후자이다.
길장은 이제의 가르침을 잘못 이해한 논사로 비담, 대승을 배운 사람,

---

54) 이러한 논증에도 불구하고, 『성실론』이 대승인가 소승인가는 오늘날에 이
르기까지 여전히 문제로 남아 있다. 『성실론』 또한 자신의 입장에서는 인
법이공을 밝히고, 이 공이 허무주의적인 공으로 오해될 여지가 있음을 인
식하여 이제설을 도입하기도 하는 등 대승사상이라고 할 수 있는 면을 여
러 면에서 보여준다. 그렇다면 삼론학의 『성실론』 비판이 『성실론』의 입
장에서도 타당한 것인가? 혹시 일부의 견해를 자의적으로 취합하여 재단
한 것은 아닌가? 하는 문제를 검증해 보는 것은 반드시 필요한 일이다.
만일 후자의 입장이 강하게 드러난다면, 삼론학의 비판정신이 갖는 종파
적인 한계가 노출될 것으로 보인다. 이 책에서는 성실론 자체보다는 성실
론을 비판하는 삼론학의 의도가 무엇인가?를 밝혀 보는 것이 목적이므로
이러한 논의는 차후의 과제로 남겨 둔다. 다만 『성실론』을 전적으로 소승
이라고 보는 것은, 『성실론』의 내용이 대승과 소승에 걸쳐 있는 것이므
로, 전적으로 옳다고 할 수는 없지만, 법수(法數)와 그 성질의 연구에 주
의를 기울인다는 점과 파해적(破解的)인 논증방식을 사용한다는 점에서
역시 소승이라고 할 수 있고, 결론적으로 『성실론』의 공관은 존유론적인
의미의 공이요, 삼론학의 공은 행위론적인 공이라는 차이성이 있다고 하
는 주장을 소개하는데 그치기로 한다(廖明活, 『嘉祥吉藏學說』, 學生書局,
1986, pp.33~34).

이제가 일체(一體)인가 이체(二體)인가를 논의하는 사람 등의 셋으로 분류한다. 이 가운데 두 번째는 대승을 배우고도 제대로 이해하지 못한 사람으로 방광도인이라고 명명하였다. 삼론학이 특정교설을 지목하고, 그것을 체계화하여 강조하는 방법으로 정법의 의미를 찾은 것이 아니라, 일체의 대상경계를 깨달음의 계기로 전화시켜 모든 고뇌의 근본인 집착을 끊게 하는 것을 정법이라고 보았을 때, 대승교설이라고 분류된 사상도 비판의 대상이 될 수 있을 것이 예상되는데, 방광도인은 바로 그러한 사고방식을 실제로 적용한 예가 된다.

> 대승을 배운 자를 방광도인이라 한다. 이들은 삿된 공〔邪空〕에 집착하여 가유(假有)를 알지 못하므로 세제를 잃었다. 이미 삿된 공에 집착하여 바른 공에 미혹되었으므로 또한 진제를 잃었다.55)

여기서 삿된 공이란 무엇인가. 왜 방광도인은 대승을 배웠음에도 불구하고 오류를 범하였다고 하는 것일까. 우선 『대지도론』에 나오는 방광도인의 주장을 구체적으로 살펴본다.

> 다시 불법 중에 방광도인이 있어 말하기를 '일체법은 나지도 않고 멸하지도 않으며, 공하여 존재하지 않으니, 비유하면 마치 토끼의 뿔, 거북이의 털이 항상 존재하지 않는 것과 같다'라고 한다.56)

『대지도론』에 의하면 방광도인이란 반야경의 일체개공사상(一切皆空思想)을 허무주의적인 존재론으로 받아들인 사람이다. 길장은 이것을 "아(我)도 없고 법도 없다는 것에 집착하니 공견(空見)이라고 한다"57)

---

55) 『三論玄義』(대정장45, p.6a), 「學大乘者 名方廣道人 執於邪空 不知假有 故失世諦 旣執邪空 迷於正空 亦喪眞也.」
56) 『大智度論』 권1(대정장25, pp.61a), 「更有佛法中方廣道人言 一切法不生 不滅 空無所有 譬如兔角龜毛常無.」

고 정의한다. 그렇다면 그는 이들의 무엇을 문제 삼는 것인가. 허무주의적인 단멸론은 가유로서의 출구를 막아 버리고, 가유로서의 출구가 막혀 버린다면 이때의 공이란 참된 의미의 공이 아니어서 세제와 진제를 모두 상실하고 만다.

> 물음: 방광도인은 대승을 배워 일체법이 생겨나는 것도 없고 멸하는 것도 없이 필경에는 공함을 밝히니 응당 팔불(八不)의 참뜻을 증득하였다고 할 것인데, 어찌하여 진리를 잃은 것이라고 하는가?
> 답변: 팔불에서 무생(無生)이라고 한 것은 인연에 의해 생겨난 것의 무생을 말한 것이니, 생(生)을 무너뜨리지 않고 무생을 설한 것이다. 그러나 방광도인의 무리는 무생에 집착하여 생을 잃어버린다. 이미 무생의 생을 잃었으니 또한 생의 무생도 잃는다. 그리하여 이제를 모두 잃게 된다.58)

『중론』에서 밝힌 불생(不生)은 생(生)을 단절한 의미에서의 불생(不生)을 말하는 것이 아니다. 세제로서의 생(生)이 바로 진제로서 불생(不生)임을 말하는 것이다. 생과 불생은 인연에 의해 가설된 것이어서 서로 여의지 않는다. 그런데 방광도인은 불생이라고 하면 생이라는 눈앞에 드러난 현실과 상반되는 의미의 불생, 곧 전무(全無)를 의미하는 것으로 파악한다. 생은 이 세상에서 결코 부정할 수 없는 존재의 한 형식이다. 그런데 이것을 없애 버린다는 것은 현상적 존재 모두를 부정하는 일이다. 이것은 용수가 비판한 악취공(惡趣空)에 빠진 것일 뿐, 진리의 어느 한 면도 결국 제대로 포착하지 못한 것이다. 여기에서 생과 격절되지 않는 무생, 무생과 격절되지 않은 생을 통해 생과

---

57) 『淨名玄論』(대정장38, p.857c), 「方廣 執無我無法 名爲空見.」
58) 『中觀論疏』(대정장42, p.21c), 「問 方廣道人 學於大乘 明一切法不生不滅 畢竟空 應得八不 云何言失 答 八不無生者 蓋是因緣生無生 不壞生而說無生 而方廣之流 執無生而失生 旣失無生生 亦失生無生 卽俱壞二諦.」

무생의 인연의를 깨닫는 길, 즉 실상을 체득할 수 있는 길이 막혀 버린다.

방광도인에 대한 비판은 인과견(因果見)을 고찰하는 과정에도 나타난다. 『십이문론소』에 "넷째 대승의 방광을 배우는 사람은 세제의 인과(因果)를 없앤다. 다섯째 여러 붓다와 보살이 인과가 없다고 말하는 것은 인과가 완연히 필경공이니, 그러므로 무소득공(無所得空)이라고 한다"[59]고 하였다. 동일하게 무인과(無因果)를 말하더라도, 방광도인의 무인과는 인과를 완전히 부정하는 허무주의적 논리이기 때문에, 인과와의 상의성을 격절하였고 따라서 참된 의미에서 인과가 성립되지 못한다. 이것은 세제의 성립을 막는 것이고, 세제가 성립되지 않는다면 진제 또한 성립될 수 없다. 대승에서의 무인과란 인과를 여의지 않은 무인과이다. 이때의 무인과는 인과로부터의 집착을 벗어나는 계기로서 작용하는 동시에 인과의 도리를 향해 열려진 의식을 갖게 한다. 그리하여 진제는 세제를 손상시키지 않고 세제는 진제를 손상시키지 않는다. 이제가 아울러 실상을 드러내는 작용을 한다. 방광도인에 대한 비판도 또한 가명과 공의 상즉성을 상실함으로써 두 세계의 완연한 긍정의 길을 폐쇄하고, 하나에 집착하는 결과를 낳았다는 점에 그 비판의 초점이 있음을 알 수 있다.

4) 행도지인(行道之人) 비판: 언어를 잃은 자

이상은 『삼론현의』에서 파척의 대상으로 삼았던 것들 가운데 논문의 주제와 관련된 것을 살펴보았다. 제2장에서 길장이 지향하는 것은 집착으로부터의 벗어남에 있다고 하였다. 그렇다면 집착을 가진 모든 것은 파척의 대상이 되고, 따라서 『삼론현의』에 설정된 네 가지의 대상

---

59) 『十二門論疏』(대정장42, p.207b), 「四 大乘學方廣人 謂無世諦因果 五 諸佛菩薩 言無因果者 因果宛然而畢竟空 故名無所得空.」

144

만이 파척의 대상이 되는 것은 아니다. 무수히 많은 대상 가운데 대·소, 내·외를 모두 포괄하려는 목적에서 네 가지를 설정한 것일 뿐이다. 길장의 다른 저술을 보면 이 네 가지 범주 이외에도 무수한 대상이 유소득(有所得)이라는 판정에 의해 파척되고 있음을 알 수 있다. 이 가운데에서 삼론학의 독자성을 보이는 것으로 행도지인에 대한 비판의 내용을 살펴보기로 한다.60) 먼저 '불도를 행하는 사람'이라는 뜻이기 때문에 이름만으로는 유소득의 범주에 들어간다는 것에 의문이 간다.

> 비담, 성실, 유소득대승(有所得大乘), 선사(禪師), 율사(律師), 행도(行道), 고절(苦節) 등과 같은 사람들이 모두 유소득의 생멸단상(生滅斷常)을 지어 중도정관(中道正觀)을 장애하였다. 이미 중도정관을 장애하니, 또한 가명인연(假名因緣)에 의한 무방(無方)의 대용(大用)을 장애한다. 그러므로 한결같이 파척하여 필경에 남는 것이 없다면 실상을 깨닫게 되고, 이미 실상의 체(體)를 깨달으면 가명인연에 의한 무방의 대용을 깨닫게 된다.61)

비담·성실·유소득의 대승·선사·행도·고절 등이 팔불의 교설에 의해 파척되어야 할 대상으로 지목된다. 특히 이 글 만으로는 선사, 율사, 행도, 고절 등은 특히 어떤 학파를 가리키는 것인지, 어떤 측면이 중도정관을 가리우고 가명인연에 의한 무방의 대용을 장애하는 것인지 알 수 없다. 『정명현론』에서 "행도지인은 비도(非道)를 버리고 정도(正道)를 구하고자 함으로써, 결국 도에 얽매이고, 선사는 혼란함을 끊고 고요함을 구하고자 함으로써, 결국 선정에 얽매이며, 학문을

---

60) 이하는 平井俊榮, 『中國般若思想史研究』, pp.406~410을 참조하였다.
61) 『中觀論疏』(대정장42, p.31b), 「若毘曇成實 有所得大乘 及禪師 律師 行道 苦節 如此之人 皆是有所得生滅斷常 障中道正觀 旣障中道正觀 亦障假名因緣無方大用 故一向破洗 令畢竟無遺 卽悟實相 旣悟實相之體 卽解假名因緣無方大用也.」

하는 무리들은 지혜가 있다고 하여 지혜를 구하고자 함으로써, 지혜에 얽매이고 다시 무생관(無生觀)을 익혀서 유소득심(有所得心)을 씻어 없애려고 함으로써 무생(無生)에 속박된다. 이들은 모두 얽매임에 나아가서 얽매임을 벗어나려고 할 뿐이나, 진실로 모두가 속박되어 있는 것임을 알지 못한다"62)고 하였다. 행도지인은 곧 '비도를 버리고 정도를 구하는 사람'이라고 한다. 여기서 다시 '비도'란 무엇이며 '정도'란 무엇인가.

> 앞에 번뇌가 있어서 이것을 끊어 없어지게 한다고 한다. 그러므로 번뇌 위에 유(有)와 무(無)라고 하는 새로운 속박을 일으킨다. 만약 번뇌가 본래 있는 것이 아니고 지금에 이르러 없어진 것도 아님을 알면 이전에 지녔던 미혹이 스스로 사라지고 새로운 병이 일어나지 않는다. 이전에 지녔던 미혹을 없애고 다시 새로운 미혹을 짓지 않으니, 이것을 해탈을 증득하였다고 한다.63)

'비도'란 번뇌, 또는 번뇌의 원인으로 규정되는 모든 것을 일컫는 말이라고 할 수 있다. 불교는 번뇌를 벗어나는 것을 궁극적 목표로 삼기 때문에 번뇌의 원인이 되는 것을 탐구하고, 그것을 파척하는 방법을 찾는다. 그런데 여기서 번뇌를 벗어난다는 것은 번뇌를 완전히 떠나서 다른 세계에 도달한다는 것을 의미하지 않는다. 만일 번뇌가 자성적 실체로서 존재하고, 그것과 완전히 다른 형태의 해탈이 별도로 존재한다면, 번뇌는 영원히 번뇌로 남아 해탈의 계기를 마련할 수 없다. 또

---

62) 『淨名玄論』(대정장38, p.874b), 「行道之人 欲棄非道 求於正道 則爲道所縛 坐禪之者 息亂求靜 爲禪所縛 學問之徒 謂有智慧 爲慧所縛 復云 習無生觀 欲破洗有所得心 則爲無生所縛 並是就縛之中 欲捨縛耳 而實不知皆是 繫縛.」
63) 앞의 책(대정장38, p.874b), 「前云有煩惱 而斷之令無 故於煩惱上 起有無新縛 若能了煩惱本不有今不無 則故惑自消 新病不起 畢故不造新 名得解脫也.」

한 번뇌가 있다고 하는 의식, 그리고 이 번뇌를 없앤다고 하는 의식에 얽매이는 한은 유와 무라고 하는 양극단으로부터 자유를 얻을 수 없다. 번뇌가 그대로 해탈임을 보는 그 자리에서 비로소 참된 의미의 해탈이 이루어진다. 비도와 정도는 분리되는 것이 아니기 때문에 이 둘을 분리하여 하나는 버리고 하나는 취하는 사유방식 속에서는 또 다른 형태의 속박이 발생할 뿐이다. 결국 행도지인은 도를 행한다고 생각하여, 도가 아닌 것들에 대해서 차별상을 짓는 사람을 말한다. 번뇌가 곧 보리임을 인식하지 못한 사람을 말한다. 『유마경의소』에서 비도를 버리고 도를 추구하는 사람은 도와 비도에 대한 차별의식을 갖기 때문에 결코 정도에 도달할 수 없음을 다음과 같이 밝혔다.

> 방편이 없으면 비도는 도와 다르다고 하여, 단지 도를 행하는 것이 도이고, 비도를 행하는 것은 비도라고 한다. 그러므로 도와 비도는 모두 비도를 이룬다. 만약 방편이 있으면 도와 비도가 두 가지 모습이 있지 않음을 체득하여, 단지 도를 행하는 것만이 도가 아니라 비도를 행하는 것도 또한 도라고 한다. 그러므로 도와 비도가 모두 도가 된다.64)

길장은 '비도'를 이렇게 포괄적으로 규정하였지만, 안징은 이것을 보다 구체적으로 "명자(名字)의 이로움을 바라보지 않고 반야도를 배우기 때문에 행도라고 한다"65)고 풀이하였다. 안징에 따르면 비도란 명교(名敎)의 이득을 말하고, 정도란 반야도를 말한다. 따라서 행도지인은 명교의 이익를 바라보지 않고 반야도를 행하는 사람으로 정의한다. 『마하반야바라밀경』에서는 "수보리여, 무소득은 반야바라밀의 모습이다. 무소득은 아누다라삼막삼보리의 모습이다. 무소득은 또한 반야바

---

64) 『維摩經義疏』(대정장38, p.971a5), 「若無方便 謂非道異道 但行道爲道 行非道爲非道 故道與非道 悉成非道 若有方便 休道非道無有二相 非但行道 爲道 行於非道 亦卽是道 故道與非道 悉皆是道.」
65) 『中觀論疏記』(대정장65, p.102b), 「不望名利 學般若道 故行道.」

라밀을 행하는 이의 모습이다. 보살마하살은 마땅히 이와 같이 반야바라밀을 행해야 한다"66)라고 하여, 반야도를 행하는 이의 모습을 무소득이라고 하였다. 반야계의 불교는 실상에 대한 일체의 아견을 타파함을 그 특색으로 한다. 어떤 이론의 성립보다는 기존의 제견해를 부정하는 방식을 갖는다. 이러한 성격이 의해(義解)가 아닌 자해(字解)로서 받아들여질 때 일체의 명교를 부정하는 것으로 오해될 수가 있다. 길장은 무소득의 의미를 드러냄에 있어서 '반야를 행하는 것'이라는 막연한 규정에 그치지 않고, '비도를 버리고 반야를 행하는 것'은 진실한 의미에서 무소득이 아니라고 하였다. 이것은 반야계경전에 의지하여, 명교를 돌아보지 않고 오로지 반야를 행하는 것만을 무소득이라고 함으로써 명교와의 교류를 상실하여 유소득에 빠질 가능성을 경계한 것이다. 안징의 해석이 문장 자체에 대한 바른 해석인지의 여부를 확정할 증거는 없지만, 길장의 의도를 벗어난 것이 아니라는 점은 『중관론소』에 기술된 다음과 같은 글에 의해서 드러난다.

> 물음: 두 부류의 사람이 있다. 첫째 대승에서 설한 무소득의 뜻은 깨달았으나, 여러 논에 설한 명교는 이해하지 못한 사람이다. 둘째 일체의 명교는 정밀하게 알지만 대승에서 설한 무소득의 뜻은 배우지 못한 사람이다. 이 두 사람 가운데 어느 사람이 뛰어난 것인가. 답변: 일반 사람들은 일체의 명교를 아는 사람을 뛰어나다고 한다. 이제 이치로서 논해 보자면 두 사람이 모두 불교의 본지를 상실했다고 할 수 있지만 비교해서 말하자면 앞의 사람이 더욱 뛰어나다. 붓다가 비록 모든 명교를 설했지만 그 뜻은 무소득이라는 한 가지 모양과 한 가지 맛에 있었으니, 이것을 일체의 집착을 여읜 모양, 해탈의 모양이라고 한다.67)

---

66) 『摩訶般若波羅蜜經』(대정장8, p.374a), 「須菩提 無所得 是般若波羅蜜相 無所得 是阿耨多羅三藐三菩提相 無所得 亦是行般若波羅蜜者相 須菩提 菩薩摩訶薩應 如是行般若波羅蜜.」
67) 『中觀論疏』 권2(대정장42, p.32a), 「問 有二種人 一者 悟大乘無所得意 不解

대승의 가르침인 무소득의 뜻을 깨달았으나 언어에 의한 가르침은 이해하지 못한 사람과 언어에 의한 가르침은 잘 알고 있지만 그것이 드러내고자 하는 무소득의 뜻은 배우지 못한 사람의 두 종류의 인간을 들고 그 우열을 논한 것이다. 전자를 반야도를 행하지만 명교는 바라보지 않는 부류의 사람이라고 규정하였던 행도지인과 같은 것으로 볼 수 있는데, 길장은 전자가 후자에 비해 비교우위의 측면이 있음을 주장한다. 명교보다는 그 명교가 지향하는 궁극적인 경지, 무소득이 보다 중시된다는 점을 알 수 있다. 다만 여기서 주목할 것은 이치상으로 볼 때 이 두 가지는 모두 잘못된 것이라는 점이다. 사실상 명교는 무소득을 위한 것이고 무소득은 명교에 의해 도달한다. 명교와 격절된 무소득이란 참된 의미의 무소득이 아니다. 이러한 것을 분류하여 비교우위를 논하는 것은 사실상 불가능하다. 다만 방편상의 분류라는 점에서 수용될 뿐이다. 길장이 방편상의 분류를 통해서 무소득을 우위에 놓는 이유는 다음에서 밝혀진다.

> 성인이 세상에 나와서 베푼 바를 잘 생각해 보면 중도(中道)를 드러내는데 그 목적이 있음을 알 수 있다. 중(中)으로 말미암아 관(觀)을 발생하고 이로 인해 모든 번뇌를 소멸시킨다. 만약 언어에 집착한다면 붓다의 뜻을 손상시키는 것이다. 또 백년의 수명을 받는다고 해도 이것은 아침이슬과 같아 헛되이 할 수 없는 것이니 도를 보존함을 급히 해야 한다. 그 늦게 할 바를 급히 하고 그 급히 할 바를 늦게 한다면 어찌 오류가 아니겠는가.68)

붓다가 언어의 가르침을 펼친 것은 사실이지만 그 가르침의 진의는

數論名敎 二者 精識一切名敎 不學大乘無所得意. 此二人中 何者爲勝 答 耳目之徒 言識一切名敎者勝 今以理論之 雖二人並失 而前者爲勝 何以知然 佛雖說一切名敎 意在無所得一相一味 謂離相解脫相.」
68) 앞의 책(대정장42, p.32a), 「考尋 聖人興世 諸所施爲 爲顯中道 令因中發觀 滅諸煩惱 若存著語言 傷佛意也 又百年之壽 朝露非奢 宜以存道爲急 而乃急其所緩 緩其所急 豈非一形之自誤耶.」

무소득의 중도를 현시는데 있으므로 명교(名敎)에 집착하는 것은 붓다의 뜻(佛意)을 손상시키는 것이다. 따라서 완전한 것이라고는 할 수 없지만 붓다의 뜻을 깨달은 사람을 우위에 두는 것이다. 여기서 이치로서 논한다면 두 사람이 모두 바른 종지를 잃어버린 것(失)이라고 하는 조건을 잊어서는 안 된다. 행도지인이 비교우위에 있음을 인정하는 것으로 보이는 상기의 서술은 또한 그에 대한 비판의 가능성을 내재하고 있는 것이다. 그렇다면 이러한 두 부류의 사람에 대한 비판을 통해 길장이 도달하는 궁극적인 인간의 전형은 무엇인가.

> 두 종류의 사람이 있다. 한 부류의 사람은 얻을 것이 없음을 관찰하는 법(無所得觀)을 배워서 뜻이 텅 비고 현묘(玄妙)하지만 방언(方言)이 부족한 사람이다. 다른 한 부류의 사람은 단지 법상(法相)을 분별하는데 전념하여 도를 현시하는 바른 종지를 잃어버린 사람이다. 삼론학에서는 문장과 뜻에 모두 밝고 현묘한 것과 일〔事〕을 모두 얻게 하고자 한다.69)

　행도지인에 대한 비판의 요점은 다음과 같다. 붓다의 모든 가르침에 대해 그것 자체가 진리라고 하는 실체적 견해를 내는 것을 배격하여 무소득공(無所得空)의 입장을 철저히 하면서도, 한편으로는 인연가명(因緣假名)에 의한 무방(無方)의 대용(大用)이라는 측면에서 시설된 명교(名敎)에 밝지 못한 무사상(無思想)・무내용(無內容)의 공관론자는 물리쳐야 한다는 것이다. 여기에서 공가(空假)의 상즉(相卽)이라는 길장의 무득의(無得義)가 언어에 대한 적극적인 긍정으로까지 확충되어가는 모습을 감지할 수 있다.

---

69) 『淨名玄論』 권6(대정장38, p.897b), 「有二種人　一者　學無所得觀　意乃虛玄　方言不足　二者　但分別法相　失顯道正宗　今欲令文義兩明玄事.」

2. 무득의 의미의 발전적 구조

1) 인도의 용수

길장은 유부철학의 인공법유사상은 법유에의 집착을 벗어나지 못한 유소득사상이라고 판정하였지만, 유부철학에 있어서 법유설은 인공을 보증하기 위한 바탕으로서의 법유의 요청, 곧 인연연기에 의해 이루어진 존재의 공성을 시현하여 그에 대한 인간의 집착을 벗어나도록 하기 위한 목적을 실현하기 위해 그 구성요소인 법유를 요청한 것으로 이해해야 한다. 이러한 관점에 설 때 유부철학의 법유란 집착의 내용을 갖지 않으며, 다만 법의 화합에 의해 이루어진 존재의 허망성에 눈뜸으로써, 그것을 소유하고 집착하는 인간의 마음을 정화시키는 관조의 대상이라고 이해할 수 있는 길이 열린다. 그러나 유부철학의 법유사상이 더 이상 인공을 위한 요청이 아니라, 그 자체 목적으로 여겨질 때 무득으로 인간을 정화시키는 기능은 상실된다. 뒤이어 나타난 반야계경전은 바로 이러한 유부철학의 법유사상이 낳은 한계를 비판하고, 곳곳에서 법공을 주장한다. 즉 무득의 경지는 인무아(人無我)만이 아니라 법무아(法無我)까지도 관조하는 것으로 발전된다.

이러한 반야계경전의 인법이공설에 철학적 근거를 제시한 사람이 용수이다. 용수는 연기설을 단순히 화합으로 이해하여 유(有)인 법의 화합으로 존재하는 인(人)은 무아(無我)라고 하는 설에 대해 법도 인(人)이 없이는 성립되지 않는다고 하여 연기를 상호 의존성으로 해석한다. 여기서 다시 문제가 되는 것은 인법개공설(人法皆空說)이 공에의 집착을 지닐 때, 일체의 주장을 부정하는 허무주의론으로 이해될 수 있다는 점이다. 용수의 경우 당시의 급선무는 유부의 유자성견을 타파하는 것이었으므로, 그가 비록 이제설을 통하여 공가의 상즉성에 입각한 개공설(皆空說)을 주장하였다고 할지라도, 그의 공사상은 일체의 가법(假法)이 완연히 공이라고 하는 상즉사상(相卽思想)을 크게 드러내지 못하였다는 것이 여러 학자들의 지적이다.70) 이것에 비해 앞에서 살펴보았듯이 길장의 저술에서는 오로지 일체법의 공성을 현시하는데 몰두하는 용수와는 달리, 가(假)의 세계를 격절한 공의(空義)에 대한 비판적 입장이 여러 곳에서 자주 나타난다. 이러한 주장을 고찰함으로써 그가 새롭게 지향하는 무득의 의미는 공가(空假)의 상즉(相卽)이라는 점을 알 수 있었다. 이제 이러한 길장의 입장이 어떤 측면에서 용수의 사상과 차이가 있는가를 알아보고자 한다.

먼저 길장의 삼종중도설(三種中道說)을 통해 그 차이성을 살펴보면 다음과 같다. 3종중도는 이제에 대한 궁극적 이해의 틀을 보여준다. 이제설을 진리 자체라고 볼 때, 세속제와 진제는 각각 특정한 내용에 얽매이게 된다. 진리는 불변이기 때문이다. 그러나 길장은 이제를 진리를 개시하기 위한 방편으로서의 교설이라고 봄으로써 이러한 제약에서 벗어난다. 이렇게 세속제든 진제든 모두 교설이라는 입장에 설 때 이제의 내용은 상황에 따라 달라질 수 있다. 세속제와 진제라는 것은 방편적인 입장에서 범속한 가르침과 성스러운 가르침을 분류하였을 뿐이고, 특정한 내용에 한정되지는 않게 된다.71) 우리가 상식적으로 받

---

70) 安井廣濟, 『中觀思想の硏究』, pp.389~391. 木村淸孝, 장휘옥譯, 『중국불교사상사』(민족사, 1989), p.68.

71) Kalupahana는 『*NĀGĀRJUNA, The Philosophy of the Middle Way, Mulamadhyamaka-Karika*』(State University of New-York Press, Albany, 1986) p.17에서, "대부분의 학자들은 이제설을 붓다가 언어는 진리를 표현하기에 부적합한 수단이라고 보았음을 나타내는 증례로 삼는데, 이러한 주장은 찬드라키르티가 세속제에 해당하는 범어 samvṛti를 언어, 진제에 해당하는 범어 paramartha를 궁극의 실재, 절대적 진리라고 본데서 비롯된 것이다. 그러나 '생각하다'는 뜻의 sam＋√man에서 파생한 samvṛti는 합의를 의미하며 따라서 관습을 의미하기 때문에, 이를 언어에만 국한해서 사용하는 것은 정당화될 수 없다. 붓다는 이 용어를 모든 종류의 관습을 뜻하는 용어로 사용한다"고 하였다. 오늘날 많은 학자들은 세속제는

아들이기 쉬운 가르침이 세제가 된다면 진제는 규정할 수 없는 진리를 규정함으로써 제외되어 버린 진리의 또 다른 측면을 드러내는 것으로 나타난다.

생하고 멸하는 것은 우리가 쉽게 받아들일 수 있는 현상이다. 따라서 이것을 속제라고 한다. 그런데 생하고 멸하는 것을 자세히 들여다보면 그것에서 독립된 실체를 발견할 수 없게 된다. 생은 멸에 의해서 존재하는 것이고 멸은 생에 의해 존재한다. 우리는 이 세상에 존재하는 사물의 외적 양태를 보고, 생겨났다거나 소멸하였다고 하는 의식을 갖는다. 그리고 생겨난 것에 대해서는 상주하는 것이라는 견해를 내고, 소멸한 것에 대해서는 영원히 부재하는 것이라는 견해를 낸다. 그러나 생겨나는 것과 소멸하는 것을 자세히 관찰하면 이것은 서로 독립된 두 가지의 현상이 아니라는 것을 알 수 있다. 생겨나는 것은 소멸하는 것이고, 소멸하는 것이 바로 생겨나는 것이다. 여기서 생멸이라는 현상이 보다 범부들의 이해에 가깝기 때문에 이것을 세속제로서 받아들이는 것이다. 또한 다른 측면, 생기와 소멸이 인연관계에 있기 때문에 자성적 실체로서 존재하지 않는다고 하는 것은 범부들의 이해를 넘어서는 것이기에 제1의제라고 한다. 이렇게 진리를 통관하는 눈을 가지고 세속제와 진제를 볼 수 있다면 세제와 진제는 모두 그 안에서 이미 중도를 실현하고 있다. 생멸을 말하더라도 그 안에 이미 불생불멸(不生不滅)을 내재하고 있기 때문에 불생불멸의 생멸이 되고, 그러므로 자성적 실체로서의 생멸이 아니라 가생멸(假生滅)이라고 하지 않으면 안 된다. 그리고 가생가멸(假生假滅)이기 때문에 결국은 불생불멸이니, 이것이 세제중도(世諦中道)이다. 또한 불생불멸을 말하더라도

언어, 진제는 언어를 넘어선 영역이라고 하는 찬드라키르티의 규정을 수용하여 이제설을 풀이한다. 이것에 의할 때 길장의 이제시교(二諦是敎)는 용수의 학설에 대한 잘못된 이해가 되고, 길장의 이제설을 이해하는데 걸림돌로 작용된다. 그러나 깔루파하나의 지적은 그러한 걸림돌을 제거할 수 있는 해결책의 일단을 제시하는 것으로 보인다.

그것은 생멸을 내재하고 있기 때문에 생멸의 불생불멸이 되고, 그러므로 자성적 실체로서의 불생불멸이 아니라 가불생가불멸(假不生假不滅)이라고 하지 않으면 안 된다. 그리고 가불생가불멸(假不生假不滅)이기 때문에 결국은 비불생비불멸(非不生非不滅)이니, 이것이 진제중도(眞諦中道)이다. 세제중도에서는 세제가 진제와 서로 여의지 않는 관계에 있음이 드러나고, 진제중도에서는 진제가 세제와 서로 여의지 않는 관계에 있음이 드러나는데, 이 양자의 관계를 보다 포괄적으로 규정하는 것이 바로 이제합명중도(二諦合明中道)이다. 세제의 생멸은 불생멸의 생멸로 진제의 불생멸을 떠나서 별개로 성립하는 생멸은 아니라고 할 수 있고, 진제의 불생멸은 생멸의 불생멸이니 세제의 생멸을 떠나서 별개로 성립하는 불생멸은 아니라고 할 수 있다. 따라서 비생멸비불생멸(非生滅非不生滅)이라고 하는 중도의(中道義)에 의해 이제를 합한 통일적 의미가 나타나고 여기에 이제합명중도가 성립한다.72)

이상 길장의 3종중도는 생멸의 두 변을 떠난 중도를 세제, 진제, 이제합명중도라는 3단계에 의해서 도식적으로 서술했다고 할 수는 없다. 세제의 가생멸(假生滅)이 그대로 진제의 불생멸이고, 세제의 가(假)와 진제의 공(空)의 이제가 하나로 완연히 상즉한 것을 세제, 진제, 이제합명의 3단계에 의해서 명확히 하는 것에 그 근본적인 의도를 지닌 체계라고 말하지 않으면 안 된다. 즉 세속의 가법을 그대로 공의 진실이라고 적극적으로 긍정하는 공가상즉(空假相卽)의 입장이 길장의 이제설의 특성이고 이러한 성격은 용수의 이제설을 초월한 새로운 것으로 평가받고 있다. 청변(淸辨), 월칭(月稱)의 주석에 의해서 알려진 중관학파의 이제설은 세속의 연생법(緣生法)인 가법(假法)에서 의미하고 있는 공(空)인 승의(勝義)의 진실을 자각한다는 입장, 곧 연생법의 진실인 자태 없는 공에로의 나아감, 곧 가(假)에서 공(空)으로 향하는

---

72) 이상 세제중도와 진제중도, 이하의 이제합명중도 등의 3종중도의 내용은 『大乘玄論』 권2 「八不義」(대정장45, p.27c)의 내용을 취의 요약한 것이다.

154

철저한 부정의 입장이고 길장의 이제설처럼, 인연생의 가법을 그대로 완연히 공의 진실이라고 하는 적극적인 긍정을 보이는 공가상즉의 입장은 보이지 않는다. 중관학파에 의하면 공의 진실은 우리가 절대로 긍정적으로 사유할 수 없는 진실이고 우리는 다만 공의 진실을 연생법 위에 세속으로서 아는 것에 지나지 않는다. 따라서 공가상즉이라는 것도 중관학파에 있어서는 길장과 같은 적극성은 보이지 않는다. 다만 연생법에 대한 철저한 부정적인 실천 중에 어디까지나 자태 없이 얻어지는 것이다. 용수가 제창한 중관의 교학은 이런 의미에서, 세속의 세계를 공무(空無)에 침몰시키는 논리라고 하여, 유가학파(瑜伽學派)의 3성설(三性說)의 입장에서 비난받는다. 그러므로 세속의 가법(假法)에 무언(無言)의 진제를 상즉 시킨 것은 용수 중관의 입장을 초월한 새로운 전개라고 하지 않을 수 없다.[73)

다음은 길장이 『중론』의 게송을 『열반경』의 내용을 바탕으로 하여 해석하고 있는 점을 살펴보기로 한다.[74)

> 그대의 말은 보리를 원인으로 하지 않고서 불(佛)이 있고, 불(佛)을 원인으로 하지 않고서 보리가 있다는 말이 된다(31게). 비록 다시 부지런히 정진하여 보리도를 수행하여도 원래 불성이 없으면 성불할 수 없으리라(32게).[75)

31게는 불성이 자성적 실체를 가지고 존재한다면 불은(佛)은 보리를 얻기 위하여 정진하지 않아도 불(佛)이라고 하는 과실이 드러남을 지적한 것이다. 32게는 불성이 없는 사람이라면 아무리 정진하고 노력

---

73) 安井廣濟, 『中觀思想の研究』, p.386.
74) 이하는 安井廣濟, 『中觀思想の研究』 附錄을 참조하였다.
75) 『中論』 「觀四諦品」(대정장30, p.34a), 「汝說 則不因菩提 而有佛 亦復不因佛 而有於菩提(31게) 雖復勤精進 修行菩提道 若先非佛性 不應得成佛(32게).」

해도 보리를 얻을 수 없게 된다는 과실이 드러남을 지적한 것이다. 불성이 자성적 실체를 가지고 존재한다면 붓다는 본래 붓다로 태어나서 붓다로 머물기 때문에, 보리를 원인으로 하여 성립하는 것이 아닌 것이 된다. 불성이 자성적 실체로서 존재한다는 말은 오류이다. 또한 불성이 없다는 것을 자성적 실체로서의 없음으로 이해한다면, 이 없음은 있음과 단절된 것이기 때문에 결코 보리도를 수행하여 성불하는 일이 성립될 수가 없다. 이렇게 이 문장의 본래 의도는 자성적 실체로서의 불성에 대한 유무(有無)의 이견을 부정하는 것이다. 이 점은 31게와 32게에 해당하는 범문(梵文)도 다르지 않다.76) 그런데 길장의 『중관론소』에 의하면 불성에 대한 무견(無見)을 부정하는 32게는 불성을 가졌다고 해서 긍정하는 의미로 이해된다.

> 이것은 대승을 사용해서 소승의 뜻을 파하는 것이다. 대승은 일체 중생에게 모두 불성이 있고, 또한 모두 성불한다고 한다. 소승인은 일체중생에게 모두 불성이 있음을 밝히지 않는다. 그렇다면 이미 불성이 없으니 다시 수행한다고 해도 성불할 수 없다…… 소승은 불성이 있다고 해도 불성은 무상(無常)하니 대승에서 주장하는 불성의 상(常)의 뜻을 파한다. 그러므로 성불하지 못한다. 이 게송은 곧 『열반경』의 문장을 해석하므로 단지 반야를 펼쳐서 말하지 않는다.77)

---

76) 梵本『中論』「관사제품」 제31게 "apratītyāpi bodhiṃ ca tava buddhaḥ prasajyate apratītyāpi bodhaṃ ca tava buddhiḥ prasajyate": 깨달음을 연하지 않고도 불(佛)이 있다고 하는 오류가 그대에게는 부수된다. 또 불(佛)을 연(緣)하지 않고도 깨달음이 있다는 오류가 그대에게는 부수된다.//梵本『中論』「관사제품」 제32게 "yaścābuddhaḥ svabhāvena sa bodhāya ghaṭannapi na bodhisattvacaryāyaṃ bodhiṃ te ′dhigamiṣyati: 또한 그대에 의하면 자성적 실체로서 불(佛)이 없는 자는 보살의 수행에 있어서 아무리 깨달음을 얻기 위해 전념하여도 깨달음을 증득할 수 없다고 하는 것이 될 것이다(三枝充悳, 『中論』〈下〉〔東京, 第三文明社, 1984〕 pp.665~667 참조)."

이상과 같은 길장의 해석은 『중론』의 입장을 초월한 해석이다. 『중론』 자신은 유무의 이견을 부정하는 부정에 그 의도를 두고 있음에도 불구하고 무견(無見)의 부정으로부터 불성상주의 긍정적인 입장을 보는 것은 명백히 무리한 해석이다.78) 그러나 승의공의 입장을 긍정적으로 표현하는 열반경적인 불성상주의 사상을 『중론』에 직접 가져와 『중론』을 『열반경』의 입장에 맞추어 해석하고 있는 것이다.

다시 『중관론소』 인연문 제1에서 팔불(八不)을 10가지 조목에 의해 해석한 것을 보면 다음과 같다.

> 『열반경』에 말했다. 제행(諸行)은 영원한 것이 없어서 생멸하는 법이니, 생멸이 멸하고 나면 적멸하여 즐거움을 누린다.79)

이상은 『중론』을 『열반경』의 게송에 의해서 해석한 것이다. 여기서 '제행(諸行)은 영원한 것이 없어 생멸하는 법이다'라고 한 것은 세제(世諦)의 가생멸(假生滅)을 가리키는 것이고, '생멸이 멸하고 나면 적멸하여 즐거움을 누린다'고 한 것은 가(假)의 생멸(生滅)이 멸하고 난 진제(眞諦)의 불생불멸의 적멸(寂滅)이 상·락·아·정(常樂我淨)임을

---

77) 『中觀論疏』(대정장42, p.153c), 「又此是用大乘破小乘義 大乘 明一切衆生 皆有佛性 並皆成佛 小乘人 不明一切衆生 皆有佛性 若爾旣無佛性 雖復修行 終不成佛…… 又小乘人 有佛性 佛性 是無常 破大乘佛性常義 故不得成佛 此偈 卽釋涅槃經文 故不應言但申波若.」

78) 모종삼(牟宗三)은 『佛性與般若』 제1부 제4장 「大涅槃經之佛性義」 p.179에서 "『중론』에는 불성상주(佛性常住)의 뜻이 없다. 여기에서 불성은 불(佛) 자성적 실체가 있다고 하는 사람의 설을 가리킨다. 용수는 이들에 대해 불의 유자성에 집착하면 불은 인(因)에 의하고 연(緣)을 기다려서 수행하여 이루어 질 수 없다고 하여 비판한다. 용수가 비판의 대상으로 삼는 불성론자는 『열반경』의 불성과 다르기는 하지만, 『중론』에는 이러한 간별이 있지 않고, 그러므로 『중론』에는 후대에 생겨난 것과 같은 불성의는 없다"고 하였다.

79) 『中觀論疏』(대정장42, p.6b), 「諸行無常 是生滅法 生滅滅已 寂滅爲樂.」

가리키는 것이다.[80] 그에게서 『중론』에서 설한 불생불멸의 공은 『열반경』에서 말한 상락아정이라고 하여, 긍정적으로 다루어지고 있다. 또한 동일하게 팔불을 열 가지 조목으로 해석하는 가운데 다음과 같이 말한다.

> 『열반경』에 말하였다. '중도의 법은 불(佛)이라고 한다'. 그러므로 팔불(八不)로서 중도를 밝히면 불(佛)의 뜻을 밝히는 것이다. 생멸의 무생멸을 깨닫는 것을 적(跡)의 본(本)이라고 한다. 그러므로 붓다의 참된 법신이니 마치 허공과 같다. 무생멸의 생멸을 깨달으면 본(本)의 적(跡)이라 한다. 그러므로 사물에 감응하여 형태를 드러냄이 마치 물에 비친 달과 같다. 진신(眞身)과 응신(應身)의 두 가지 이해를 짓지 말라. 생멸이 완연하여 허공과 같고, 비록 허공과 같지만 생멸이 완연한 것이다.[81]

『열반경』에서 중도를 불(佛)이라고 했으므로, 중도를 나타내는 팔불이 곧 '불'이 되며, 따라서 생멸의 무생멸은 적본(迹本)의 진본신(眞本身)이고, 무생멸의 생멸은 본적(本迹)의 응신(應身)이라고 한 것이다. 이것도 승의공의 진실을 긍정적으로 전개한 사상이라는 점이 명백하다. 그러나 『중론』은 「여래품」을 보아도 길장처럼 공을 여래라고 해서 긍정적으로 보이지 않고, 여래에 대해 추구하여 공불가득(空不可得)이라고 하면서, 부정적인 결론에 도달하고 있어서, 『중론』의 공을 『열반경』의 입장으로부터 불(佛)이라고 긍정적으로 조망하는 것은 길장사상의 특색이다.

공가상즉이라고 하는 길장의 무득의는 용수의 공사상과는 그 지향점

---

80) 앞의 책(대정장42, p.6c).

81) 앞의 책(대정장42, p.31a), 「大經云 中道之法 名之爲佛 故八不 明中道 卽是明佛義也 以了悟生滅無生滅 名爲跡本 故佛眞法身 猶如虛空 悟無生滅 生滅 卽是本跡 故應物現形 如水中月 勿作眞應二解 卽生滅宛然如虛空 雖 如虛空 而生滅宛然.」

이 다른 것으로 평가된다. 용수가 가(假)에서 공으로 향하는데 주력했다면 길장은 공(空)이 그대로 가(假)임을 드러내려고 한다는 것이다. 이러한 현상은 용수는 유부의 유자성적 견해를 타파하는데 주력했기 때문에 '가'의 공성을 드러내는 것에 주력하였다면, 길장은 그러한 용수의 세정작업을 바탕으로 하여 '가'의 공성에 의해 야기될 수 있는 허무주의적인 공론에 대한 또 다른 세정작업을 하는데 주력했기 때문에 나타난 차이로 보인다. 결국 두 사람이 공통적으로 지향하는 것은 공사상에 의한 집착의 탈피이다. 다만 그 집착의 내용이 다양하기 때문에 두 사람의 교설에 있어서 차이성이 드러난 것으로 보인다. 근원적인 입장의 차이는 아닐지라도 이렇게 방법론상의 차이는 명백한 것으로 보이며, 바로 여기에 길장의 무득의의 독자적인 의미가 드러난다고 생각된다.

2) 중국의 구마라집과 승조

① 라집의 『중론』 번역

삼론학의 현실긍정적인 측면은 길장에게서 처음으로 나타나는 것은 아니다. 범본이 현존하는 『중론송』이나 『법화경』을 라집이 번역한 한역경전과 비교해 볼 때, 라집이 매우 대담한 의역을 하고 있음을 알 수 있는데, 이것이 라집이 번역한 삼론에 중점적으로 의지하는 삼론학이 인도 중관학파의 공사상과 질적으로 다르게 전개되는 이유가 되는 것으로 지적되기도 한다.82) 『중론』「관업품(觀業品)」 20게송의 한역본과 범본의 내용을 비교하면 다음과 같다.

---

82) 木村清孝, 『중국불교사상사』(민족사, 1989), p.36 및 p.68.

범본: "śūnyatā ca na cocchedaḥ saṃsaraśca na śāśvatam kar
maṇo vipraṇāśaśca dharmo buddhena deśitaḥ": 공이지만 단멸
하지 않고 또한 윤회하지만 상주하지는 않는, 그와 같은 업(業)의 부
실(不失)이라는 원리가 붓다에 의해서 설시(說示)되어졌다.83)
한역본: 비록 공이지만 또한 부단(不斷)이고 비록 유(有)이지만
또한 불상(不常)이다. 업의 과보는 잃어지지 않는 것이니 이것을
붓다가 설한 것이라 한다.84)

라집과 청목은 이 부분을 용수의 주장으로 본다. 이 게송을 업과 그
과보를 부정하는 상대자에 대해 업의 내용을 공사상에 의해 해명하는
것으로 풀이한 것이다.85)

이 논문이 설하는 뜻은 단견과 상견을 여의는 것이다. 무엇 때문인
가. 업(業)은 필경 공하여 적멸한 모습이다. 자성이 유(有)를 떠나
있으니 끊을 만한 법과 잃을 만한 법이 어디 있겠는가. 전도망상으
로 인하여 생사를 왕래하니 또한 불상(不常)이다. 무엇 때문인가.
법이 전도로부터 일어나면 허망하여 실체가 없고 허망하여 실체가
없기 때문에 상주하지 않는다. 다시 탐욕에 의해 전도되어 실상을
알지 못하기 때문에 업이 잃어지지 않는다고 한다. 이것이 붓다의
말씀이다.86)

청목은 이 부분을 공사상이 업과 과보를 모두 부정하는 것이라는 상
대방의 비판에 대해, 업과 과보의 상주와 단멸이라는 두 가지 견해를

---

83) 三枝充悳, 『중론』(中), p.459 참조.
84) 『中論』(대정장30, p.22c21), 「雖空亦不斷 雖有亦不常 業果報不失 是名
佛所說.」
85) 앞의 책(대정장30, p.22c20).
86) 앞의 책(대정장30, p.22c23), 「此論所說義 離於斷常 何以故 業畢竟空寂
滅相 自性離有 何法可斷何法可失 顚倒因緣故 往來生死 亦不常 何以故 若
法從顚倒起 則是虛妄無實 無實故非常 復次貪著顚倒 不知實相故 言業不失
此是佛所說.」

160

모두 여읜 중도의 법을 시설한 것으로 본다. 곧 업은 실체가 없기 때문에 상주하지 않지만, 또한 탐욕에 의해 전도된 중생들에게 영원한 과보의 원인이 되기 때문에 단멸하는 것도 아니라고 하는 것이다. 길장 또한 이러한 청목의 입장을 수용하고 있다.

> '비록 공이지만 또한 단멸하지 않는다'고 한 것을 풀이하면 다음과 같다. 외도는 논주가 공에 집착하였기 때문에 단멸에 떨어졌다고 한다. 그러므로 이제 업은 비록 필경에 공하지만 단멸하지 않는다고 한다. 외도의 삿된 견해에 의한 공과 방광도인이 말하는 공과 이승인(二乘人)이 밝히는 공은 모두 단멸이다. 『열반경』에 말하였다. 「성문은 보시의 과보가 없다고 말하는데, 이것은 계율을 파괴하는 것이고 삿된 견해를 짓는 것이다」. 『대지도론』에 말했다. 「성문(聲聞)의 공은 단공(但空)이다. 그러므로 단멸이다」. 이제 공은 유의 공이니 유가 완연히 공이 된다. 또한 공은 공에 머물지 않으니 부단(不斷)이다. '비록 유이지만 상주하지 않는다'고 한 것을 풀이하면 다음과 같다. 외도는 단멸하지 않는다면 응당 상주하여야 한다고 주장한다. 그러므로 비록 유이나 상주하지 않는다고 하여, 그 상견(常見)을 파척하는 것이다. 이로서 유는 공의 유가 되기 때문에 유는 상견이 아니게 된다. 외도와 소승과 집착에 빠진 대승불교도가 계탁하는 유는 상견이 된다.87)

길장은 구체적으로 이 게송을 업의 교설에 대해 단견과 상견을 내는 모든 유소득인의 집착을 타파하기 위한 것으로 본다. 곧 외도와 불교를 배웠으나 집착을 일으키는 사람들은 붓다의 공을 단멸이라고 보고

---

87) 『中觀論疏』(대정장42, p.121c), 「雖空亦不斷者 外人 謂論主執空 故墮斷滅 是故 今明 業雖畢竟空非是斷滅 若外道邪見之空及 方廣所謂空 二乘人 所明空 皆是斷滅 涅槃經云 若以聲聞 言無布施 是則名爲破戒邪見 智度論 云 聲聞之空 名爲但空 故是斷滅 今明 空是有空 有宛然而空 又空不住空 名爲不斷 雖有不常者 外 謂若非是斷 便應是常 故名雖有非常 破其常見 以 有是空有 故有非是常 若外道小乘 及有所得大乘 所計之有 此卽是常.」

붓다가 업을 부정한 것으로 여기는데, 붓다의 공은 유와의 상즉을 여의지 않은 공이기 때문에 단멸견에 빠지지 않는다고 한다. 또한 외도와 불교를 배웠으나 집착을 일으키는 사람들은 업이 단멸하지 않는다는 말을 들으면 언제나 대상을 분별적으로 사유하는 잘못된 견해에 빠져 있기 때문에, 단멸과 상대되는 의미의 상견에 빠진다. 곧 단멸하지 않는다면 상주해야 한다고 본다. 이 세상의 모든 것에 대해 이분적인 사유에 빠져 있기 때문에, 단멸하는데 상주하지 않는다면 논리적으로 타당하지 않다고 보는 것이다. 이것에 대해 길장은 다시 붓다의 유란 공을 근거로 한 유이기 때문에 어떤 것이 있다고 하더라도 그것은 공의 유이고 따라서 자성적 실체로서의 존재를 인정할 수 없게 된다고 보고, 이것에 의해 불상(不常)이라는 주장을 내세운다. 결국 불상부단은 업에 대한 붓다의 가르침을 용수가 재규정한 것으로 설명된다. 또한 라집이 번역한 『대지도론』에서도 이 게송은 용수의 주장을 나타내는 게송이라고 보았다.[88]

그러나 인도 중관학파의 여러 논서, 곧 청변의 『반야등론』, 안혜의 『대승중관석론』, 월칭의 『중론주』, 용수의 『무외주』 등에 의하면 이 게송은 용수의 주장을 나타내는 것이 아니고, "부실(不失)이 있을 때 업(業)과 과(果)의 불단불상(不斷不常)의 결합이 있다"라고 하는 반대론자〔비바사사〕가 주장한 게송이라고 한다.

공이란 무엇이 공한 것인가. 제행이 공한 것이다. 외도가 분별한 것과 같이 자성이 있는 법은 없다. 그러나 업이 끊어지지 않는 것은 부실법(不失法)이 있기 때문이다. 무엇을 유(有)라고 하는가. 생사를 유(有)라고 한다. 생사란 제행이 여러 가지의 취(趣: 윤회의 세계)를 유전하기 때문에 생사라 한다. 불상(不常)이란 무엇인가. 업이 무너지는 것이 있기 때문이다. 무엇을 부실법이라고 하는

---

88) 『大智度論』 권1(대정장25, p.64c).

가. 붓다가 여러 경전에서 설했다. 이 분별을 짓는 자는 응당 이러하니 그러므로 내가 먼저 업과 과(果)가 화합하여 인(因)을 내는 것이라고 설한 것은 뜻이 이루어지지 않음이 없다. 논자가 말한다. 네가 설한 것은 모두 옳지 않다. 이제 너를 위해 바른 업의 인연을 설하겠다.[89]

상대방은 업이 불상부단에 의해 상속하는 것을 부실법에 의해서 성립시키고 있다. 부실법은 부실(不失)이기 때문에 부단(不斷)이지만 공성이기 때문에 불상(不常)이라고 하는 것이 상대방의 주장이다. 따라서 부실법은 불상부단인 공한 법이라고 말할 수 있다. 이것이 인도 중관학파의 전반적인 견해이다. 이렇게 이 주장이 용수의 공론이 아니라고 한다면 이것을 용수의 공론이라고 한 라집의 이해는 오류라고 할 수 있다. 라집에게는 공을 불상부단의 공이라고 하여, 긍정적으로 조망하는 사상적 태도가 있다고 말하지 않으면 안 된다.

② 승조의 『조론』

라집의 제자인 승조는 보다 구체적으로 공의 긍정적인 측면을 자신의 사상에 반영하였다.[90] 「부진공론」에서 공은 현상을 무화시키는 것이 아니라, 현상을 있는 그대로 올바르게 파악하는 것임을 밝혔다.

『중론』에서 '유도 아니고 무도 아니다'라고 한 말에 대해 생각해 보면, 어찌 이것이 만물을 씻어 버리고 보고 듣는 것을 막아 버려 고

---

89) 『般若燈論釋』(대정장30, p.101b), 「釋曰 空者誰空 謂諸行空 如外道所分別 有自性法者無也 而業不斷者 有不失法在故 云何爲有 有謂生死 生死者 謂諸行於種種趣流轉故 名爲生死 云何不常 業有壞故 云何名不失法 謂佛於處處經中說 作此分別者應爾 以是故 如我先說業與果合爲出因者 義非不成 論者言 汝所說者 是皆不然 今爲汝說正業因緣.」
90) 柳田聖山, 안영길 추만호 譯, 『禪의 思想과 歷史』, p.77.

요하고 텅 비게 한 후에야 진제라고 하는 것이겠는가. 진실로 사물
에 수순하여 무리 없이 통하기 때문에 어떤 사물도 그것〔진제〕에
거스르지 않고, 위(僞)에 대해서도 그대로 나아가고 진(眞)에 대해
서도 그대로 나아가기 때문에 어떤 성품도 그것을 바꿀 수 없다.
어떤 성품도 그것을 바꿀 수 없기 때문에 비록 무(無)라고 해도 유
(有)이고 어떤 사물도 그것에 거스르지 않기 때문에 비록 유라고 해
도 무(無)이다. 비록 유라고 해도 무이기 때문에 비유(非有)이고 비
록 무라고 해도 유이기 때문에 비무(非無)이다. 이와 같은즉 사물은
정말로 없는 것이 아니고 사물이 진실한 사물이 아니라는 것 뿐이
다. 사물이 진실한 사물이 아니라면 무엇에 대해 사물이라고 하겠는
가. 그러므로 경에 말하기를 '색의 성품이 공한 것이지 색이 무너져
서 공한 것은 아니다'라고 하여, 성인의 사물에 대한 태도는 만물이
스스로 텅 빈 경지에 나아갔을 뿐임을 밝힌 것이니, 어찌 만물을 자
신의 마음대로 분할하여 통달하기를 구하겠는가.91)

불유불무(不有不無)는 『중론』에서 제1의제를 설한 구절로 인용한
것이라고 하였는데, 이것만으로는 『중론』의 어느 부분을 가리키는 것
인지 알 수 없다.92) 원강(元康)은 이것을 『중론』「관육종품(觀六種
品)」의 "유(有)가 없어졌는데 어떻게 무(無)가 있을 수 있겠는가. 유
(有)와 무(無)가 이미 없는데, 유와 무를 아는 사람은 누구인가"라는
구절에 해당하는 것으로 보았다.93) 이것은 일체법을 아무리 탐구해
보아도 자성적 실체를 얻을 수 없음을 설하자, 그렇다면 무는 있어야
한다고 하는 상대방의 비판에 대해, 유가 없으면 그에 상대하는 무도

---

91) 『肇論』(대정장45, p.152b),「尋夫不有不無者 豈謂滌除萬物 杜塞視聽 寂寥虛
豁 然後爲眞諦者乎 誠以卽物順通 故物莫之逆 卽僞卽眞 故性莫之易 性莫之易
故雖無而有 物莫之逆 故雖有而無 雖有而無 所謂非有 雖無而有 所謂非無 如此
則非無物也 物非眞物 物非眞物 故於何而可物 故經云 色之性空 非色敗空 以明
夫聖人之於物也 卽萬物之自虛 豈待宰割以求通哉.」
92) 앞의 책(대정장45, p.152b),「中論云 諸法不有不無者 第一眞諦也.」
93) 『肇論疏』(대정장45, p.172b),「中論者 通指一部論意 亦可但指論中一文
文云 若使無有有 云何當有無 有無旣已無 知有無者誰也.」

존재할 수 없음을 설한 부분이다. 모든 존재에 대해 유견과 무견을 떠나게 하는 중도를 드러내기 때문에 진제를 설한 것이라고 볼 수 있다. 여기서 용수의 의도는 유견과 무견을 모두 떠나게 하는 것, 일체의 가법의 공성을 밝히는데 있다. 그러나 승조는 다시 공성이 가법(假法)과 격절되지 않음을 보여주려고 노력한다. 용수의 의도가 유견과 무견을 떠나게 하는데 있다고 하더라도 그것은 자칫하면 유와 무를 모두 부정해 버림으로써 일체의 가법이 존재할 수 있는 활로를 막아 버릴 수 있기 때문이다. 『중론』에서 용수의 어법은 유를 주장하는 상대방을 부정하였을 때, 상대방이 다시 무의 타당성을 질문하면 무마저도 부정하는 방식을 취한다. 유의 부정이 단지 참된 사물이 아님을 말하였을 뿐이지 참으로 없는 것은 아니라고 하고, 무의 부정도 또한 어떤 대상을 쪼개고 분석하여 없어지는 존재론적인 무가 아니라, 대상 자체의 본성이 공함을 나타내는 것이라고 하는 승조의 말 속에는 대상 사물의 존재를 긍정하는 사유방식이 내포되어 있다. 승조는 이러한 진리관에 입각하여 새로운 인간상을 다음과 같이 밝히고 있다.

> 이렇게 하여 성인이 모든 현실의 변화에 순응하면서도 스스로 변화하지 않고 무한한 미혹의 세계에 거닐면서도 항상 통하는 것은, 성인은 만물 그 자체의 성품이 공한 것(性空)에 나아간 것이지 공을 그 밖에서 빌려와서 만물을 공이라고 한 것은 아니기 때문이다. 그러므로 경에 이르기를 '매우 기이합니다. 세존이시여. 진리의 세계에서 움직이지 않고 모든 법을 세울 장소로 삼고 있습니다'라고 하였다. 이것은 진리를 떠나서 모든 법을 세울 장소가 있지 않고, 모든 법의 건립 장소가 그대로 진실이라고 하는 뜻이다. 그렇다면 도란 어찌 멀리 있다고 하겠는가. 사물과 접촉하는 곳마다 진리가 있다. 성인은 어찌 멀리 있다고 하겠는가. 앞의 도리를 체득하면 곧 신인(神人)이다.[94]

---

94) 『肇論』「不眞空論」(대정장45, p.153a), 「是以 聖人 乘千化而不變 履萬

새로운 인간상으로서 성인을 『방광반야경』의 「부동어등각법 위제법 입처(不動於等覺法 爲諸法立處)」[95]라는 구절에 근거하여 현실을 벗어 나지 않고 현실 그 자체에 절대적인 가치를 부여하는 인물로 규정하였 다. 이것은 세속적인 삶을 벗어나 초연한 태도를 갖는 것을 성인이라 고 보는 인도불교의 일반적인 사고방식과는 구별되는 세속적인 것에 대한 철저한 긍정적 사유방식이다. 도가 가까이 있고 모든 일과 사물 에 진리가 있다고 하는 생각은 오히려 중국고전과 사상적으로 동일한 맥락에 있다. 유가이든 도가이든 모두가 구체적인 일상생활에서 진리 를 찾는 것을 목표로 하였고, 눈으로 보고 귀로 듣는 것을 중시하며 초감각적인 것보다는 구체적인 것을 한층 진실하다고 본다.[96]

다음은 「열반무명론」에서 『방광반야경』을 인용한 구절과 본 경의 원문 을 비교함으로써 승조의 사유구조를 파악해 보고자 한다.

> 이와 같다면 중생이 중생이 아닌데 누가 열반을 얻겠으며 열반이 열반이 아닌데 무엇을 얻을 수 있겠는가. 『방광반야경』에 '보리는 유(有)로부터 얻는가? 그렇지 않다. 무(無)에서 얻는가? 그렇지 않다. 유와 무에서 얻는가. 그렇지 않다. 유와 무를 떠나서 얻는 가? 그렇지 않다. 그렇다면 완전히 얻을 수 없는 것인가. 그렇지 않다. 그렇다면 어떤 의미인가? 얻을 것이 없으므로 얻는다고 한 다'라 하였다. 그러므로 얻을 것이 없는 것을 얻는 것이다. 어떤 것도 얻을 것이 없는 것을 얻는 것이라고 한다면 누구라서 홀로 그렇지 않겠는가.[97]

惑而常通者 以其卽萬物之自虛 不假虛而虛物也 故經云 甚奇世尊 不動眞際 爲諸法立處 非離眞而立處 立處卽眞也 然則道遠乎哉 觸事而眞 聖遠乎哉 體之卽神.」

95) 『放光般若經』(대정장8, p.140c).
96) 柳田聖山, 『선의 사상과 역사』 p.77.
97) 『肇論』「涅槃無名論」(대정장45, p.161b), 「然則衆生非衆生 誰爲得之者 涅槃非涅槃 誰爲可得者 放光云 菩提 從有得耶 答曰 不也 從無得耶 答曰 不也 從有無得耶 答曰 不也 離有無得耶 答曰 不也 然則都無得耶 答曰 不

승조가 인용한 문장이 『방광반야경』에 그대로 존재하지는 않는다. 다만 그 내용의 유사성을 추지하는 방식에 의해 문재(文才)는 해당부분을 다음구절로 보았다.98)

> 수보리가 말했다. 세존이여, 가장 뛰어나고 중요한 뜻에 머물지 않고 아유삼불〔abhisambuddha · 정각을 성취한 사람〕을 성취합니까. 붓다가 말했다. 아니다. 수보리가 말했다. 네 가지 전도된 생각으로부터 아유삼불을 성취합니까. 붓다가 말했다. 아니다. 수보리가 말했다. 세존이시여, 가장 중요한 뜻으로부터도 얻을 수 없고 또한 네 가지의 전도된 생각으로부터도 얻을 수 없다면, 세존도 없고 정각에 이르는 것도 없는 것입니까. 붓다가 말했다. 아니다. 여래는 정각에 도달할 뿐이다. 또한 유위의 성품에도 머물지 않고 무위의 성품에도 머물지 않는다.99)

승조의 인용문과 비교하면 전체적인 맥락은 동일하기 때문에 해당문장의 인용문으로 보아도 손색은 없다. 전체적인 대의는 깨달음의 원인에 대한 유와 무의 사견을 여의게 하는 것이 목표가 된다. 상대방은 깨달음을 얻으려면 그 원인이 되는 무엇인가가 있을 것으로 보고 질문하지만, 그가 제시하는 어떤 원인도 그 존재의 의미를 부여받지 못한다. 다음으로 이러한 특정 존재에 의미를 부여하려는 그의 시도가 부정되자, 상대방은 깨달음을 얻을 수 있는 원인이 되는 것이 존재하지 않는다면, 깨달음이라는 결과와 그 결과에 의해 존재하는 세존이라는 인물도 전혀 없을 것이라고 반문한다. 이에 대해 붓다는 다시 그의 무

也 是義云何 答曰 無所得故 爲得也 是故 得無所得也 無所得 謂之得者 誰
獨不然耶.」

98) 『肇論新疏』(대정장45, p.243a).

99) 『放光般若經』(대정장8, p.113b), 「須菩提言 世尊 不住最第一要義 成阿惟三佛耶 佛言不也 須菩提言 從四顚倒 成阿惟三佛耶 佛言不也 須菩提白佛言 世尊 不從第一要義得 亦不從四顚倒得 將無世尊不逮正覺 佛言不也 佛言 如來逮正覺耳 亦不住有爲性 亦不住無爲性..」

견(無見)을 부정하고, 유와 무를 떠난 곳에 비로소 깨달음이 존재한다
고 한다. 그러나『방광반야경』의 본문에서는 이렇게 유와 무를 떠날
것을 강조할 뿐, 얻을 것이 없는 것을 얻는다고 하는 단정은 보이지
않는다. 승조는 이러한 변형을 통해서 마침내 무득(無得)의 득(得),
무지(無知)의 지(知), 불견(不見)의 견(見), 불문(不聞)의 문(聞)이라
는 구절을 이끌어 내고 있다.

> 이와 같다면 열반의 현묘한 도는 유와 무가 끊어진 경지에 있으니,
> 그러므로 얻지 않음으로써 얻는다. 오묘한 지혜는 사물의 밖에 있
> 으니 그러므로 알지 않음으로써 안다. 큰 형상은 형태가 없는 것에
> 은둔하니 그러므로 보지 않음으로써 본다. 큰 소리는 미미한 소리
> 에 숨어 있으니 그러므로 듣지 않음으로써 듣는다.100)

이러한 승조의 태도는 노자 사상이 강하게 작용하고 있는 것으로 지
적된다. 본문의 후반부는 사실상『노자』제41장에 나오는 문장을 인용
한 것이기도 하다. 본래 반야의 지(知)는 지(知)와 부지(不知)를 모두
부정함으로써, 분별지의 영역을 초월하는 것을 가리키는 것이다. 그런
데 승조는 이러한 반야의 지(知)를 부지(不知)의 지(知)라고 하여 긍
정적인 사유형태로 변형시킨다. 이것은 인도에서 전래된 반야사상에는
없는 것이고, 오히려 노자가 무위(無爲)를 아무것도 하지 않는 것이
아니라 무위이기 때문에 무불위(無不爲)라고 하여 무위로부터 오히려
모든 작용이 원활하게 이루어지는 위(爲)의 세계로 되돌아가게 된다고
주장한 것과 동일한 맥락에 있다. 승조는 바로 이러한 노자적 발상을
확대 응용한 것이며, 이것이 본체의 세계와 현상의 세계를 언제나 부
합되고 서로 연락하고 있는 것으로 보고자 하는 현실긍정적인 중국불

---

100)『肇論』(대정장45, p.161b), 「然則玄道在於絶域 故不得以得之 妙智存乎
　　物外 故不知以知之 大象隱於無形 故不見以見之 大音匿於希聲 故不聞以
　　聞之.」

교의 원류가 되는 이유이기도 하다.101)

　이상으로 삼론학의 무득의가 현실긍정적인 측면이 다분히 내포되어 있으며, 그러한 경향성은 용수의 『중론』에 나타난 이제설에서 그 간접적인 단서를 찾을 수 있고, 직접적으로는 라집과 승조를 근간으로 하는 중국불교의 근본적 성격을 계승한 것임을 알 수 있다.

---

101) 柳田聖山, 『선의 사상과 역사』 pp.83~84.

인(仁)이 멀리 있는가? 내가 인을 실천하고자 하면 인은 곧
다가온다(『논어 論語』)

도는 가까이에 있다. 그런데도 이것을 멀리에서 찾는다. 일은 쉬운
데에 있다. 그런데도 이것을 어려운 데에서 찾는다(『맹자 孟子』)

도는 항상 어떤 인위적인 작용도 하지 않으면서 이루지 않는 것이
없다.(『노자 老子』).

옛날의 진인(眞人)은 잠을 자더라도 꿈이 없고 그 잠을 깨더라도
근심이 없다(『장자 莊子』).

제4장 삼론학의 근본이념에 대한 실천적 접근: 무득(無得)의 체화(體化)

1. 삼론학과 전오(轉悟)

길장은 『중관론소』에서 본무의(本無義), 즉색의(卽色義) 등을 비롯한 역대 여러 학자들의 반야에 대한 이해를 열거한 후에 동일한 점과 차이점, 인정할만한 점과 버려야 할 점 등을 논하고, 다시 이 모든 논의를 한데 모아 그것에 집착하는 마음이 있다면 모두 유소득이므로 파척해야 하겠지만, 마음에 의탁하는 바가 없다면 집착하는 것도 없어서 반연하는 대상에 따라 그에 적합한 깨달음을 얻게 하는 방편으로서 모두 쓰임새를 얻는다고 하여 조건부의 긍정을 보여준다.[1]

또한 『삼론현의』에서도 붓다가 설한 법에 의존하여 생겨난 모든 견해들을 공(空)·유(有)·역유역공(亦有亦空)·비유비공(非有非空) 등의 사문(四門)으로 총괄하고, 이것이 문제가 되는 이유는 반야방편을 얻지 못한 상태에서 특정한 견해를 받아들임으로써 그것에 집착하기 때문이고, 결론적으로는 반야를 증득하여 마음에 집착이 없으면 근기에 따라 적합하게 교화하며 도를 통하게 하고 사람을 이롭게 함에 있어서 서로 위배됨이 없다고 하여 조건부 긍정의 모습을 보여준다.[2]

『대승현론』에서는 불성의 의미에 대한 종래의 학설을 11가지로 정리하여 모두 나열하고 하나하나 비판한 후, 결론적으로는 11가지 학파가 정인(正因)이라고 한 것은 그것만을 옳다고 여기는 단정적인 형태

---

1) 『中觀論疏』 권2(대정장42, p.29a).
2) 『三論玄義』(대정장45, p.4c).

의 주장이므로 모두 정인(正因)이라고 할 수 없지만, 제법이 평등하여 둘이 아니며, 고정된 견해로서의 옳음〔是〕·고정된 견해로서의 그릇됨〔非〕이 없음을 깨닫는다면 11가지 학파가 설한 것은 모두가 정인불성이라고 할 수 있다고 하여 역시 조건부 긍정을 보여준다.3)

  이상은 삼론학이 앞에서 서술한 것과 같은 무득의 의미를 직접적으로 실천하고 있는 점에서 주목된다. 언어에 의한 가르침에 집착한다면 모두 파척의 대상이 되겠지만, 그렇다고 해서 그 언어 자체가 긍정될 수 있는 길을 막아 버려서는 안 된다는 것이다. 이것은 일체의 명교(名敎)가 그대로 진리의 길을 여는 통로임을 거듭해서 확인하는 것으로 나타난다. 이러한 길장의 입장은 가법에 대한 긍정적 사유방식을 바탕으로 하고, 그러한 사유방식을 가법의 하나인 언어에 대해서도 동일하게 적용한 결과이다.

> 그대는 해탈이 언어를 넘어선 것임을 알지만 언어가 곧 해탈이라는 것은 알지 못한다. 이미 언어가 곧 해탈이라면 또한 해탈도 곧 언어이다. 언어는 곧 해탈이니, 비록 어떤 언어를 말하더라도 말을 넘어선 것이고, 해탈이 곧 언어이니 비록 어떤 언어도 넘어섰다고 하더라도 언어를 향해 열려져 있다. 언어로 말을 해도 언어를 넘어서 있기 때문에 결정코 언어가 있는 것은 아니고, 언어를 넘어서 있다고 해도 언어를 향해 열려 있기 때문에 결정코 언어를 넘어선 것은 아니다. 그러므로 언어에 얽매여 있지도 않고 언어를 넘어서 격절해 있지도 않다. 또한 이치(理)에 집착하지도 않고 가르침(敎)에 집착하지도 않으니, 이것을 마음에 의지하는 것이 없는 것(心無所依)이라 하고, 이것에 의해 이치와 가르침의 참된 뜻을 알 수 있다.4)

---

3) 『大乘玄論』(대정장45, pp.35b~42b).
4) 『勝鬘寶窟』 권상(대정장37, p.5b), 「汝乃知解脫無言 而未悟言卽解脫 旣云 言卽解脫 亦應解脫卽言 言卽解脫 雖言無言 解脫卽言 雖無言而言 言而無言

여기에서 주목할 것은 긍정의 매개체로서 마음에 집착하는 것이 없을 것〔心無所著, 心無所依〕이 항상 강조된다는 것이다. 말을 넘어서 있는 이치〔無言의 理〕와 말에 의지하여 드러낸 가르침〔言의 敎〕은 서로 격절되지 않고 상즉하는 것이며, 이러한 입장에 설 때 이치와 가르침은 집착의 대상에서 벗어나 참된 지위를 얻는다. 이치는 언어를 매개로 하여 가르침으로 드러나며, 가르침은 깨달음을 매개로 하여 이치에 들어가게 한다. 『법화현론』에서 "깨달음의 입장에서 말하자면 이렇게 다른 학설을 품수 받아 각각 이익을 얻는 사람이 있다면 여러 학자들의 풀이가 그릇된 것이 아니다. 그러나 듣고도 깨닫지 못한다면 여러 학자들의 풀이를 옳다고 할 수 없다. 학자들의 뜻은 오직 깨달음을 귀중하게 여기는데 있을 뿐이다. 마땅히 깨달음을 경전의 종지로 삼을 뿐 동일성과 차이성을 논하지 않는다"5)라고 하여, 어떤 사상도 깨달음으로 이끄는 계기로 작용한다면 모두가 옳고 깨달음으로 이끄는 계기로 작용하지 못한다면 모두가 바르지 않다고 한다.

앞에서 보여준 조건부긍정은 그 사상을 주창한 학자 자신의 입장에서, 그것을 주장한 사람이 마음에 집착이 없는 가운데 어떤 사상을 펼쳤다면 그 사상은 옳다고 한 것이다. 후자는 그러한 주장이 사람들에게 받아 들여졌을 때, 그들에게 깨달음이라는 결과를 낳을 수 있다면 또한 그 사상은 옳다고 하는 것이다. 마음에 집착이 없음과 깨달음은 사실상 동일한 것이다. 집착이 있으면 깨달음이 아니고 깨달음이 없으면 집착에서 벗어날 수 없다. 어떤 사상도 그 자체가 옳은가 그릇된 것인가가 중요한 것이 아니라, 그것이 깨달음의 계기로 작용할 수 있는가, 없는가가 중요한 관건이 된다.6)

非定有言 無言而言 非定無言 故非言非無言 亦非理非敎 名心無所依 乃識理敎意也.」

5) 『法華玄論』(대정장34, p.381a), 「若以悟而言 稟斯異說 各蒙益者 則衆師釋 無可爲非 若聞而不悟 則衆師無可爲是 一師之意 唯貴在於悟耳 宜以悟爲經宗 無論同異也.」

전오(轉悟)란 어떤 대상을 마주하여도 그것을 깨달음의 사유구조로 전환시키는 능력이다. 대상 자체가 문제가 아니라, 대상에 대한 우리의 잘못된 인식이 문제이다. 이것은 일견하면 중국 초기불교의 대표적인 반야이해 가운데 하나인 심무의(心無義)와 동일한 것으로 오해할 수 있지만 전혀 다른 차원에서의 접근방식이다. 심무의는 승조에 의해 "만물에 대해 무심(無心)하라는 것일 뿐 만물이 일찍이 없는 것은 아니라는 주장이다. 이 이론의 장점은 마음의 평정에 있으나 단점은 사물의 텅 빈 모습(虛)을 파악하지 못한 것에 있다"[7]라고 지적되었다. 곧 공(空)이란 것이 대상자체에 대한 것이 아니라, 대상에 대한 마음의 비움(無)을 의미하는 것이라고 주장한 것이다. 이는 대상 자체의 공성(空性)에 대한 이해를 상실하였고, 이 때문에 역시 대상과 마음은

---

6) 여기에서 삼론은 절대적 진리의 존재를 인정하지 않는다는 것을 알 수 있다. 실상의 세계는 인연연기 하여 흐름 속에 있기 때문에 그 실상에 대한 인식인 진리는 결코 존재의 영역에 들어설 수가 없는 것이다. 이러한 삼론의 진리관은 교리적 상대주의와 대립되는 의미에서 기능적 상대주의라고 할 수 있다. 교리적 상대주의는 일상세계에서 진리의 상대성을 인정하는 상대주의이다. 이들은 진리의 존재성을 부정하는 것이 아니라 진리의 절대적 존재성을 부정할 뿐이다. 그러나 기능적 상대주의는 어떤 진리에 대해서도 그 존재성을 인정하지 않는다. 존재성을 인정함과 동시에 진리에서 멀어지기 때문이다. 유일한 진리는 연기적 세계에 대한 여실한 관조에 있다. 이것을 통해 테두리 없는 공을 이해하게 된다. 바로 이때 진리를 나타내는 모든 진리들은 진리가 아니라 방법적인 언어임이 인식된다. 여기에 이제는 궁극적 진리가 아니고 두 가지 진리의 영역도 아니며 오로지 언어적 가르침일 뿐이라는 삼론의 정의가 나타난다. 이제는 그 자체가 진리가 아니고 방법적으로만 진실한 것이다. 이러한 기능적 상대주의에 입각할 때 진리에 대한 집착의 가능성은 사라지게 되고, 일체의 진리를 나타내는 진리에 대해서 진리의 개현가능성을 인정할 수 있게 된다. 이것을 연기적 다원주의라고 하며, 이러한 관점은 삼론이 서구의 종교다원주의와 그 사상적 맥락을 함께 할 수 있는 근거가 된다. (김용표, 『불교와 종교철학』—공사상으로 본 세계종교』 제1부 제1장 「종교다원주의에서의 공공본질 문제에 대한 중관학적 해명」, pp.40~45).
7) 『肇論』「不眞空論」(대정장45, p.152a), 「心無者 無心於萬物 萬物未嘗無 此得在於神靜 失在於物虛.」

분리된다.

전오란 이러한 의미에서의 사유방식의 전환을 의미하지 않는다. 대상이 인연연기 하여 무생멸(無生滅)한 것이기에 우리의 사유구조 또한 그러한 실상에 타당하도록 맞추어 가는 것이다. 대상의 흐름을 단절시키는 계기로서 작용하지 말고, 대상의 흐름을 원활하게 하는 그런 역할을 해야 한다는 것이다.

삼론학이 용수를 종조로 한 인도중관파의 교의를 바탕으로 발전한 것은 일반적 사실이지만, 용수는 어디까지나 가(假)에서 공(空)으로 향하는 철저한 부정의 입장에 충실하며, 인연소생법(因緣所生法)이 그대로 완연히 공이라고 하여 적극적으로 긍정해 보이는 방식은 취하지 않는다. 제법이 그대로 공이라고 하는 것은 공성이 주체적으로 행해진 그 행(行) 또는 깨달음(悟)을 매개로 해서 성립하는 것이며 매개 없이 동등하다고 하는 것은 논리의 장에서는 불가한 것이 사실이다. 제법이 그대로 공이라고 하여 긍정하는 삼론학의 무득의는 바로 그 다양한 깨달음의 방식을 제시함으로서 그 논리적 비약의 가능성을 벗어나고 실천적 행위의 장(場)을 열은 것이라고 하겠다. 즉 교경(教境)의 일체법이 그대로 깨달음을 일으키는 일체법으로 변화하는 전오의식을 통해서 무득의는 완성된다. 본 장에서는 삼론학이 붓다의 교설을 어떤 방식으로 이해함으로써 무득의를 완성하는가를 살펴보기로 한다. 이렇게 고찰해 가는 가운데 삼론학의 전오방식이라고 명명할 수 있는 특정한 사유방식이 드러날 것이 기대된다. 이러한 틀을 밝혀냄으로써 일체의 명교(名教)를 대하는 인식주체의 올바른 사유방식을 파악해 내는 것이 본 장의 목적이다.

2. 사문(四門)의 전오방식

1) 사문의 전거와 불교적 의의

『삼론현의』에서 성실종과 비담종을 비판한 후 이 두 가지 가운데 어느 것이 더 뛰어난 것인가에 대한 상대방의 물음에 대해 다음과 같이 답한다.

> 『대지도론』에 다음과 같이 말했다. 네 가지의 문이 있으니 첫째 아비담문, 둘째 공문(空門), 셋째 비륵문(昆勒門)으로 협장(篋藏)이라고 한역하며, 넷째 비공비유문(非空非有門)이다. 반야방편을 얻지 못하고 비담문을 배운다면 유견(有見)에 떨어지고, 공문을 배운다면 공견(空見)에 떨어지며, 곤륵문을 배운다면 역공역유문(亦空亦有見)에 떨어지고, 비공비유문을 배운다면 우치론(愚癡論)에 떨어진다. 만약 반야를 얻어 마음에 집착이 없다면 근기에 따라 적절하게 교화하고 도를 통하게 하고 사람을 이롭게 함에 있어서 서로 위배됨이 없다. 그러나 성실과 비담은 각각 공과 유에 집착하여 서로를 배척하면서, 도(道)를 장애하고 삿된 견해를 증가시키니 모두 붓다의 뜻을 상실한 것이다.8)

본문에 인용된 것과 동일한 문장은 『대지도론』에 없다. 다만 『대지도론』 권18에서 "외도와 불법은 하늘과 땅처럼 차이가 난다. 붓다는 중생의 근기에 수순하기 위해 유(有)·무(無), 상(常)·무상(無常),

---

8) 『三論玄義』(대정장45, p.4c), 「又釋論云 有四種門 一者 阿毘曇門 二者 空門 三者 昆勒門 此云篋藏 四者 非空非有門 不得般若方便 學毘曇門 則墮有見 學於空門 則墮空見 學昆勒門 則墮亦空亦有見 學非空非有門 則墮愚癡論 若得般若 心無染著 隨機適化 通道利人 無相違背 而成實毘曇 各執空有 互相排斥 障道增見 皆失佛旨也.」

고(苦)·락(樂), 아(我)·무아(無我) 등의 여러 가지 형태의 가르침을 설했다. 반야에 대한 바른 이해를 하지 못한 사람들은 이러한 교설을 듣고, 가르침에 모순이 있다고 보고 혼란을 일으킨다. 그러나 반야에 대한 바른 이해를 한 사람은 이러한 모든 가르침을 곤륵문, 아비담문, 공문 등의 세 가지 문으로 포괄하여, 붓다의 모든 가르침이 서로 위배되지 않음을 관찰한다. 곤륵문은 붓다 재세시 대가전연(大迦栴延)이 지은 『곤륵』이라는 논서의 사상이라는 뜻으로, 그 사상적 경향은 역공역유문(亦空亦有門)으로 규정된다. 아비담문은 붓다의 가르침 가운데 현상계를 구성하는 기본요소인 법이 자성적 실체를 가지고 존재한다는 점을 받아들였으며, 그 사상적 경향을 일언하여 유문(有門)이라고 한다. 공문은 붓다의 교설 가운데 중생공과 법공의 가르침을 통틀어서 일컫는 말이다. 다만 여기서의 법공(法空)은 제법을 쪼개고 분석하여 공이 되는 것이 아니라, 제법이 그 자체 공이라는 의미에서의 공으로, 일부소승경전에서 주장하는 법공과는 구별된다"[9]라고 하였다. 우선 여기에서 붓다의 교설을 총괄하는 뜻에서 세 가지의 문이 제시되었음을 알 수 있다.

그렇다면 비유비공문은 어디에서 유래한 것인가. 길장은 이것을 어디에서 인용하였고 그 내용은 무엇인가. 본문에서 비유비공문을 우치론이라고 한 것을 단서로 『대지도론』에서 우치론을 언급한 부분을 살펴보기로 한다.

---

9) 『大智度論』 권18(대정장25, pp.192a~194a), 「汝等外道 與佛法 懸殊有
若天地 汝等外道法 是生諸煩惱處 佛法則是滅諸煩惱處 是爲大異 諸佛法無
量 有若大海 隨衆生意故 種種說法 或說有或說無 或說常或說無常 或說苦或
說樂 或說我或說無我 或說懃行三業攝諸善法 或說一切諸法無作相 如是等種
種異說 無智聞之 謂爲乖錯 智者 入三種法門 觀一切佛語 皆是實法 不相違
背 何等是三門 一者 昆勒門 二者 阿毘曇門 三者 空門…… 無智人 聞空解
脫門 不行諸功德 但欲得空 是爲邪見斷諸善根 如是等義 名爲空門.」

묻는다. 붓다의 법은 항상 공상(空相) 가운데에 비유비무를 설하여, 공에 의해 유를 제거하고 공을 공하다고 하여 무를 제거하니, 이것을 비유비무라 한다. 이것을 왜 우치론이라고 하는가. 답한다. 불법의 실상은 받아 지닐 것도 없고 집착할 것도 없다. 너는 비유비무를 받아 지니고 집착하기 때문에 우치론이라고 한다. 비유비무를 말하면 설할 수도 있고 무너뜨릴 수도 있으니, 마음이 생겨나는 곳이고 투쟁이 일어나는 곳이다. 불법은 그렇지 않다. 비록 인연에 의하기 때문에 비유비무를 설하지만 집착을 내지 않는다. 집착을 내지 않기 때문에 무너뜨릴 수 없고 깨트릴 수도 없다.10)

여기서 우치론은 비유비무문을 말하는 것이고, 길장이 4문 가운데 네 번째로 시설한 것은 바로 이 부분을 인용한 것임을 알 수 있다. 본문에서 비유비무문은 붓다의 교설로 인정되지만, 그것이 우치론으로 규정되는 것은 동일하게 비유비무를 말하더라도 인연에 의해서 시설한 것임을 알지 못하고 비유비무라는 교설 자체에 집착하였기 때문이다. 4문에 대해서는 길장 저술의 곳곳에 여러 차례 언급되어 있다. 우치론에 대한 길장의 해명을 다른 저술을 통해 알아보면 다음과 같다.

묻는다. 무엇 때문에 유와 무를 부정하는 것을 우치론이라고 하는가. 또한 『섭대승론』에서 유와 무를 부정하는 것을 희론방(戲論謗)이라고 하였는데, 무엇 때문에 다시 중도라고 하는가. 답한다. 유와 무를 부정하는 뜻이 승조의 뜻과 같다면 중도이고, 다시 유와 무를 버리고 유와 무의 부정에 집착한다면 우치론이라고 한다.11)

---

10) 앞의 책 권15(대정장25, p.170c), 「問曰 佛法常空相中 非有非無 空以除有 空空遮無 是爲非有非無 何以言愚癡論 答曰 佛法實相 不受不著 汝非有非無受著故 是爲癡論 若言非有非無 是則可說可破 是心生處 是鬪諍處 佛法則不然 雖因緣故 說非有非無 不生著 不生著則不可壞不可破.」
11) 『中觀論疏』 권5(대정장42, p.72b), 「問 何故 云非有無 是愚癡論 攝大乘論 爲戲論謗 何故 復云是中道耶 答 得非有無意 如肇公意者 是中道 復捨有無 而著非有無者 是愚癡論也.」

동일하게 비유비무를 논하더라도 승조의 입장에서 설한 것이라면 중도를 드러내는 것이고 유와 무를 부정하여, 유와 무로 돌아가는 활로를 막아 버린다면 이 때의 비유비무는 우치론이라고 한다. 가설(假說)로서의 유와 무를 격절한 비유비무에 대한 비판임을 알 수 있다. 그러므로 비유비무문도 붓다의 교설로서 인정된다.

길장은 이상과 같이 붓다의 교설을 사문으로 총괄한 후 반야를 증득하지 못하면, 붓다의 교설일지라도 4문은 모두 잘못된 견해가 되고 반야를 증득한다면 4문은 모두 타당하여 사실상 우열을 논할 수 없다고 결론짓는다. 반야의 증득여부는 집착으로부터의 벗어남에 달려 있는 것이다. 유소득의 소산이라면 4문은 모두 부정될 것이지만 무소득의 소산이라면 모두 긍정될 수 있음을 말한다. 전자의 경우라면 유소득의 정견(定見)이 되어 전오의식이 결여된 지식체계에 속할 뿐이지만 후자의 경우라면 무소득의 가법으로 설시되었으므로 깨달음으로 이끄는 도리가 된다.

2) 이제관(二諦觀)과 초장양절의(初章兩節義)

① 이제의 득실논의(得失論議)

동일하게 4문을 논하더라도 하나는 유소득이고 다른 하나는 무소득으로 규정된다. 붓다의 가르침인 4문이 마구니의 말이 되는가, 붓다의 말씀이 되는가는 그것을 받아들이는 또는 그것을 주장하는 우리들의 태도에 달려 있다. 어떤 방식으로 이러한 가르침을 받아들일 때, 또한 그것을 주장할 때 이 4문은 무득의 경지에 도달하도록 하는 계기로 작용할 것인지를 알아보기로 한다. 우선 길장이 유와 무를 대경(對境)으로 한 대자(對者)의 이해에 대한 유득과 무득이라는 판정의 근거를 설명하는데 중점을 두는 부분을 살펴보고자 한다. 이것은 『이제의』에서 삼론학의 이제가 다른 학파의 이제와 다른 점을 열 가지로 설명한 것에서 명확하게 드러난다.

첫째 타가의 이제는 이치(理)와 교문(敎)이 없고 삼론학의 이제는 이치와 교문이 있다. 타가에 이치와 교문이 없다는 것은, 타가는 이제를 이치라고 하여, 삼가(三假)를 세제의 이치, 사절(四絶)을 진제의 이치라고 한다. 삼론학에서는 이제는 교문이고 불이(不二)를 이치라고 한다. 유와 무가 둘이라고 하는 것은 교문이고, 비유비무의 불이(不二)라고 하는 것은 이치가 된다. 그러므로 교문도 있고 이치도 있다. 이렇게 비추어 볼 때 타가에서 유와 무의 두 가지만 있다고 하고, 이것을 이치라고 한 것은 삼론학에서의 교문에 해당된다. 그리고 이러한 교문은 그것을 이치라고 하고 집착함으로써 불이(不二)를 드러내지 못하기 때문에, 결국은 이치가 아닐 뿐 아니라, 교문도 될 수가 없다. 그러므로 교문도 없고 이치도 없다고 한다.12) 타가는 유와 무의 두 가지를 설정하고 이것을 이치라고 함으로써, 불이(不二)의 이치를 보는 길이 애초에 막혀 있다. 따라서 그들이 이치라고 한 유와 무는 다시 교설의 역할도 하지 못하게 된다. 교문은 그것을 통해 이치를 드러내는 목적을 성취해야 하는데, 이미 다른 것을 지향하지 않고 그 자체에 갇혀 버렸기 때문이다. 삼론학은 진속의 이제를 교설이라고 함으로써, 진속이 인연가설임을 알게 하고, 따라서 인연가설이 드러내는 실상인 불이(不二)를 알게 하기 위한 가르침의 의미를 갖는다. 삼론학의 이제는 교문과 이치를 동시에 구족한 것이다.

둘째 타가의 이제는 유상(有相)이고 삼론학의 이제는 무상(無相)이다. 타가는 「유(有)는 유상(有相)이 있고, 무(無)는 무상(無相)이 있

---

12) 『二諦義』(대정장45, p.87b29), 「今時亦辨二諦義　何異　解此凡有十句異
　　一者　明理敎義　他二諦卽無理敎　今明二諦有理敎　他無理敎者　彼明二諦是理
　　三假是世諦理　四絶是眞諦理　今明二諦是敎　不二是理故……　如來說有說無
　　爲表一道　此之有無　乃是道門　非是理　爲是故明　二諦是敎　非是理也.」

으니, 유의 상(相)이 없으면 유가 성립되지 않고, 무의 상이 없으면 무가 성립되지 않기 때문에, 이제가 성립되지 않는다」고 주장한다. 그러나 이미 도리로서 이제가 있으니, 유에는 유의 상이 있고, 무에는 무의 상이 있으며, 이것을 유상이라고 한다. 삼론학에서는 유라고 해도 유라고 하는 상이 없기 때문에 유는 불유(不有)를 나타내고, 무라고 해도 무라고 하는 상이 없기 때문에 무는 불무(不無)를 나타낸다. 유무를 통해 불유불무를 나타내기 때문에 무상이라고 한다. 무상이기 때문에 교문(敎門)이 된다.13) 타가는 유와 무라는 가르침을 그 자체 진리라고 생각함으로써, 유를 통해 무를 보고 무를 통해 유를 보는 상호 융섭의 구조를 관조하지 못한다. 이로써 유와 무는 각각 일정한 테두리 속에 갇혀지게 되고, 이것에 대해 자성적 실체로서 존재한다고 하는 상을 짓게 된다. 삼론은 유와 무를 진리를 드러내기 위한 가르침으로 봄으로써 이것을 통해 유와 무가 불이(不二)라고 하는 진리를 관조하게 된다. 이러한 진리를 관조함으로써 유와 무는 테두리를 갖지 않고 무한히 열려 있음을 알게 된다. 이때 유와 무에 대해서 어떠한 상(相)도 짓지 않는다.

 셋째 타가의 이제는 유득이고 삼론의 이제는 무득이다. 타가는 얻어 지닐 만한 유가 있고, 얻어 지닐 만한 무가 있다고 한다. 얻어 지닐 만한 유가 없고 얻어 지닐 만한 무가 없다면 곧 이제가 없는 것이다. 이미 이제가 있으니까 얻어 지닐 만한 유와 무가 있다고 한다. 이것을 유득이라고 한다. 삼론에서는 유는 유에 머물지 않기 때문에 유는 불유를 나타내며 얻어 지닐 만한 유도 없다. 무는 무에 머물지 않기 때문에 무는 불무를 나타내며 얻어 지닐 만한 무도 없다. 그러므로 무득

---

13) 앞의 책(대정장45, p.87c), 「二者 有相無相義 從來云 山門得無相義 他家 明有相 何故 他是有相 山門明無相耶 解云 他有有有相 無有無相 有若無相 卽無有有 無若無相 卽無有無 便無二諦 旣道理 有二諦 卽有有有相 無有無 相 名爲有相義 今明 有無有相 有表不有 無無無相 無表不無 有無表不有不 無故 名無相義 以無相故 故名敎門也.」

의라고 한다. 유와 무를 얻어 지니지 않으니, 이러한 유무를 교문이라고 한다.14) 타가는 유와 무에 대해 일정한 상을 짓기 때문에, 그것을 통해 다른 것을 인식할 수 있는 길은 단절된다. 오직 그 유와 무의 상에 집착하여 그것을 지니려고 할 뿐이다. 삼론은 유와 무에 대해 자성적 실체로서의 존재라고 하는 상을 짓지 않기 때문에, 그것에 대해서 집착하지도 않는다. 유를 통해 불유, 무를 통해 불무를 보는 자유로운 사유구조가 열린다. 그러므로 유와 무는 진리를 향한 계기로 작용할 뿐 그것에 대해 집착하는 일은 발생하지 않는다.

　넷째 타가의 이제는 이치의 밖에 있고 삼론의 이제는 이치의 안에 있다. 그러므로 이제는 교문이라고 한다.15) 이것만으로는 정확하게 타가와 삼론의 차이를 알 수 없다. 길장 자신도 열 가지의 차이를 설명한 후에 다시 이것을 구체적으로 언급하고 있는데, 길장이 이러한 서술방식을 채택한 것은 이것을 열 가지의 뜻을 총괄할 수 있는 것으로 생각했기 때문인 것으로 추정된다. 그러므로 이 부분의 구체적인 설명은 뒤로 미룬다.

　다섯째 타가는 이제를 이치라고 함으로써, 붓다가 설한 유무의 교문이 지닌 본래의 취지를 덮어 버리고〔覆〕 삼론은 이제를 교문이라고 함으로써 유무의 교문이 지닌 본래의 취지를 열어 놓는다〔開〕. 타가에서의 유는 유에 머물고 무는 무에 머문다. 이러한 유무는 붓다가 설한 인연유무를 덮어 버린다. 삼론에서는 이제를 교문이라고 한다. 그러므로 유는 불유를 드러내고 무는 불무를 드러낸다. 유무는 불유불무를 드러내니 붓다의 가르침은 곧 개시되어, 막히는 것이 있지 않으니, 그

---

14) 앞의 책(대정장45, p.88a), 「三者 得無得義 他有得義 今明無得義 他有有可得 有無可得 若無有可得 無無可得 卽無二諦 旣有二諦 故有有無可得 名爲有得 今明 有不住有 有表不有 無有可得 無不住無 無表不無 無無可得故 名無得義 以無得有無 有無名爲敎也..」
15) 앞의 책(대정장45, p.88a), 「四者 明理內外義亦爾 他眞俗理外 今眞俗理內 以理內故 名之爲敎也..」

러므로 유와 무는 교문이다.16) 붓다가 유무의 가르침을 설한 것은 유를 통해 무를 보고 무를 통해 유를 보게 하기 위한 것인데, 타가의 이제설은 유와 무를 진리로 보고 고정화시킴으로써, 그 자체에 갇혀 버리게 하고, 이로써 붓다의 가르침에 의지하면서도 오히려 붓다의 본지를 덮어 버린다. 삼론은 유무의 가르침이 궁극적으로 지향하는 것이 불유불무의 중도를 깨닫게 하는 것임을 알기 때문에 이제를 교문이라고 한다. 이제를 교문이라고 함으로써 유와 무는 각각 자신이 궁극적으로 드러내고자 하는 진리를 향해 열려진 구조를 갖게 되고, 그 속에서 불유불무라고 하는 붓다의 본지가 개시된다.

여섯째 타가의 이제는 반자(半字)이고 삼론의 이제는 만자(滿字)이다. 타가는 오직 이(二)만 있고 불이(不二)는 없다. 오직 교문만 있고 이치는 없기 때문에 반(半)이라고 한다. 삼론은 이치와 교문을 모두 갖추었기 때문에 만자라고 한다. 엄밀한 의미에서 타가는 이미 만(滿)이 없기 때문에 반(半)이라고 할 수도 없다. 반(半)이란 만(滿)이 반으로 감소한 것인데, '만'이 없는데 어떻게 '반'이 있겠는가. 그러므로 '반'이라고 할 수도 없다.17) 이것은 첫째 부분에서 교문만 있고 이치는 없다고 하고, 궁극적으로 교문은 이치를 나타내는 기능을 가져야만 교문이라고 할 수 있는 것인데, 타가의 이제는 이치를 나타낼 수 없기 때문에 교문이라고 할 수도 없다고 한 것과 동일한 취지에서 '반'을 부정하는 것이다. 즉 교문과 이치가 모두 갖추어지면 '만'이고, 이 중 하나만 갖추어지면 '반'이기 때문에, 이러한 범주에 의거하면 타가의 이

---

16) 앞의 책(대정장45, p.88a), 「五者 明開覆 他二諦是理卽覆 今明二諦是教卽開 何者 他有住有 無住無 此有無 覆如來因緣有無也 今明二諦是教 有表不有 無表不無 有無表不有無 如來教卽開 無有壅滯 故經云譬如秋月處空顯露 今亦爾故 有無名教也.」

17) 앞의 책(대정장45, p.88a19), 「六者 明滿半義 他家二諦是半 今明 二諦是滿 何者 他唯有二無不二故 唯教無理 名爲半字 今明 具足理教 名爲滿字 一往如此 他旣無滿 是卽無半 何者半是滿半 旣無滿 何得有半 安師云 減滿爲半 足半爲滿 旣無滿何所減爲半 故無滿卽無半也.」

제설은 교문만 있기에 '반'이고 삼론의 이제설은 교문과 이치가 있기에 '만'이다. 그런데 이것은 편의상 알기 쉽도록 분류한 것일 뿐, 궁극적인 의미에서 말하자면, 타가의 이제설은 '반'도 되지 않는다. 타가에서 이제는 분이(分二)의 사유체계에 머물러 불이(不二)를 드러내지 못하기 때문에, 결국 이치를 드러내는 기능을 상실하였으며, 따라서 교문이라고도 할 수 없는 것이다.

　일곱째 타가의 이제는 어리석은 사람의 설이고 삼론의 이제는 지혜로운 사람의 설이다. 『열반경』에 "명(明)과 무명(無明)을 어리석은 사람은 둘이라고 하지만, 지혜로운 사람은 그 성품이 둘이 아님을 깨닫는다"고 하였다. 명과 무명이 이미 그러하기 때문에, 진제와 속제도 또한 그러하다. 진속을 둘이라고 하는 것은 어리석은 사람의 설이고, 둘이 아니라고 하는 것이 지혜로운 사람의 설이다. 불이의 성품이 곧 실다운 성품이므로, 불이(不二)는 이치이고 이(二)는 교문임을 알 수 있다.18) 타가는 이제를 진리라고 함으로써, 둘 사이에 상호인연의가 성립되지 않는다. 따라서 이제는 항상 분이(分二)의 상태에 놓여 있게 되는데, 이러한 분별의식을 경전에서는 어리석은 사람의 사유구조라고 하였다. 삼론은 이제를 교제라고 봄으로써 둘 사이의 상호 인연의를 관조하며, 불이의 진리를 드러내는 기능을 갖게 된다. 이러한 불이적 사유를 경전에서는 지혜로운 사람의 특성이라고 보았다.

　여덟째 타가의 이제는 단지 작용[用]만 밝히고 본체(體)는 없다. 작용은 본체를 드러내기 위한 것인데, 본체가 없다면 사실상 작용도 없는 것이다. 삼론의 이제는 본체도 있고 작용도 있다.19) 본체와 작용의 구체적인 내용은 밝히고 있지 않다. 『이제의』 권상에서 "이(二)로

---

18) 앞의 책(대정장45, p.88a), 「七者 明他二諦愚者 今是智者 何者 涅槃經云 明無明愚者謂二 智者了達其性無二 明無明旣然 眞俗亦爾 眞俗二卽愚者 不二卽智者 不二之性卽是實性 故知 不二是理 二是教也.」
19) 앞의 책(대정장45, p.88a), 「八者 今明體用 彼但有用無體 無體卽無用 今則 具有體有用也.」

184

인해 불이(不二)를 깨달으니, 이(二)는 이치에 기반한 교문이고, 불이 (不二)는 교문이 지향하는 이치이다. 이(二)는 곧 중(中)의 가(假)이 고 불이(不二)는 가(假)의 중(中)이다. 이(二)는 체(體)의 용(用)이고 불이(不二)는 용(用)의 체(體)이다. 그러므로 이 이제는 실상을 증득 한 것〔得〕이라고 한다"20)라고 하였다. 이것에 의해 이(理)＝중(中)＝ 체(體)이고, 교(教)＝가(假)＝용(用)임을 알 수 있다. 따라서 그 근본 취지는 첫 번째 이치와 교문의 있음과 없음을 논한 것과 같음을 알 수 있다. 본체는 곧 불이(不二)이고 작용은 곧 이(二)인데, 타가의 이제 는 이(二)에 그치기 때문에, 이러한 이(二)는 본체인 불이(不二)를 드 러낼 수 없고, 따라서 본체를 드러내는 기능에 의해 존재의의가 드러 나는 작용으로서의 기능을 하지 못한다고 한 것이다.

아홉째 불이(不二)는 근본적인 것〔本〕이고 이(二)는 지말적인 것 〔末〕인데, 타가의 이제는 근본적인 것이 없기 때문에, 지말적인 것도 없다. 삼론의 이제는 근본과 지말을 모두 갖추고 있으니 그러므로 이 제는 교문이고 불이(不二)는 이치라고 한다.21) 이(二)는 불이(不二) 라고 하는 근본적 가르침을 드러내기 위한 지말적 가르침인데, 타가는 이 지말적 가르침에 집착하여 근본적 가르침을 상실한다. 그렇다면 붓 다가 설한 지말적 가르침의 본질을 이해하지 못한 것이기 때문에, 사 실상 동일한 용어를 사용하고 있기는 해도 그것을 본질적 가르침을 지 향하는 지말적 가르침〔本의 末〕이라고 볼 수 없다. 곧 사실상 지말적 가르침의 본질을 실현하지 못하고 있기 때문에 엄밀한 의미에서는 지 말적인 것도 또한 갖추고 있다고 할 수 없다.

---

20) 앞의 책(대정장45, p.82c), 「因二悟不二 二卽是理教 不二卽是教理 二卽 中假 不二卽假中 二卽體用 不二卽用體 故此二諦是得也.」
21) 앞의 책(대정장45, p.88b), 「九者 明本末 不二是本 二是末 他旣無本 何 有末 今具有二不二 具有本末 故云二諦是教 不二是理也.」

　　열 번째 타가는 삼가(三假)는 세제의 이치이고 사망(四忘)은 진제의 이치라고 하고, 이와 같은 이제는 오직 요의(了義)일 뿐이고 이 가운데 불료의(不了義)는 없다고 한다. 삼론의 입장에서 볼 때 이와 같은 이제는 그들의 입장에서는 요의(了義)라고 하였지만 실제로는 모두 불료의(不了義)이다. 그 이유는 다음과 같다. 삼론은 이제를 설할 때, 유에 의해 불유를 드러내고 무에 의해 불무를 드러내고자 한다. 유무를 설하여 불유불무를 드러내는 것을 요의라고 한다. 타가는 유라고 하면 유에 머물러 불유를 드러내지 못하고 무라고 하면 무에 머물러 불무를 나타내지 못한다. 유무가 비유비무를 나타내지 못하고 이(二)가 불이(不二)를 드러내지 못하니, 도를 드러낼 수 없기 때문에 요의가 아니다. 삼론은 인연유무를 밝히기 때문에 유는 불유를 나타내고 무는 불무를 나타낸다. 유무의 이(二)가 청정한 불이(不二)의 도를 나타내니, 그러므로 요의라고 한다. 『열반경』에 말하기를 "이러한 두 가지 말은 한 가지의 말을 깨닫도록 하기 위한 것이다"라고 하였다. 삼론도 또한 그러하여 인연의 '이'는 '불이'를 드러내기 위한 것이다. 이 인연의 '이'는 '불이'를 깨닫게 하기 위한 것이기 때문에 '이'는 교문이 된다. 두 가지의 말을 취하여 집착하지 않기 때문에 교문이 된다. 그러므로 삼론의 이제는 요의만이 아니라 불료의도 있다. 요의와 불료의를 모두 갖추었다. 단지 하나인 이제의 교문에 방편이 있으면 '이'를 듣고 '이'에 머물지 않고 이로 인해 '불이'를 깨달으니 요의라고 한다. 방편이 없으면 '이'를 듣고 '이'에 머물러 '불이'를 깨닫지 못하기 때문에 불료의라고 한다. 그러므로 삼론은 요의와 불료의를 모두 갖추었다.22) 앞에서 인용된 『열반경』은 붓다가 열반에 대해 상락아정이라고

---

22) 앞의 책(대정장45, p.88b), 「十者 明了義不了義 由來釋了義不了義者……
　　彼明 若以三假爲世諦理 四忘爲眞諦理 此之二諦 唯是了義 無不了義也 今明
　　如此二諦皆是不了 何者 我二諦說有 欲顯不有 說無欲顯不無 說有無顯不有不
　　無 名爲了義 汝有住有不表不有 無住無不表不無 有無不表非有非無 二不表不
　　二 卽不能顯道故非了義…… 只是一二諦敎門 有方便 卽聞二不住二 因二悟不

하고, 다시 무상, 고, 무아, 부정이라고 하여, 두 가지 말을 하였지만, 전자는 료인(了因)의 입장에서 말한 것이고 후자는 생인(生因)의 입장에서 말한 것일 뿐, 실제로는 두 가지 말이 오직 하나의 실상을 드러내기 위한 것이기 때문에 분이(分二)의 성격을 갖지 않는다고 하는 가르침을 설하는 과정에서 언급된 말이다.23) 여기에서 길장은 삼론은 이제를 교제(敎諦)라고 보기 때문에, 그것을 잘못 받아들이면 불료의가 되고 제대로 받아들이면 요의가 된다는 것을 알기 때문에, 요의와 불료의를 모두 인식하고 있다고 한다. 그러나 타가는 이제를 그 자체 진리라고 보기 때문에 그것을 받아들이는 사람이 어떻게 이해하든 상관없이 요의가 된다고 함으로써, 오히려 진리를 향해 나아갈 수 있는 길을 차단한다고 본다. 그들은 이제를 요의라고 하지만, 그것을 통해서 깨달음을 얻지 못하기 때문에 사실상 그들이 보는 이제는 요의도 아닌 것이 된다.

길장은 이상의 열 가지 관점에서, 타가의 이제와 삼론의 이제설의 차이성을 밝혔지만, 이 열 가지는 다시 동일한 맥락에서 이해될 수 있다. 서로 다른 것을 설명하는 것이 아니라. 일한 뜻을 다른 범주로 운용하고 있다는 것이다. 유무(有無)의 이(二)＝교(敎)＝용(用)＝말(末)이고 유무의 불이(不二)＝리(理)＝체(體)＝본(本)이다. 이렇게 다양한 범주를 사용하는 것은 길장 이전에 이제에 대한 논의에 나타난 여러 가지 개념들을 총괄하려는 의도가 있는 것으로 보인다. 파사현정의 정신에 입각할 때, 상대방의 주장이 현정(顯正)의 수단이 되기 때문에 상대방이 설정한 범주를 벗어나지 않고, 그 자체의 부당성을 지적하는

二 名了義 無方便 卽聞二住二 不悟不二 名不了義 故今時具有了不了義也.」
23) 『涅槃經』(대정장12, p.841a), 「佛言 我法雖從無常 獲得涅槃 而非無常 婆羅門 從了因得故 常樂我淨 從生因得故 無常無樂無我無淨 是故 如來所說有二 如是二語無有二也 是故 如來名無二語…… 婆羅門言 世尊 我已知已 佛言 善男子 云何知已 婆羅門言 世尊 苦諦 一切凡夫二 是聖人一 乃至 道諦 亦復如是.」

것이 파사현정의 올바른 실현방식이기 때문이다.

다시 이러한 범주를 통해 길장이 밝히려고 하는 것은 결국 유무의 이(二)가 한 편으로는 인연의 유무가 되고, 다른 한편으로는 정성(定性)의 유무가 된다는 점에 있다. 이것을 가치판단에 의해 구별할 때, 전자는 무상(無相)＝무득(無得)＝요의(了義), 후자는 유상(有相)＝유득(有得)＝불료의(不了義)가 된다. 인연의 유무일 때만이 무득의 경지에 도달하는 기능을 수행할 수 있는 유무가 된다는 것을 알 수 있다. 이렇게 동일한 유무의 교문이 무득의 경지에 도달하는 길이 되는가, 유득의 나락에 떨어지는 길이 되는가를 판별하는 길장의 서술에는 일정한 형식이 존재하는데, 그것이 바로 초장양절의(初章兩節義)이다.

② 초장양절의: 올바른 사유의 기초

초장양절의는 초장어(初章語), 초장(初章) 등으로 줄여 쓰이기도 한다. 그 뜻은 어떤 글의 처음에 수록된 글을 말한다. 길장의 저술 속에서도 초장은 경론을 풀이함에 있어서 맨 처음 수록된 글을 가리키는 용어로 자주 사용된다. 다만 『중관론소』 권2에 "이 일장(一章)을 통틀어서 이름하면 처음 배우는 사람의 장문(章門)이 되기 때문에 모두 초장이라고 한다"24)고 하고, 『이제의』 권상에 "삼론 일가(一家)에서 초장의 언방(言方)이 이와 같다. 삼론을 배우는 자는 반드시 다른 것을 하기에 앞서 이 말을 얻어야 한다. 왜 초장이라고 했는가. 학자에 있어서 장문의 처음이 되기 때문에 초장이라고 한다"25)라고 하여, 초장을 특정 경론의 처음 글이 아니라, 삼론을 배우려는 사람들이 가장 먼저 이해해야 할 언방(言方)이라고 규정하였다. 그리고 초장이라는 말

---

24) 『中觀論疏』 권2(대정장42, p.28a), 「若總說此一章 爲初學之章門 皆是初章.」
25) 『二諦義』 권상(대정장45, p.89b), 「一家初章 言方如此 學三論者 必須前
　　　得此語 何意名初章 初章者 學者章門之初 故云初章.」

의 출처에 대해서 『이제의』에서 "『십지경』 권1[26])에서 모든 문자는 모두 초장에 포섭되는 것임을 밝힌 것에서 비롯된 것이다"[27])라고 하였다. 모든 문자를 이해하기 위한 기본 원리로서 초장이 시설된 것임을 알 수 있다. 따라서 일체의 명교에 대한 올바른 관찰을 통해 무득의 경지에 도달하기 위해서는 초장을 알아야만 하고, 또한 초장만을 아는 것으로도 나머지 일체의 명교를 이해할 수 있음을 알 수 있다.

『이제의』에서 초장을 언방이라고 규정하였는데, 언방은 삼론에서 중요한 용어 중의 하나이므로 그 개념을 고찰해 보기로 한다. 길장의 저술에 언방이라는 용어를 사용한 예는 앞의 것 이외에도, 『대승현론』 권2에 "용광사 승작(僧綽)이 지은 3종중도는 개선사 지장(智藏)이 지은 3종중도와 더불어 언방이 약간 다르다. 승작은 이체(二體)가 있다고 하고, 지장은 일체(一體)라고 하였으나, 주장하는 취지는 동일하다. 모두 유소득이다…… 팔불에 나아가 3종중도를 밝힘에 있어서 언방이 신구(新舊)가 같지 않지만 주장하는 취지는 동일하다"[28])라고 하여, 두 번 사용되었다. 초장만이 아니라, 3종중도도 또한 언방이라고 규정하고 있음을 알 수 있다. 여기서 언방이란 무슨 뜻인가. 『대승현론』에 "3종중도는 모양에 여러 가지 형세가 있지만 뜻은 마침내 한 가지이다. 다만 방언(方言)이 다를 뿐이다"[29])라고 한 것을 참조할 때 언방은

---

26) 『華嚴經』「十地品」의 별역본으로 대정장에는 『十住經』이라는 제명으로 수록되어 있다. 해당문장은 『十住經』 권1(대정장10, p.499b)에 "비유하면 모든 경전의 글은 모두 초장에 포섭되어, 한 글자도 초장에 들어가지 않는 것이 있지 않은 것처럼, 이와 같이 불자야, 십지란 일체불법의 근본이고 보살이 구족하게 이 십지를 행하면 능히 일체지혜를 얻는다. 譬如所有經書 皆初章所攝 初章爲本 無有一字 不入初章者 如是佛子 十地者 是一切佛法之根本 菩薩具足 行是十地 能得一切智慧"라고 한 것을 말한다.

27) 『二諦義』(대정장45, p.89b), 「此語 出十地經第一卷 明一切文字 皆初章所攝」.

28) 『大乘玄論』 권2(대정장45, pp.26a~27b), 「龍光作三種中道 與開善作三種中道 言方少異 綽師有二體 藏師一體 而意趣是同 並是有所得…… 約八不明三種中道 言方新舊不同 而意無異趣也」.

29) 앞의 책(대정장45, p.28c), 「作三種中道 相多種勢 意終是同 但方言異耳」.

방언과 동일한 뜻으로 사용되었음을 알 수 있다. 그리고 길장은 언방이라는 용어보다 방언이라는 용어를 더욱 자주 사용한다.30) 방언은 "한 지역 또는 계층에 한해 쓰여지는 언어의 체계, 또는 사투리"를 뜻한다. 즉 동일한 뜻을 가진 언어가 그것이 사용되는 상황에 따라 다른 형세로 나타나는 것을 말한다. 길장은 방언을 이러한 일상적 의미가 아니라, 어떤 진리를 설명하기 위한 방편으로 사용하는 언어라는 뜻으로 이해한다. 방언이 동일한 뜻을 지역에 따라, 또는 그것을 사용하는 사람의 부류에 따라 다른 형태의 언어로 나타내는 것이라면, 길장이 방언이라는 용어를 동일한 진리를 달리 표현한 언어라는 뜻으로 차용한 것은 의미의 왜곡이 없는 타당한 사용법인 것으로 보인다. 현예(玄叡, ?~840)는 『대승삼론대의초』 권2에서 "방언의 방은 방역(方域)이고 언은 언교(言敎)이며, 방역은 중생의 소연역(所緣域)이고 언교는 능화수연교(能化隨緣敎)"라고 하여, 방언을 상황이나 중생의 근기에 따라 다르게 그들을 교화하기 위한 방편으로 시설된 교설이라고 규정하였다.31)

　방언은 타가와 삼론의 구별 없이 모두 적용된다. 다만 타가에서는 직접적으로 방언을 시설한 것이 보이지 않고, 길장이 타가의 여러 가지 사상이 종국에는 방언의 차이일 뿐 그것이 드러내는 뜻은 동일하다는 뜻을 나타낼 때 그들에게 부여하는 명칭으로 사용된다. 삼론 자체에서 방언이라는 용어가 사용될 때는 진리를 현시하기 위한 다양한 언어의 형식이라는 뜻으로 사용된다. 길장의 방언으로 가장 빈번히 사용

---

30) 『中觀論疏』 권1(대정장42, p.10c), 「釋此八不 變文易體 方言甚多.」 앞의 책 권2(대정장42, p.29c), 「釋道安本無 支公卽色 周氏假名空 肇公不眞空 其原猶一 但方言爲異.」 『大乘玄論』 권1(대정장45, p.19c), 「初就八不明中道 後就二諦明中道 初中師有三種方言.」 『二諦義』 권하(대정장45, p.105c), 「師釋相卽義 方言如此.」 『金剛般若疏』 권1(대정장33, p.91c), 「今但約一往方言故 開三不同耳.」 등을 비롯하여 많은 용례가 있다.
31) 『大乘三論大義鈔』(대정장70, p.132b).

되고 일반적으로 알려진 것은 삼종중도를 세 가지 형식으로 설명한 삼종방언(三種方言)이다. 그러나 방언이라는 용어가 길장에게서 사용된 뜻을 고찰할 때, 단순히 3종중도, 초장만이 아니라, 붓다가 설한 진리를 파악하기 위해 시설된 모든 사상, 언어 등을 방언이라고 할 수 있을 것으로 보인다. 이것이 길장이 제3장에서 행도지인을 비판할 때, 방언이 부족한 사람을 비판한 이유가 된다. 언어를 통해서 해탈하는 것이라면 해탈은 곧 언어가 된다. 즉 방언도 또한 진리 그 자체가 될 수 있다는 것이다. 그러므로 언어의 부정적 기능에 대한 비판을 언어 자체에 대한 부정으로 단정지어서는 안 된다. 삼론학의 모든 서술은 방언이라고 할 수 있지만, 길장이 이 가운데에서 특히 초장의 방언이라고 하여, 이것을 모든 방언의 첫 자리에 놓았던 것은 이것이 모든 방언을 총괄하는 기본적인 형식을 갖추었기 때문인 것으로 추정된다. 이제 초장양절어의 내용을 구체적으로 살펴보면 다음과 같다.

열 가지의 차이를 밝히는 가운데, 네 번째로 든 것이 이치의 안에 있는 것〔理內〕과 이치의 밖에 있는 것〔理外〕의 차이였다. 여기서 단지 규정만 하였을 뿐, 이내와 이외의 구체적인 내용이 무엇인지를 설명하지 않았다. 뒷부분에서 이제의 차이성을 총괄적으로 논하는 부분에 구체적인 설명이 나온다.

> 이외이제는 유를 들으면 유에 머물러 불유를 나타내지 못하고, 무를 들으면 무에 머물러 불무를 나타내지 못한다. 유와 무가 능히 이치를 드러내지 못하기 때문에 교라고 할 수 없다. 이러한 즉 이외는 이치도 없고 교문도 없다. 이내이제는 인연의 유무를 밝히니, 인연유는 불유이고 인연무는 불무이니, 유와 무는 비유비무를 나타내기 때문에 유무는 교문이다. 이러한즉 이내는 교문도 있고 이치도 있다.[32]

---

32) 『二諦義』(대정장45, p.89b), 「理外二諦　卽聞有住有　不表不有　聞無住無　不表不無　有無不能表理　不名爲敎　此卽理外　無理無敎　理內二諦　因緣有無

이렇게 이내의 이제는 인연유무여서 비유비무를 나타내지만, 이외의 이제는 유무에 머물러 비유비무를 나타내지 못하는 것임을 알 수 있다. 그리고 이어서 "이것은 초장양절어와 같으니, 초장양절어의 전절(前節)은 이외이제이고 후절(後節)은 이내이제이다"[33]라고 하고, 초장양절어의 내용을 구체적으로 서술하였는데, 그 내용을 도시하면 다음과 같다.

전절(前節)

(1) 有有可有 有無可無
(2) 有有可有 不由無故有 有無可無 不由有故無
(3) 不由無故有 有是自有 不由有故無 無是自無
(4) 自有卽有故有 自無卽無故無 此之有無 不能表不有無
    (此有無非是敎門 故理外無理敎也)

후절(後節)

(1) 無有可有 無無可無
(2) 無有可有 由無故有 無無可無 由有故無
(3) 由無故有 有不自有 由有故無 無不自無
(4) 不自有有 是無有 不自無無 是有無 無有不有 有無不無 此有無表
    不有無
    (故名爲敎門 所以理內有理敎也)[34]

『중관론소』 권2에도 타가에서도 역시 삼론과 마찬가지로 공을 진제, 유를 세제라고 하였지만, 그들이 시설한 공과 유가 갖는 사유체계가

　　　　因緣有不有 因緣無不無 有無表非有無故 有無名敎門 此卽理內有敎有理也.」
33) 앞의 책(대정장45, p.89b), 「此如初章兩節語也 初章前節 卽理外義 後節
　　　卽理內義.」
34) 앞의 책(대정장45, p.89b).

192

초장(初章)에 근거하지 않았기 때문에 부당한 것이라고 하였다.35) 이렇게 타가와 삼론이 근거로 삼는 사유체계인 초장의 내용을 요약해 보면 다음과 같다.

타가(他家)

(1) 有有可有 則有無可無
(2) 故有不由無 卽無不由有
(3) 有是自有 無是自無

삼론학파(三論學派)

(1) 無有可有 卽無無可無
(2) 無有可有 由無故有 無無可無 由有故無
(3) 由無故有 有不自有 由有故無 無不自無
(4) 有不自有故非有 無不自無故非無
   (非有非無 假說有無 故與他爲異)36)

『중관론소』 권2에서 "초장에도 중가(中假)를 말하고, 중가사(中假師)도 중가를 말하였는데, 이 둘이 서로 같지 않은가 하는 상대방의 물음을 설정하고 중가사는 '비유비무는 중(中)이고 유무는 가(假)이다'라고 말하는데, 삼론에서의 중가는 유무가 지니고 있는 근본적인 의미를 드러내기 위한 것일 뿐, 별도의 비유비무라는 중(中)을 시설하기 위한 목적에서 중(中)을 설하는 것이 아니다. 따라서 '중'이나 '가'는 그 자체 시위(是謂: ~이라고 규정하는 것)할만한 대상을 갖지 않는다"고 한다.37) 중가라는

---

35) 『中觀論疏』 권2(대정장42, pp.27c), 「問 他亦云 有爲世諦 空爲眞諦 與 今何異 答 須初章語簡之.」
36) 앞의 책(대정장42, p.27c).
37) 앞의 책 권2(대정장42, p.28a), 「問 非有非無 假說有無 是中假義不 答 非也 此明有無義耳 良由有不自有故非有 無不自無故非無 非有非無假説有

개념을 설정하는 것은 중가사와 초장이 동일하지만, 그러한 개념을 사용하는 사람의 태도에 있어서 하나는 단정적인 주장이고 다른 하나는 대연가설(對緣假說)임을 전제로 한 주장이기 때문에 다르다고 하는 것이다. 이렇게 '시위'의 대상을 갖지 않을 때 중가는 진리를 드러내는 범주로서 방해받지 않는다. 이러한 길장의 대답에 대해서 다시 초장과 중가의 차이를 묻자, 사절어(四節語)로 대답하는데 그 내용을 정리하면 다음과 같다.

⑴ 他有有可有 卽有無可無
　　今無有可有 卽無無可無
⑵ 他有有可有 不由無故有 有無可無 不由有故無
　　今無有可有 由無故有 無無可無 由有故無
⑶ 他不由無故有 有是自有 不由有故無 無是自無
　　今由無故有 有不自有 由有故無 無不自無
⑷ 他有是自有 名有故有 無是自無 名無故無
　　今有不自有 名不有有 無不自無 名不無無
　　(此四節語爲初章也)38)

초장양절어는 초장을 전절과 후절의 둘로 나누어서, 전절을 타가의 이제설, 후절을 삼론의 이제설로 본 것에서 유래한 이름이라면, 초장사절어는 초장이 나타내는 네 단계의 형식에 의해 부여된 명칭이다. 전절과 후절이 아니라, 각 단계마다 타가와 삼론의 차이를 대조적으로 서술한 것이다. 이어서 "불유의 유는 비유이고 불무의 무는 비무이니, 비유비무를 임시로 유무라고 설한다. 이것은 중가(中假)의 뜻이다"39)라고 한다. 중가사는 비유비무에 대한 단정적인 논리가 보여지는 점에

　　無 卽有無始成也 故是 始明有無義耳 不言非有非無是中 有無卽是假 得意
　　密取此語 名爲中假 亦無所妨.」
38) 앞의 책 권2(대정장42, p.28a).
39) 앞의 책 권2(대정장42, p.28a), 「不有有則非有 不無無卽非無 非有非無
　　假說有無 此是中假義也.」

서 비판을 받는다. 만약 비유비무가 '중'이라고 단정한다면, 그것은 참
된 의미의 '중'이 아니다. 비유비무를 취하지 않는 것이 '중'이기 때문
이다. 그러므로 길장은 유무를 떠나서 비유비무를 '중'이라고 한다면,
그것은 우치론이라고 단정한다.40)

초장의 내용을 전체적으로 정리하면 다음과 같다. 타가는 유·무의
교의를 들으면 바로 그것에 머물러, 유·무가 진리를 현시하는 계기를
마련하지 못하고, 이러한 상태에서의 유·무란 교문의 역할을 하지 못
한다. 즉 타가의 경우는 가유(假有), 가무(假無)로서 있다고 '시위'하
므로 자성견을 갖는다. 따라서 유·무 각각은 고립되고, 체류하는 바
가 된다. 이렇게 유자성견의 유·무로는 비유비무의 중도가 현시되지
않는다. 이러한 진리를 드러내지 못한다면 이는 또한 교문으로서의 역
할도 할 수 없는 것이다. 타가의 유·무는 전오의식을 차단한다. 타가
의 유·무가 자성견임에 대하여 삼론학의 유·무는 무소득의 가법으로
서 인연가명의임을 밝힌다. 유와 무는 서로 인연관계에 놓여지기 때문
에 자성적인 실체가 없고, 따라서 유라고 하거나 무라고 하여도 그것
을 고정화하는 형태의 집착은 없다. 유·무가 무소득의 인연의에 기반
하므로, 비유비무의 중도를 드러낸다. 삼론학의 유·무는 이러한 전오
방식을 내재하므로 교문으로서의 역할이 긍정된다. 따라서 『정명현론』
권6에서는 초장의 전절을 정성이제(定性二諦), 후절을 인연가명(因緣
假名)의 이제라고 명명하였다.41) 유와 무가 각각 자성적 실체를 가지
고 존재한다는 사유방식에 근거한 유무를 전절, 유와 무가 인연에 의
해 성립된 것이라는 사유방식에 근거한 유무를 후절이라고 한 것이다.

초장의 전오방식은 단순히 유·무에만 한정되는 것이 아니고, 모든
법에 확충될 수 있다.42) 사문 가운데 제3문인 역유역공 제4문인 비유

---

40) 앞의 책 권5(대정장42, p.72b).
41) 『淨名玄論』 권6(대정장38, p.891c).
42) 『二諦義』(대정장45, p.89b), 「初章通一切法 何者 有無作既然 一切法 亦

비공도 또한 이에 준하여 동일한 맥락이 적용된다고 하겠다. 『대승현론』 권2에는 초장 유무의를 생멸에 대한 견해에도 확충하여 적용하고 있는데, 그 내용을 도시하면 다음과 같다.

타가(他家)

⑴ 有有可有 則有生可生 有滅可滅
⑵ 有生可生 生是定生 有滅可滅 滅是定滅
⑶ 生是定生 生在滅外 滅是定滅 滅在生外
⑷ 生在滅外 生不待滅 滅在生外 滅不待生
⑸ 生不待滅 生則獨存 滅不待生 滅則孤立
　　(如斯生滅 皆是自性 非因緣義宗也)

삼론학파

⑴ 無有可有 以空故有 無生可生 亦無滅可滅
⑵ 但以世諦故 假名說生滅 假生生非定生 假滅滅非定滅
⑶ 生非定生 滅外無生 滅非定滅 生外無滅
⑷ 滅外無生 由滅故生 生外無滅 由生故滅
⑸ 由滅故生 生不獨存 由生故滅 滅不孤立
　　(此之生滅 皆是因緣假名)43)

　타가의 유와 무는 이미 밝힌 것처럼, 정성의 유와 무이기 때문에, 생과 멸도 또한 정성의 생과 멸에 그친다. 이때 생과 멸은 열려진 관계를 회복하지 못하고, 각각 독자적으로 존재하게 된다. 이렇게 자성을 가진 생과 멸은 분이(分二)의 결과를 낳고, 이러한 차별적 의식 속에서 실상은 드러나지 않는다. 삼론의 유무는 인연의 유무이기 때문에

　　例此作 故知 初章 通一切法也.」
43) 『大乘玄論』 권2(대정장45, p.27c).

이러한 의식에 기반한 생과 멸도 또한 인연의 뜻을 드러낸다. 이러한 생과 멸은 독자적으로 존재하지 않고 서로 인연에 의해 존재하기 때문에, 생이라고 해도 멸을 향해 열린 의식을 갖고 멸이라고 해도 생을 향해 열린 의식을 갖는다. 생과 멸을 분별하여 생은 생이고 멸은 멸이라고 한다면, 여기에 실상은 드러나지 않는다. 실상은 모든 차별을 떠난 곳에 그 모습을 드러내기 때문이다. 인연의 생멸은 무주(無住)·무본(無本)의 중도를 그 바탕으로 삼기 때문에 무소득의 생멸이다.

3. 불성의(佛性義)의 전오방식

1) 삼론과 『열반경』

불교의 궁극적 목표는 성불에 있다. 따라서 성불의 원인인 불성을 다루는 것은 매우 중요하다. 중국에서 불성과 관련된 논의는 『열반경』의 전역과 함께 시작되었고, 이후 불성에 대한 모든 연구는 『열반경』의 범위를 벗어나지 않았다.44) 418년 법현(法顯)이 『대반니원경(大般泥洹經)』 6권의 번역을 마치자, 라집 문하의 사성 가운데 한 명이고, 여산의 혜원과도 함께 수학하면서 돈독한 관계를 유지하였던 도생(道生)은 이 경전을 철저히 분석하여 그 지극한 이치를 파악한 후 일천제(一闡提: 불성이 없는 사람)도 성불할 수 있다고 주장하였다. 당시 사람들은 『대반니원경』에 일천제는 성불할 수 없음을 명백히 밝혔기 때문에 도생의 설을 사설(邪說)로 규정했다. 후에 담무참(曇無讖)이 422년에 번역한 40권본 『대반열반경』이 강남에 들어왔는데, 여기

---

44) 常盤大定, 『佛性の硏究』 中篇 「支那に於ける佛性問題」(東京, 國書刊行會, 소화59 3판), p.175.

에는 일천제실유불성설(一闡提悉有佛性說)을 주장하는 내용이 들어 있어서 도생의 설과 합치하였다.45) 도생은 『열반경』을 강의했고 혜관(慧觀)과 혜엄(慧嚴)은 6권 『대반니원경』과 40권본 『열반경』을 비교하여 교정한 후 36권본 『열반경』을 편찬하였다. 전자를 북본 『열반경』 후자를 남본 『열반경』이라고 한다. 이후 『열반경』은 강남 건강을 중심으로 연구, 강경(講經)이 성행하였고, 이에 대한 주석도 활발하게 이루어졌다. 『열반경』을 연구하는 학자들 사이에서 불성과 진여(眞如)의 관계, 무명(無明)과의 관계, 여래(如來)와의 관계, 불성의 내용, 불성이 중생에게 존재하는 형태 등을 비롯한 많은 문제에 대한 논쟁이 이루어졌다.

길장은 수많은 저술을 남겼음에도 불구하고 『열반경』에 관련된 것은 『열반경유의』만이 현존하기 때문에, 그가 『열반경』을 중시하였다는 것에 대해 의문을 제기하는 경우도 있다. 그러나 태본융(泰本融)은 길장의 『중관론소』에 『열반경』의 인용이 압도적으로 많고 다른 경전은 정확히 인용하는데 비해 취의 요약한 것이 많다고 하였는데,46) 이것은 그가 『열반경』에 정통하였음을 보여준다. 평정준영은 『법화현론』, 『승만보굴』, 『정명현론』, 『중관론소』 등의 네 논서에 인용된 경전의 횟수를 파악하여, 『열반경』→『대품반야』→『법화경』→『화엄경』→『유마경』 등의 차례로 이루어졌음을 밝히기도 하였다.47) 2위인 『대품반야』가 146회 인용된 것에 비해 1위인 『열반경』은 이보다 압도적으로 많은 298회의 인용빈도를 보인다. 또한 안정광제는 앞에서 살펴보았듯이 길장의 공가상즉사상은 『열반경』의 영향을 받은 것이라고 하였다. 또한 『열반경유의』에서 길장 자신이 본래 그 이전에 『열반경소』를

---

45) 湯錫予, 『漢魏兩晋南北朝佛敎史』, p.647.
46) 泰本融, 「中觀論疏と中觀論疏記の硏究」 『國譯一切經』 論疏部 6 「中觀論疏解題」(東京, 大同出版社, 1981 개정판), pp.11~12.
47) 平井俊榮, 『中國般若思想史硏究』, p.524.

지었는데 산실되었고, 승전이 『열반경』 강의를 요청하자 본유금무게(本有今無偈)만을 말하고 문장을 설명하지 않았지만 그 이유는 반야에 대한 이해를 아직 완성하지 않았기 때문이었음을 밝히면서 법랑 이후에는 『열반경』이 크게 홍포되었다고 하였다.48) 이러한 여러 정황으로 보아 길장이 『열반경』을 중시하지 않았다는 지적은 타당하지 않다. 평정준영은 길장이 공의 이치를 서술한 삼론과는 성격이 매우 다른 『열반경』을 중시한 이유를, 당시 강남에는 열반학파를 중심으로 한 열반경의 유포와 연구가 성행하였기 때문에 어떤 학파든지 『열반경』을 연구하지 않으면 안 되었다는 시대적 요청과 관련지위 설명하였다.49)

길장은 『열반경』에 불성을 설한 부분은 많지만 특히 「사자후품」에 수록된 불성에 관한 문장을 바른 뜻으로 삼는다고 하였다.50) 본 품은 『열반경』의 여러 특성 가운데 불성과 공관(空觀)의 결합을 보이고 있는 것으로 인정된다. 즉 '불성은 제1의공이고 제1의공은 중도'라고 하여, 중도를 불성이라고 하는 것이다. 이러한 길장의 중도불성설은 반야공관과 불성사상의 융합이라는 측면에서 사상사적 의의를 인정받는다.51) 또한 속곡양도(粟谷良道)는 엄밀한 의미에서 이것은 융합이 아니라, 반야공관의 입장에서 『열반경』을 해석한 것이라고 해야 한다고 하여, 그 의의를 보다 명확히 하였다.52)

---

48) 『涅般經遊意』(대정장38, p.230a).
49) 平井俊榮, 『中國般若思想史硏究』, pp.527~528.
50) 『大乘玄論』(대정장45, p.37b).
51) 平井俊榮, 『中國般若思想史硏究』, pp.337~339. 藤井敎公, 「涅槃經における 一, 二の問題－淨影寺慧遠と吉藏における佛性の理解」(印度學佛敎學硏究 第28卷 第2号, 1980).
52) 「吉藏敎學と『涅槃經』」(平井俊榮 監修 『三論敎學の硏究』, 東京, 春秋社, 1990), p.143.

2) 불성(佛性)에 대한 논의와 깨달음

⑴ 11가지 학파와 삼론학의 불성론

① 11가지 학파에 대한 개별적 비판

길장은 『대승현론』 권3에서 불성에 관한 종래의 학설을 11가지로 묶어서 서술하고, 차례대로 비판하였는데, 그 내용을 길장과 함께 법랑의 문하에서 삼론학을 수학하였던 균정(均正: 慧均)의 저술인 『대승사론현의』에 서술된 10가의 불성의(佛性義)에 의해 보충하면서 정리하도록 한다.53)

길장은 11가지 학설 가운데 ㈎㈏에 대해, 가(假)와 실(實)의 두 가지 범주로 분류될 수 있을 뿐, 그 내용은 동일한 것이라고 본다. 곧 총보(總報)의 과체(果體)인 중생을 정인(正因)이라고 한 것과 이것을 분석하여, 중생을 이루는 요소인 5음(五陰)과 그것에 의해 이루어진 아(我: 假人)를 통틀어서 일컫는 말인 육법(六法)을 정인이라고 한 것이기 때문이다. 앞의 것은 가(假)에 나아간 것이고, 뒤의 것은 가(假: 我)와 실(實: 五陰)에 함께 나아간 것이다. 이 둘을 살펴보면 다음과 같다.

㈎ 〔학설〕 중생을 정인불성으로 한다. 이것은 『열반경』에 "정인은 여러 중생을 말하고, 연인(緣因)은 육바라밀을 말한다"고 한 것과 같은 경에 "일체중생은 모두 불성을 갖추었다"고 한 것에 근거한 주장이다.54) 〔비판〕 이것은 두 가지 측면에서 비판된다. 첫째 『금강경』에

---

53) 이하는 廖明活의 『嘉祥吉藏學說』(學生書局, 1986), p.203을 주로 참조하였다.

54) 『大乘玄論』(대정장45, p.35b), 「第一家云 以衆生爲正因佛性 故經言正因者 謂諸衆生 緣因者謂六波羅蜜 旣言正因者 謂諸衆生 故知 以衆生爲正因佛性 又言一切衆生悉有佛性 故知 衆生是正因也.」 본문에 인용된 경전: 『涅

"중생에 대한 상(相)이 있으면 보살이 아니다"라고 하였다. 중생을 정인불성이라고 하는 말 속에는 중생에 대한 상을 짓는 태도가 내포되어 있다. 어떤 대상에 대해 상을 짓는 것은 망상이니, 중생의 상을 지으면서 그러한 중생을 정인불성이라고 하는 것은 망상을 정인불성이라고 하는 것과 다름이 없다. 둘째 『열반경』에서 일체중생은 모두 불성을 갖추었다고 한 것은, 중생에게 불성이 있다는 것을 말한 것일 뿐이고, 중생 그 자체가 불성이라고 한 것은 아니다.[55]

균정에 의하면 이 학설의 주창자는 하서도랑(河西道朗), 승민(僧旻), 백염공(白琰公)이다. 이들이 중생을 정인불성이라고 한 것은 중생 그 자체가 정인불성이라고 한 것이 아니라, 중생에게 내재한 심법(心法)을 총괄하는 주체를 가리키는 것이다. 이것은 생사를 유전하면서도 결국에는 중생으로 하여금 대각(大覺)을 이루게 하는 것이다.[56] 중생을 정인불성이라고 한 것은 중생이 대각할 수 있다는 점에서 돌멩이와 다르다는 것을 나타내기 위한 것이다. 능히 대각을 이룰 수 있다고 하는 것은 이미 이루어진 것을 말하는 것은 아니다. 따라서 중생이 능히 대각을 이룰 수 있다고 설하는 것은 중생이 현재 망상에 빠져 있어서 불성의 체(體)를 아직 체현하지 않았다는 것과 모순되지 않는다.

그런데 길장은 중생을 정인불성이라고 하는 사람들이 중생이라는 상에 집착하였음을 강조하고, 또한 가능성으로서의 중생의 불성을 완성

槃經』 권26(대정장12, p.775b), 같은 책 권6(대정장12, p.643b).

55) 앞의 책(대정장45, p.36a), 「第一師 以衆生爲正因者 今只問 何者是衆生 而言以此爲正因耶 經云 若菩薩有我相人相衆生相 則非菩薩 又言 如來說衆生卽非衆生 正因本爲菩薩 經旣說言有衆生相則非菩薩 寧得以衆生爲正因耶 故知 有衆生者皆是妄想 何可以妄想顚倒得爲正因耶…又汝引經言一切衆生悉有佛性 故知 衆生是正因佛性者不然 旣言衆生有佛性 那得言衆生是佛性耶 若言衆生是佛性者 可得言一切衆生悉有衆生 一切佛性悉有佛性不 若不得者 故知 衆生與佛性有異 不得言衆生是佛性也.」 본문에 인용된 경전: 『金剛經』 (대정장8, p.753a).

56) 『大乘四論玄義』 권7(卍속장74, p.92b).

태로서의 불성이라고 보았음을 강조하고 있다. 만약 상대방의 반론이 허용될 수 있다면 그들은 길장의 태도가 고의적으로 자신들의 주장을 왜곡하고 있는 것이라고 비판할 수 있을 것이다. 여기서 필자는 길장이 이들이 경전적 근거를 가진 주장을 하고 있다는 점을 충분히 인지한 점을 고려할 때, 그가 상대방을 비판한 내용의 타당성 여부에 주목하기보다는, 그 비판이 지향하고 있는 것, 곧 길장의 의도에 주목하는 것이 보다 바람직한 것이라고 생각한다. 이미 살펴본 것처럼 길장은 붓다의 가르침일지라도 그것을 통해 집착이 없는 경지로 들어가지 못한다면 타당하지 않은 것으로 본다는 점도 이러한 고찰의 근거가 된다.57) 길장은 정인불성으로 어떤 것을 지목하더라도 그것을 자성적 실체로 본다면, 이미 그 안에 갇혀 버리기 때문에 결코 그것을 계기로 하여 이루어야 할 성불(成佛)이라는 목적을 성취하지 못한다는 것을 밝히고자 한 것이다. 그러므로 길장은 중생의 상을 짓는 것, 가능태로서의 중생을 완성태로 보는 것, 즉 불성을 닫힌 세계로서 이해하는 것을 비판한 것이라고 할 수 있다.

　(나) 〔학설〕 육법(六法: 五陰과 我)을 정인불성이라고 한다. 이것은『열반경』에 "육법에 나아가지(卽) 않고 육법을 여의지도 않는다"고 한 교설에 근거한 주장이다.58) 〔비판〕 육법을 여의지 않기 때문에 육법을 정인

---

57) 이러한 기준은 이하 10가의 주장을 고찰할 때도 적용된다. 길장은 제4가, 제6가, 제8가, 제9가, 제10가를 제외하고는 이들의 주장이 각각 경론의 근거를 가지고 있다는 것을 스스로 밝히고 있다. 또한 경론에 근거가 있다고 하는 것은 길장에게 있어서 어떤 주장의 타당성을 보증해 주는 매우 중요한 잣대가 된다. 그렇다면 여기서 우리는 길장이 이들의 주장 자체를 전면적으로 부정하려는 의도를 가지고 있는 것이 아니라, 붓다의 교설에 대한 이들의 잘못된 이해방식을 타파하려는 의도를 가지고 있다는 것을 추정할 수 있다. 따라서 단순히 드러난 문자에 의해서 이해하는 것으로는 이들에 대한 길장의 비판의 의의가 드러나지 않는다. 여기에서 길장의 비판의도를 파악하는 것이 중요해진다.

58)『大乘玄論』(대정장45, p.35b),「第二師 以六法爲正因佛性 故經云 不卽六法 不離六法 言六法者 卽是五陰及假人也 故知 六法是正因佛性也.」인용경

불성이라고 한 것인데 이것은 육법에 나아가지 않는다는 측면을 간과하고 고의로 한 면만 부각시킨 것이다.59)

균정에 의하면 이것은 지장(智藏)과 승유(僧柔)의 학설로, 이들의 근본입장은 초목은 무정(無情)하기 때문에 불성을 증득할 수 있는 이치가 없지만 중생은 심식(心識)이 상속하여 끊어지지 않기 때문에 마침내 대성(大聖)의 경지에 도달할 수 있다는 점에서, 초목의 무식(無識)에 비견하여 육법이 화합하여 이루어진 유식(有識)의 중생에게 불성이 있다고 한 것이다.60) 곧 여기서 육법을 정인불성이라고 한 뜻은 육법으로 구성된 유정이 마침내 득불(得佛)의 가능성이 있음이 무정이 득불의 가능성이 없음과 다르다는 점을 보이기 위한 것 이외의 뜻이 있는 것이 아니다. 『열반경』에서 '육법에 나아가지 않는다'고 한 것은 육법이 가능태일 뿐이고 그 자체 완성태로서의 불성이 아님을 강조하는 표현이다. 이것도 또한 '나아가지 않는다'는 것이지 완전히 별개의 것이라는 말은 아니다. 부즉(不卽)이라는 설이 중생에 있어서 불성의 내재가능성을 부정적인 방식으로 접근한 것이라면, 불리(不離)라는 설은 중생에 있어서 불성의 내재가능성을 보다 긍정적으로 접근한 것이라고 할 수 있고, 지장과 승유는 여기에서 후자의 의미를 취하여 불성이 있음을 보다 강조하고자 한 것이라고 할 수 있다.

이렇게 문자적으로 볼 때 육법이 정인불성이라는 주장은 별다른 무리가 없어 보인다. 다만 문제는 "육법시불성(六法是佛性)"이라고 할 때, '시'의 의미가 무엇인가에 있다. 이 '시'를 '시위(是謂)'하여 그 자체가 불성이라고 집착하는 것이라면 이것은 불성이라고 할지라도 불성으

전의 출처는 『涅槃經』 권30(대정장12, p.802c)이다.

59) 앞의 책(대정장45, p.36a), 「又難第二家 經云 佛性者 不卽六法不離六法者 言此是何語而橫引之 此文乃明佛性 非是卽六法 復非是離六法 何時明六法是佛性耶 若言不離六法故 六法是佛性者 復言不卽六法故 六法非是佛性 此語若爲得通 明知 以不解讀經故 所以致謬耳.」

60) 『大乘四論玄義』 권7(卍속장74, pp.92b~93a).

로서의 작용을 상실하게 된다. 길장의 비판은 이러한 측면에서 이해될 수 있을 것으로 보인다. 부즉(不卽)과 불리(不離)의 두 가지 측면을 동시에 관조함으로써, '부즉'과 '불리'가 서로 분리된 것이 아님을 인식함으로써만이 '불리'는 완성태로서의 불성이 아니라, 가능태로서의 불성을 지시하는 것으로 이해될 수 있다. 그럼에도 불구하고 '불리'만을 강조하는 것은 그 주창자 자신이 아무리 '부즉'을 마음속에 인지하고 있다고 하더라도, 동일성으로 인식될 가능성이 큰 것이 사실이고, 길장의 비판은 바로 이러한 가능성이 현실로 드러났을 때 생겨나는 집착에 대한 세정작업이라고 할 수 있다.

다음에 이어지는 ㈐㈑㈒㈓㈔에 해당하는 학설에 대해서 길장은 ㈐㈓㈔는 체(體)이고 ㈑㈒는 용(用), 다시 체(體)인 ㈓㈔는 그 내부에서 전자를 위(僞), 후자를 진(眞)으로 분류하지만, 이들이 모두 심식(心識)을 대상으로 불성을 찾았다는 점에서 동일한 범주로 묶여지는 것으로 본다.61) 따라서 이들에 대한 비판은 개별적이기 보다 범주적으로 이루어지는데, 이 비판 가운데 개별적으로 가려낼 수 있는 것은 가려내고 그렇지 않은 것은 추지(推知)의 형태로 남겨 두면서 정리하기로 한다.

㈐ 〔학설〕 마음을 정인불성이라 한다. 이것은 『열반경』에 "마음이 있는 자는 결정코 위없는 보리를 얻을 수 있다"고 한 말에 근거한 것이다. 마음은 목석과 같은 무정물과 달라 궁구하고 익히면 반드시 성불할 수 있기 때문에 마음을 정인불성이라고 한다.62) 〔비판〕 『열반경』의 말은 마음이 있는 자는 반드시 보리를 얻는다는 것을 밝힌 것이지 마음 그 자체를 정인불성이라고 한 것은 아니다. 경전에서는 이와 같은 오해가

---

61) 『大乘玄論』(대정장45, p.36a), 「次 以心爲正因 及冥傳不朽 避苦求樂 及以眞神 阿梨耶識 此之五解 雖復體用眞僞不同 並以心識爲正因也.」
62) 앞의 책(대정장45, p.35c), 「第三師 以心爲正因佛性 故經云 凡有心者 必定當得無上菩提 以心識異乎木石無情之物 硏習必得成佛 故知 心是正因佛性也.」 본문 인용경전의 출처는 『涅槃經』 권25(대정장12, p.769a)이다.

생겨날 것을 예상하여 그 뒤에 오는 문장에서 "마음은 무상(無常)이고 불성은 상(常)이다"라고 하였다. 이것은 마음이 무상하기 때문에 상의 성격을 가진 불성과는 구별된다는 것을 밝힌 것이다. 이렇게 경전에 이미 마음이 불성이 아니라고 분명하게 말했는데도 불구하고, 마음을 불성이라고 주장하는 것은 붓다와 더불어 싸우는 것이다. 마음이 이미 정인불성이 아니기 때문에, 심가(心家)에서 마음이 작용하는 측면에 나아가서 규정한 불성, 곧 ㈜ 명전불후(冥傳不朽) ㈣ 피고구락(避苦求樂) 등도 모두 정인불성이 아니다.63)

균정에 따르면 마음을 정인불성이라고 한 것은 별도로 성립되지 않고, 제2가인 육법을 정인불성이라고 한 사람들이 함께 주장한 것이다. 즉 승유와 지장은 뭉뚱그려서 보는 입장에서 보자면 가실(假實), 곧 육법이 정인불성이고, 간별하는 입장에서 보자면 그 가운데 심식(心識) 만이 정인이라고 한다. 전자의 근거로 들어지는 것이 『열반경』의 "육법에 나아가지 않고 육법을 여의지도 않는다. (不卽六法 不離六法)"라는 부분이고, 후자의 근거로 들어지는 것이 『열반경』의 "무릇 마음이 있는 것은 모두 위없는 보리를 얻는다. (凡有心者 皆得三菩提)"라는 부분이다. 이들이 이러한 주장을 한 이유는 육법이나, 마음은 중생들이 무정물과 구별될 수 있는 근거가 되는 것이고, 이런 의미에서 성불의 가능성을 지니고 있다는 점을 강조하기 위한 것이라고 하였다.64)

이렇게 본다면 마음을 정인불성이라고 주장하는 사람들은 이미 마음 그 자체가 불성이라고 한 것이 아니고, 무정물과 달리 깨달음을 얻을

---

63) 앞의 책(대정장45, p.36b), 「前第三家 以心爲正因佛性者 不然 經云 有心必得菩提者 此明有心之者 必得菩提 何時言心 是正因佛性耶 于時畏有如此謬故 卽下經云 心是無常 佛性常 故心非佛性也 經旣分明 言心非佛性 而强言是者 豈非與佛共諍耶 心旣不成 心家諸用 冥傳不朽避苦求樂等 悉皆同壞也.」 본문 인용경전의 출처는 『涅槃經』 권26(대정장12, p.778a)이다.

64) 『大乘四論玄義』 권7(卍속장74, p.93a).

수 있는 가능성을 지니고 있다는 뜻에서 불성이라고 하였음을 알 수
있다. 또한 길장 자신도 이 학파의 입장을 서술하는 가운데 분명히 초
목과 간별하는 뜻에서 마음을 불성이라고 한 것임을 밝히고 있다. 이
렇게 또 다른 해석의 가능성을 인지하였음에도 불구하고 길장이 이들
에 대해서 마음 그 자체를 불성이라고 주장한 것으로 보고 있는 것은,
그들이 아무리 마음을 성불의 가능태로서 인정한 것이라고 해도, 실제
로는 수행의 방면에서 그것에 대해 자성적 실체를 가진 것으로 집착하
는 측면이 있었을 가능성을 역으로 추정할 수 있게 한다. 마음이 있는
자는 누구나 보리를 얻을 수 있다는 말이 이미 경전에 나오고 있는 한
길장이 마음을 성불의 가능태로서 인정하지 않을 가능성은 없기 때문
이다. 『중론』에서 상대방이 일체가 공이라면, 일체의 것을 부정하기
때문에 번뇌를 제거하고 열반을 얻는다고 하는 불교의 근본진리조차도
그 근거를 상실하게 된다는 비판을 하자, 용수는 공하지 않다면 오히
려 번뇌는 영원히 번뇌로 남기 때문에 그것을 버리고 열반을 얻는 것
이 불가능하다고 대답한다.65) 길장이 마음이 정인불성이라고 하는 상
대방의 주장을 비판한 취지도 바로 여기에 있는 것으로 생각된다. 마
음을 자성적 실체를 가진 것으로 본다면 그것에서는 결코 성불이라는
질적인 전환은 일어나지 않는다.

  ㈖ [학설] 그윽하게 전해져 사라지지 않는 것〔冥傳不朽〕을 정인불성
이라 한다. 이것은 경전의 근거는 없고, 앞에서 마음을 정인불성이라
고 한 것을 달리 해석한 것이다. 단지 신식(神識)에 명전불후의 성능
이 있다고 보아, 이러한 작용을 정인이라고 말한 것뿐이기 때문이
다.66) [비판] 앞에서 마음이 이미 정인불성이 될 수 없음을 밝혔는데,
명전불후는 바로 마음의 작용이기 때문에 동일한 맥락에서 오류라고

---

65) 『中論』(대정장30, pp.32b~33b).
66) 『大乘玄論』(대정장45, p.35c), 「第四師 以冥傳不朽爲正因佛性 此釋異前
    以心爲正因 何者 今直明神識有冥傳不朽之性 說此用爲正因耳.」

볼 수 있고, ㈐도 또한 마음의 작용이기 때문에 동일하게 적용된다. 이 주장은 또한 『열반경』의 어느 문장에서도 근거를 찾을 수 없다는 점에서 타당성을 결여하고 있는 것으로 규정된다.67)

상반대정(常盤大定)은 이것을 그 내용에 의해 본식(本識) 중의 해성(解性)을 불성이라고 하는 섭론사(攝論師)의 주장일 것으로 추정한다.68) 균정은 구체적으로 소안법사(小安法師)의 학설이라고 하고, 신식은 그윽하게 전해지는 작용이 있어서, 목석(木石)이 일생을 마치면 끝나 버리는 것과 다르다는 뜻에서 이러한 성품을 불성이라고 하였음을 밝혔다. 이렇게 본다면 길장의 비판은 마음을 정인불성이라고 한 주장에 대한 비판과 동일한 오류를 범한 것이고, 한편으로 길장의 비판의 의도를 생각할 때에는 이 오류는 오류가능성을 인지한 오류이기에 오류라고 볼 수 없음을 알 수 있다.

㈑ 〔학설〕 고통을 피하고 즐거움을 얻으려는 마음〔避苦求樂〕을 정인불성이라 한다. 이것은 『승만경』에 "여래장이 없다면 고통을 피하고 즐거움을 얻으려고 할 수 없다"고 한 설을 근거로 한 것이다. 이것도 마음을 정인불성이라고 한 것을 달리 해석한 것이다. 다만 피고구락하는 마음의 작용을 정인이라고 한 것뿐이기 때문이다.69) 〔비판〕 우선 길장은 불성과 관련된 사상은 그 근거를 『열반경』에서 찾는 것이 가장 타당하다는 입장에 서서, 『열반경』에 본 문장이 없다는 것을 이 주장이 성립할 수 없는 근거의 하나로 제시한다. 다음으로 『승만경』의

---

67) 앞의 책(대정장45, p.36b), 「心旣不成 心家諸用 冥傳不朽 避苦求樂等 悉皆同壞也 大涅槃經 處處皆明佛性 是故 時人解佛性者 盡引涅槃爲證 何處文辨冥傳不朽避苦求樂爲正因佛性耶.」

68) 常盤大定, 『佛性の研究』, p.184.

69) 『大乘玄論』(대정장45, p.35c), 「第五師 以避苦求樂爲正因佛性 一切衆生無不有避苦求樂之性 實有此避苦求樂之性 卽以此用爲正因 然此釋復異前以心爲正因之說 今只以避苦求樂之用爲正因耳 故經云 若無如來藏者 不得厭苦樂求涅槃 故知 避苦求樂之用 爲正因佛性也.」 본문의 인용경전은 『勝鬘經』(대정장12, p.222b)의 글이다.

말은 여래장불성(如來藏佛性)의 힘으로 말미암아 중생이 고통을 싫어
하고 즐거움을 추구하는 것임을 밝힌 것일 뿐, 고통을 싫어하고 즐거
움을 추구하는 것 자체가 정인불성이라고 한 것은 아니라는 점[70], 이
것은 법운(法雲)이 독자적으로 주장한 것으로 경전에 증명할 만한 구
절도 없고 스승의 가르침에 의거한 것도 아니라는 점 등을 들어 비판
한다.[71]

　균정 역시 법운의 학설이라고 하면서 그 내용을 보다 구체적으로 밝
혔다. 『대승사론현의』에 "마음에 고통을 피하고 즐거움을 추구하는 성
질이 있는 것을 정인체라고 한다. 예를 들면 미혹에서 벗어나려는 성
품, 보리를 향하는 성품과 같은 것이니, 또한 목석이 그러한 성품이
없는 것과 구별된다. 그러므로 『승만경』에 말하였다. 「중생이 만약 고
를 싫어하지 않으면 열반을 추구하지 않는다」. 이를 풀이하면 이 마음
에 생사를 등지려는 성격이 있음을 중생의 착한 품성의 근본(善本)으
로 삼는 것이다. 그러므로 정인이라 한다"고 하였다.[72] 법운이 피고득
락을 정인불성이라고 한 것은 중생이 생리적이나 심리적으로 단순히
고통을 피하고 즐거움을 좇으려는 마음의 작용을 지니고 있음을 말하
는 것이 아니라, 일체중생이 모두 생사의 고통을 싫어하고 열반을 희
구하는 마음을 지니고 있음을 의리상으로 요구하는 것이다. 그는 피고
득락을 정인불성으로 삼으면 목석 등에게서는 이러한 요구를 할 수 없
으며 오직 중생만이 보리를 행하는 성품이 있으므로 이러한 요구를 할
수 있다고 한다. 이러한 대비 아래 중생은 유식(有識)하여 능히 피고
득락 하고 성불하니 법운은 이러한 피고득락의 작용을 정인불성으로
삼은 것이다. 그러므로 의리상으로 볼 때 법운의 주장에 대한 길장의

---

70) 길장은 『勝鬘寶窟』 권하(대정장37, p.83b)에서 법운 이외에 영미순사
　　(靈味淳師)도 또한 이 설을 주장하였음을 밝혔다.
71) 『大乘玄論』(대정장45, p.36b).
72) 『大乘四論玄義』 권7(卍속장74, p.92b).

208

비판은 전적으로 타당한 것이라고 할 수는 없다. 다만 여기에서도 피고구락 그 자체가 불성이 될 수 없음은 명백한 것이라는 점을 인지해야 한다. 그러할 때 아무리 피고구락이 성불의 가능태로서 인정된 것이라고는 하지만, 그 가능태로서의 불성에 대하여 완성태로서의 불성이라는 생각을 지녀 마치 무엇인가가 마음속에 존재하는 것으로 여기는 수행자의 행태가 예상되며, 길장의 비판이 궁극적으로 지향하는 것은 바로 이들의 집착을 제거하는 것이라고 볼 수 있게 된다.

　㈚ 〔학설〕 진신(眞神)을 정인불성이라 한다. 진신이 없으면 진불(眞佛)을 얻을 수 없기 때문에 이것을 정인불성이라 한다.73) 『열반경유의』에서 이것을 영미고고(靈味高高)의 학설이라고 하여 보다 상세하게 밝혔다. 영미고고의 주장은 다음과 같다. "생사를 거듭하는 가운데 이미 진신의 법이 있지만, 마치 보자기에 싸여진 황금처럼 현현하지 않는다. 『여래장경』에 말하였다. 「어떤 사람이 헤진 비단으로 황금상을 싸서 진흙구덩이 속에 내버려두니 누구도 그것이 황금상임을 알아차리지 못하였으나, 천안(天眼)을 얻은 자가 있어 그것을 찾아내어 깨끗이 씻으니 금상의 자태가 완연히 드러났다」고 하였다. 진신도 또한 그러하여 본래 이미 상주하는 불체(佛體)가 있어 온갖 종류의 덕이 완연하지만 단지 번뇌에 의해 가리워졌을 뿐이니, 만약 번뇌를 끊으면 불체가 드러난다"74). 〔비판〕 본 주장에 대한 비판은 『대승현론』에는 나와 있지 않고 『열반경유의』에 나온다. 결정코 본래 진신을 지니고 있다면, 우리가 이미 완전한 모습으로 존재한다는 것이다. 그리고 이러한

---

73) 『大乘玄論』(대정장45, p.35c), 「第六師 以眞神爲正因佛性 若無眞神 那得成眞佛 故知 眞神爲正因佛性也.」

74) 『涅槃經遊意』(대정장38, p.237c), 「靈味高高 生死之中 已有眞神之法 但未顯現 如蔽黃金 如來藏經云 如人弊帛裹黃金像 墮泥中 無人知者 有得天眼者 提淨洗 則金像宛然 眞神亦爾 本來已有常住佛體 萬德宛然 但爲煩惱所覆 若斷煩惱 佛體則現也.」 본문의 인용경전은 『如來藏經』(대정장16, p.458c)의 글이다.

진신은 자성적 실체로서 존재하기 때문에 수행을 통해서 그것이 바뀌기를 기대할 수도 없다. 그런데 우리는 현실적으로 수도를 한 후에야 번뇌를 끊고 그것으로부터 벗어나서 진신을 얻게 된다. 진신이 본래 있다면 수도를 할 필요가 없고, 수도에 의해서 비로소 드러나는 것도 아닐 것이라는 점을 들어 비판하였다.75)

　균정은 이것을 양무제의 주장이라고 하고, 그 내용은 "마음에는 잃어지지 않는 성품이 있는데 이것을 진신이라고 하고 정인으로 삼는다. 이것이 있으면 목석 등과 같은 심성(心性)이 없는 사물들과는 다르며, 이러한 성품이 있기 때문에 중생은 불과(佛果)를 증득할 수 있게 된다"76)는 취지임을 밝혔다. 양무제의 설은 『홍명집』 「입신명성불성의기(立神明成佛性義記)」와 『광홍명집』 「정업부(淨業賦)」에 수록되어 있는데, 이것을 참조하여 그의 주장을 보다 구체적으로 살펴보면 다음과 같다.77) 신명(神明)에는 성(性)과 용(用)의 두 방면이 있다. 심신(心神)의 성(性)에 나아가서 말하면 부단(不斷)을 정(精)으로 한다. 정(精)이란 끊어지지 않으니 초목이 썩어 없어지는 것과 같다고 할 수 없다. 끊어지지 않으므로 마침내 묘과(妙果)에 돌아갈 수 있다. 묘과는 상주하니 그 성(性)은 끊어지지 않는다. 그러므로 중생이 모두 불성이 있다 한다. 단지 성품은 비록 끊어지지 않더라도 정신은 섭행(涉行)함에 원만하지 않기 때문에 무상을 면하지 못한다. 무상은 생멸하는 것을 말한다. 앞에서 멸하고 뒤에서 생겨나며 찰라도 머물지 않는다. 대개 우리들의 심식(心識)은 경계를 따라서 움직이니 외부에 경계가 있고 내심(內心)이 이것에 반연한다. 경계가 이미 유전하여 머물지 않으면 이것과 함께 가는 신(神)도 앞의 마음이 반드시 뒤의 마음과

---

75) 앞의 책(대정장38, p.237c), 「若定本有眞神則同僧法　又若因中已有　則同賣乳索酪價　貨草馬索駒直也　又眞神力大　何意住煩惱中　而不能排煩惱出　而待修道斷惑　乃得出耶.」
76) 『大乘四論玄義』 권7(卍속장74, p.92a).
77) 湯錫予, 『漢魏兩晋南北朝佛敎史』, p.706 참조.

다르다. 그리하여 그 선후가 다른 것이 마음의 외적인 작용이다. 그러나 성(性)에 나아가서 말하면 진실로 담연하여 이동하지 않는다. 곧 성에 나아가서 말하면 담연히 항상 고요하나 그 작용에 나아가서 말하면 사물에 감응하여 움직인다. 마음이 외경에 대해서 움직임을 쉬면 내식(內識)이 스스로 밝아진다. 이로 말미암아 무명(無明)은 명(明)으로 전환하며, 이에 수행을 통하여 대각(大覺)에 이른다. 그러므로 일체중생은 성불할 수 있다. 이것에 의하면 역시 이들로 중생을 목석과 구별하는 의미에서 진신(眞神)을 가진 존재이므로 성불할 수 있음을 밝힌 것임을 알 수 있고, 길장의 비판도 또한 앞에서 이미 설명한 것과 동일한 맥락에서 이해되어야 한다는 것을 알 수 있다.

㈎ 〔학설〕 아리야식자성청정심(阿梨耶識自性淸淨心)을 정인불성이라 한다.78) 〔비판〕 제8아리야식도 또한 불성이 아니다. 『섭대승론』에 "무명(無明)의 어머니요 생사의 근본이다"79)라고 하였기 때문이다. 그러므로 6식, 7식, 8식, 9식 등 설령 한량없는 식(識)이 있다고 해도 모두 불성이 아니니, 모두 유소득으로 오안(五眼: 肉眼·天眼·慧眼·法眼·佛眼)으로 보이지 않는 것이기 때문이다.80) 이제 『중관론소』를 통해서 길장의 비판의 내용을 좀 더 구체적으로 살펴보면 다음과 같다. "그가 말하였다. 중생은 본래 불성이 있고 본래 여래장이 있으니 생사가 의지하여 건립되는 근본이 된다. 이제 번뇌를 끊으니 성불하고, 그러므로 다시 본래 있던 곳에 이른다. 이제 묻는다. 불성이 스스로 부처가 되는가. 중생이 부처가 되는가. 중생이 부처가 된다면 경전에 '옛날의 사슴

---

78) 『大乘玄論』(대정장45, p.35c), 「第七師 以阿梨耶識自性淸淨心 爲正因佛性也.」

79) 『섭대승론』에서 동일한 문장을 찾을 수 없기 때문에, 특정한 문장을 지시하는 것이 아니라, 이 논서의 전체적인 입장을 요약한 것으로 보인다.

80) 『大乘玄論』(대정장45, p.36b), 「乃至第八阿梨耶識 亦非佛性 故攝大乘論云 是無明母生死根本 故知 六識七識乃至八九 設使百千無量諸識 皆非佛性 何以故 皆是有所得 五眼所不見.」

왕은 지금 나의 몸이다'라고 하였는데 사슴이 부처가 된 것인가, 아닌가. 사슴이 부처가 되었다면 부처는 사슴과 같을 것이요 사슴이 부처가 된 것이 아니라면, 사슴이 그 전에 사라지고 누가 부처가 된 것이란 말인가. 불성이 스스로 부처가 되는 것이라면 중생은 응당 성불하지 못한다"81)라고 하여 보다 구체적으로 비판하고 있다.

균정에 따르면 이것은 지론사(地論師)의 설이다.82) 길장의 비판에 대해서, 만일 지론사가 이에 대해 답을 한다면 다음과 같이 할 수 있다. 일면에서는 중생이 부처가 되고 다른 면에서는 불성이 스스로 부처가 된다. 중생이 무명지(無明地)에 머물러, 본래 지니고 있던 불성이 무시이래의 악습에 의해 가리워졌을 때, 보리심을 발하여 바라밀을 수습하지 않으면 망상을 끊고 진여(眞)에 계합할 수 없으니 그러므로 중생이 부처가 된다고 할 수 있다. 단 여래장연기설 속에서 중생은 능히 성불의 가능성을 가지고, 모두 진여심을 가지고 있으며, 본래 스스로 불성이 있으니 불성이 부처가 된다고 할 수 있다. 그리고 이 두 설은 서로 어긋나지 않는다. 아리야식은 무명의 원인이기도 하지만, 성불의 근거가 되기도 하기 때문에, 긍정적 접근방식을 택할 때 이것을 정인불성이라고 하는 것은 무리가 없다는 것이다. 다만 이러한 정인불성이 존재론적인 실유(實有), 초월적인 심체(心體)로서 받아들여질 때, 그것에 집착이 생겨나게 되는데, 이것은 『열반경』에서 설한 불성의 본의가 아닌 것이다. 길장이 이 학파를 비판한 의도는 이러한 입장에서 이해해야 비로소 그 의미를 지닌다.

이하의 네 가지 설은 다시 불성을 이치(理)의 방면에서 찾은 것으로 분류된다. ㈎㉒는 세제의 이(理)이고 ㈐㉔는 진제의 이(理)로 구별된

---

81) 『中觀論疏』 권3(대정장42, p.38b), 「彼解云 衆生本有佛性 本有如來藏 爲生
　　死作依持建立 今斷煩惱故得佛 故是還至本處 今問 爲佛性自作佛 衆生作佛耶
　　若言衆生作佛者 如經云 昔時鹿王 我身是也 爲鹿至佛耶 不至耶 若至佛 則猶
　　是鹿 若不至佛 鹿滅於前 誰作佛 若佛性自作佛者 衆生應不得佛.」
82) 『大乘四論玄義』 권7(卍속장74, p.93a).

212

다.83) 여기서도 일부는 구체적인 언급을 하고 있지 않기 때문에 추지
의 형태로 이해할 수밖에 없다.

㉙ 〔학설〕 만행(萬行)을 닦음으로써 앞으로 증득하게 될 결과〔當果〕
를 정인불성이라 한다.84) 〔비판〕 앞으로 증득하게 될 결과를 불성이
라고 한 것은 예전의 여러 학자들이 모두 이 뜻을 사용하였다. 이것은
시유(始有)의 뜻이다. 만약 시유라면 없었던 것이 새롭게 존재하게 되
는 것이므로 지어진 것〔作法〕이다. 지어진 것은 무상하기 때문에 불성
이 아니다.85)

균정은 이것을 백마사 애법사(愛法師)가 도생의 설을 잘못 이해하여
서술한 것이라고 하였는데,86) 그 주장의 내용을 구체적으로 살펴보면
다음과 같다. 당과(當果)를 정인으로 함은 목석이 당과의 뜻이 없는
것과 구별된다. 무명의 초념(初念)에는 있지 않지만 마음이 있으면 당
과의 성(性)이 있기 때문에, 만행을 닦으면 결과를 이룬다. 그러므로
당과를 정인의 체라고 한다. 원효는 이것에 대해『열반경』「사자후품」
에 "일천제 등은 선법(善法)이 있지 않고 불성(佛性)은 선한 것이지만,
미래에 있을 것이기 때문에 일천제도 모두 불성이 있다고 한다"라고
한 것과, "현세에서는 번뇌의 인연으로 선근을 끊지만 미래에는 불성
의 힘이 인연이 되어 선근을 낳는다"라고 한 것에 근거한 설이라고 하
였다.87) 이 설은 당과는 불성이 현재 있는 것은 아니지만, 마음이 있

---

83) 『大乘玄論』(대정장45, p.36b), 「次有第三四家　並以理爲正因佛性　而不無
　　小異　前之兩家　以當果與得佛之理　爲正因佛性者　彼言　是世諦之理　次有兩
　　家　以眞諦與第一義空　爲正因佛性者　此是眞諦之理也.」
84) 앞의 책(대정장45, p.35c), 「第八師　以當果爲正因佛性　卽是當果之理也.」
85) 앞의 책(대정장45, p.36c), 「當果爲正因佛性　此是古舊諸師　多用此義　此
　　是始有義　若是始有　卽是作法　作法無常　非佛性也.」
86) 『大乘四論玄義』(卍속장74, p.91b).
87) 『涅槃經宗要』(대정장38, p.249a), 「第一師云　當有佛果　爲佛性體　如下師
　　子吼中說言　一闡提等　無有善法　佛亦言　以未來有故　悉有佛性　又言　以現在
　　世煩惱因緣　能斷善根　未來佛性力因緣故　遂生善根　故知　當果卽是正因　所
　　以然者　無明初念不有　而已有心　卽有當果之性　故修萬行　以剋現果　現果卽

는 자라면 반드시 미래에는 그 결과를 증득할 수 있는 것으로 여겨지는 것이기 때문에, 바로 이렇게 미래에 얻어질 불성의 원인이 되는 그 무엇을 정인이라고 하는 것이다.

길장은 불성이 시유라면 없었던 것이 비로소 존재하는 것인데, 이렇게 아직 있지 않은 것에 대해서 정인불성이라고 하는 것은 이치상 올바르지 않다고 하여 비판한다. 시유설에 대한 비판은 나중에 뒤에서 구체적으로 서술할 것이다.

㈜ 〔학설〕 성불할 수 있는 이치〔得佛之理〕를 정인불성이라 한다.88) 〔비판〕 성불할 수 있는 이치를 불성이라고 하는 것은 영근사(靈根寺) 혜영승정(慧令僧正)89)의 주장이다. 이 뜻은 가장 우수하지만 사자상승도 없고 경전의 근거도 없다. 학문의 요체는 사자상승에 의하여야 한다. 그런데 혜영은 자신의 스승은 마음을 정인불성으로 삼는데 그 제자로서 득불의 이치를 정인불성으로 삼았으니, 스승을 배반하고 자기 맘대로 추량하는 것이다. 따라서 이 설을 채용할 수 없다.90)

길장은 혜영의 스승이 마음을 정인불성이라고 하였다고 하는데, 마음을 논하는 가운데 그 주창자가 누구인지 밝히지 않았다. 다만 『삼론약장』에 따르면 이것은 개선(開善)의 설인데, 개선과 혜영의 사승관계를 확인하기 어렵기 때문에 사자상승과 관련된 길장 비판의 타당성여부를

성불성할 수 成當果爲本 故說當果而爲正因.」 본문의 인용경전: 『涅槃經』 권32(대정장 12, p.818c)와, 같은 책 권25(대정장12, p.769a).

88) 『大乘玄論』(대정장45, p.35c), 「第九師 以得佛之理 爲正因佛性也.」

89) 앞의 책(대정장45, p.36c)에는 영근승정(零根僧正)이라고 하였는데, 『大乘四論玄義』(卍속장74, p.92a)에 영근영정(靈根令正)이라고 하였고, 탕석여도 『漢魏兩晋南北朝佛敎史』, p.679에서 영근사(靈根寺) 혜영(慧令)이라고 하였으며, 당시 유명한 절로서 영근사가 존재하였기 때문에, 여러 가지 정황을 근거로 하여 영근혜영(靈根慧令)이라고 하였다.

90) 앞의 책(대정장45, p.36c), 「得佛理爲佛性者 此是零根僧正所用 此義最長 然闕無師資相傳 學問之體 要須依師承習 今問 以得佛理 爲正因佛性者 何經所明 承習是誰 其師 既以心爲正因佛性 而弟子 以得佛理爲正因佛性者 豈非背師 自作推畫耶 故不可用也.」

214

확인하기는 어렵다. 균정의 기록에 의거할 때 이 설은 법요(法瑤)91)의 주장을 잘못 수용한 것이다.92) 혜영의 스승이 법요라는 근거는 없지만 그렇다고 해서 길장이 말한 것처럼 혜영의 주장이 전혀 근거 없이 독단 적으로 추량한 것은 아니라는 것을 알 수 있다. 길장은 경전의 증거가 없다고 하였지만, 균정에 따르면 이들은 두 가지의 경증(經證)을 제시 하였다. 첫째 『열반경』「사자후품」에 "불성은 12인연을 불성이라고 한 다. 무엇 때문인가. 모든 붓다는 이것을 성품으로 한다"라고 하였다. 이 것은 정인의 성품을 밝힌 것으로 여러 부처님이 이것을 성품으로 함을 말한 것이다. 그러므로 원인 가운데에 득불의 이치가 있음을 증명하는 문장이라는 것을 알 수 있다. 둘째 『열반경』「사자후품」에 "사자후보살 이 물었다. 일체 중생은 이미 불성이 있는데 무엇 때문에 수도를 하는 가. 붓다가 답하여 말했다. 불(佛)과 불성이 비록 차별이 없으나 여러 중생은 모두 아직 구족한 것은 아니다"라고 하였다. 이것은 바로 성품 이 있으나 불(佛)은 아니기 때문에 구족하지 않았다고 한 것이고, 또한 목석 등이 성품이 없는 것과는 구별되기 때문에 이러한 성품이 있다고 한 것이다.93) 따라서 경증이 없다고 하는 길장의 비판은 경전에 동일

---

91) 5세기 초에서 중기까지 활약하였다. 탕석여는 고려대장경에는 법진(法珍), 균정의 『大乘四論玄義』(卍속장75, p.91b)에는 망(望)이라고 나와 있지만 법요(法瑤)가 옳다고 한다. 도생의 제자인 도유(道猷)와 더불어 불성에 대해 대립적인 사상경향을 지녔기 때문에 당시 사람들을 대상으 로 서로의 뜻을 펼쳤다. 도생의 사상과는 세 가지 측면에서 차이가 있다. 불성의 존재양태에 있어서는 득불의 이치가 본유한다는 입장(도생은 당 과설[當果說]), 깨달음의 방식에 있어서는 점오(漸悟)의 입장(도생은 돈 오설[頓悟說]), 감응의 연에 대해서는 성인은 무심(無心)으로 응한다는 뜻에서 응무연론(應無緣論)(도생은 성불을 위해서는 붓다의 감응이라는 연[緣]이 있어야 한다는 응유연론[應有緣論])을 주장하였다(湯錫予, 『漢 魏兩晋南北朝佛教史』, pp.682~692).
92) 『涅槃經遊意』(대정장38, p.237c)에 "次有障安瑤師云 衆生有成佛之道理 此理是常 故說此衆生爲正因佛性 此理附於衆生 故說爲本有也"라고 한 것 으로 보아, 길장도 또한 법요가 득불의 이치를 정인불성이라고 본 것임 을 인지하고 있었음을 알 수 있다.

한 문구가 나온 것은 아니기 때문에, 자구(字句) 자체에 의거할 때는 타당하지만, 자구에 대한 의리적 해석의 가능성을 고려할 때에는 보다 심층적으로 고찰할 필요가 있는 것으로 보인다.

㉛ 〔학설〕 진제(眞諦)를 정인불성이라 한다.94) 〔비판〕 진제를 불성이라고 하는 것은 화(和)법사와 소량(小亮)법사가 주장한 것이다. 이 것 역시 사자상승도 없고 경전에 증거가 되는 문구도 없기 때문에 받아들일 수 없다.95) 이것은 균정의 10가에 들어 있지 않고, 여타의 자료에서도 찾을 수 없기 때문에 이 주장에 대해서는 그 설을 확인할 만한 구체적인 증거가 없다.

㉜ 〔학설〕 제1의공(第一義空)이 정인불성이다. 이것은 『열반경』에 "불성은 제1의공이다"라고 한 교설에 근거한 것이다.96) 〔비판〕 제1의공을 정인불성으로 삼는 것은 북지(北地) 마하연사(摩訶衍師)의 주장이다. 『열반경』의 문장에 의해서 제1의공을 불성이라고 한다면, 본경의 아래문장에서 "공이란 공(空)과 불공(不空)을 보지 않는 것이니 이것을 불성이라 한다"고 하였다. 이것에 근거하면 중도를 불성이라 하고 공을 불성이라 하지 않는다.97)

길장의 비판의 타당성 여부를 확인하기 전에 그가 인용한 『열반경』의 문장에 왜곡이 있다는 학자의 지적을 먼저 검토해 보겠다.

길장이 『열반경』에서 인용한 것을 기술한 문장, 곧 "공이란 공과 불

---

93) 『大乘四論玄義』(卍속장74, p.92a). 본문의 인용경전: 『涅槃經』 권25(대정장12, p.768c), 『涅槃經』 권30(대정장12, p.803a).
94) 『大乘玄論』(대정장45, p.35c), 「第十師 以眞諦爲正因佛性也.」
95) 앞의 책(대정장45, p.36c), 「眞諦爲佛性者 此是和法師小亮法師所用 問 眞諦爲佛性 何經所出 承習是誰 無有師資 亦無證句 故不可用也.」
96) 앞의 책(대정장45, p.35c), 「第十一師 以第一義空爲正因佛性 故經云 佛性者 名第一義空 故知 第一義空 爲正因佛性也.」 본문의 인용경전은 『涅槃經』 권25(대정장12, p.768c)의 글이다.
97) 앞의 책(대정장45, p.36c), 「以第一義空爲正因佛性者 此是北地摩訶衍師 所用 今問 若依涅槃文 以第一義空爲佛性者 下文卽言空者 不見空與不空 名 爲佛性 故知 以中道爲佛性 不以空爲佛性也.」

216

공을 보지 않는 것이니 이것을 불성이라 한다. 그러므로 중도를 불성이라 하고 공을 불성이라 하지 않음을 알 수 있다"[98]는 『열반경』 권25 「사자후보살품」의 "불성은 제1의공이라 하고, 제1의공은 지혜라 한다. 이른바 공이라는 것은 ¹공과 불공을 보지 않는 것이니, 지혜로운 사람은 ²공과 불공, 상과 무상, 고와 락, 아와 무아를 본다. 공이란 일체의 생가이고 불공이란 대열반이다. 내지 무아란 생사이고 아란 대열반이다. 일체의 공을 보고 불공을 보지 않으면 중도라고 하지 않는다. 일체의 무아를 보고 아를 보지 않으면 중도라 하지 않는다. 중도라는 것은 불성이라 한다"[99]라는 부분이다. 길장에게서는 밑줄1이 지혜로운 사람의 입장으로 중도이고, 불성이라고 묘사된다. 그러나 이미 본 것처럼 길장이 근거한 『열반경』의 원문(밑줄1)은 '공을 잘못이해한 사람에게 있어서 공이란 공과 불공을 함께 보지 못하는 그런 공이다'라는 뜻이기 때문에, 길장이 이것을 공과 불공의 이변을 여의는 중도를 나타내는 문장으로 본 것은 오류이다. 이상은 모종삼의 입장을 서술한 것이다.[100]

『열반경』의 본문에 의거하고, 『대승현론』의 해당부분에 한정하는 한, 길장에 대한 모종삼의 비판은 옳다. 그런데 문제는 길장은 다른 저술에서는 『열반경』의 해당부분을 원문에 충실하게 이해하고 있다는 점이다. 예를 들어 『법화유의』에서 "열반경에 말한 것과 같다. 이승인은 단지 공을 보고 불공을 보지 못하므로 중도를 행하지 못하니 제1이라고 하지 않는다. 모든 붓다는 어떤 덕도 원만하게 갖추지 않음이 없

---

98) 앞의 책(대정장45, p.366c), 「若空者 不見空與不空 名爲佛性 故知 以中道爲佛性 不以空爲佛性也.」
99) 『涅槃經』(대정장12, p.767c), 「佛性者 名第一義空 第一義空 名爲智慧 所言空者 不見空與不空 智者 見空及與不空 常與無常 苦之與樂 我與無我 空者一切生 死 不空者謂大涅槃 乃至無我者 卽是生死 我者謂大涅槃 見一切空 不見不空 不名中道 乃至見一切無我不見我者 不名中道 中道者名爲佛性.」
100) 牟宗三, 『佛性與般若』, p.200.

고 어떤 번뇌도 다하지 않음이 없어서, 공과 불공의 뜻을 갖추어서 보고, 중도를 행하기 때문에 제1이라고 칭한다."101)라고 하여, 『열반경』의 동일한 문장을 명백하게 원문에 입각해서 바르게 이해하고 있다. 다음으로 『법화의소』에서 "소승인은 단지 공을 보고 불공을 보지 못하며, 대승인은 공과 불공을 갖추어서 보니, 중도라고 한다"102)라고 하여, 『열반경』을 직접적으로 인용하고 있지는 않지만, 그 원문을 정확히 이해하였음을 알 수 있다. 이것에 근거할 때 모종삼의 지적대로 길장이 이 부분을 잘못 이해한 것으로만 볼 수 없는 느낌이 든다. 길장 특유의 사유구조를 고려할 때 이러한 생각은 더욱 짙어진다. 길장에게서 공과 불공을 모두 본다는 것은 공과 불공의 인연의를 관조하여 불공(不空)의 공(空), 공(空)의 불공(不空)을 아는 것이다. 그리고 이러한 앎은 결국에 공과 불공의 어디에도 집착하지 않는 진리를 향해 나아가도록 한다. 이렇게 공과 불공을 모두 보는 것은 공과 불공의 어디에도 집착하는 견해를 내지 않는 것을 의미하기 때문에, 공과 불공을 모두 본다는 것이 내포한 궁극적인 의미를 드러낼 때 이것은 공과 불공을 보지 않는 것이라고 할 수 있다. 이것을 다시 뒤에서 서술할 4종 석의에 입각해서 이해하면, 공이 불공과 상대하여 있음을 봄으로써 공과 불공을 모두 보는 것이, 호상석[인연석]의 단계라면, 공과 불공의 인연의를 깨달음으로써 비공비불공(非空非不空)이라는 도리를 깨닫는 것이 현도석의 단계이다. 『열반경』의 본문에 나타난 공과 불공을 본다는 말의 의미를, 길장은 현도석의 입장에서 서술한 것이라고 볼 수 있다. 문맥에 집착할 때는 문제가 있을지라도, 인연석과 현도석은 길장

---

101) 『法華遊意』(대정장34, p.639c), 「如涅槃云 二乘之人 但見於空 不見不空 故不行中道 不得稱爲第一 諸佛如來 德無不圓 累無不盡 具見空與不空義 行於中道故 稱爲第一.」
102) 『法華義疏』(대정장34, p.556c), 「小乘人 但見於空 不見不空 大乘人 具見空與不空 故名中道.」

에 있어서 서로 방해되지 않기 때문에, 길장의 해석이 이치상으로는 문제가 되지 않는 것으로 생각된다.

이상과 같은 이해의 가능성에도 불구하고 길장의 비판에는 다음과 같은 문제가 있다. 균정의 10가에 들어 있지 않고, 여타의 자료에서도 찾을 수 없기 때문에 이 주장도 그 설을 확인할 만한 구체적인 증거가 없다. 다만 『열반경』에 "불성은 제1의공이고, 제1의공은 중도"[103]임을 밝히고 있기 때문에, 이 가운데 제1의공의 다른 이름인 중도를 들어 제1의공의 부당성을 지적하는 길장의 비판은 석연치 않은 측면이 있다.[104]

이 밖에 마지막으로 길장은 하서도랑이 담무참과 함께 『열반경』을 번역하고 그의 뜻을 이어서 『열반의소』를 지어, 불성의 의미를 풀이하면서 중도가 불성임을 밝혔고, 이후 여러 학자들이 이 주석서에 의해 『열반경』을 강설하고 연구하면서 도랑의 뜻을 잘못 이해하여, 한 면에 치우쳐서 불성설을 주창하게 되었다고 하고, 이러한 모든 설은 맹인이 코끼리를 만지는 격이어서 모두 틀린 것은 아니지만 그렇다고 옳다고

---

103) 『涅槃經』 권36(대정장12, p.768c), 「十二因緣 名爲佛性 佛性者卽第一
　　義空 第一義空名爲中道 中道者卽名爲佛 佛者名爲涅槃.」
104) 이상 11가의 학설을 길장의 분류에 의해 간략하게 도시하면 다음과 같
　　다(宇井伯壽, 『大乘玄論』, 東京, 大同出版社, 1936, pp.74~75).

정인불성	주창자	소범주		대범주
1. 衆生	河西道朗, 僧旻, 白琰	假		第1 假實二義
2. 六法(五陰/我)	智藏, 僧柔	實假		
3. 心	智藏	體		第2 心識
4. 冥傳不朽	小安, 攝論師	用		
5. 避苦求樂	法雲	用		
6. 眞神	梁武帝, 靈味高高	僞	體	
7. 阿梨耶識	地論師	眞		
8. 當果	愛法師, 기타 故舊諸師	世諦理		第3 理
9. 得佛之理	慧令僧正			
10. 眞諦	和法師, 小亮法師	眞諦理		
11. 第一義空	北地摩訶衍師			

할 수도 없음을 밝힌다.105) 이것으로 길장의 불성설은 도랑의 중도불성설(中道佛性說)을 근간으로 하고 있음을 알 수 있다. 그리고 이러한 중도불성설에 대한 잘못된 이해를 파척하는 것이 길장이 불성의를 서술하는 목적임을 알 수 있다.

② 11가지 학파에 대한 총괄적 비판

길장은 이상과 같이 종래의 불성에 대한 견해를 11가로 정리하여 개별적으로 논파한 후에 이들은 모두 성불하게 하는 이치〔得佛之理〕에 대해 논의한 것이라는 공통점이 있음을 밝히고, 다시 이것을 있다고 하거나 없다고 하는 사유판단 자체가 성립하는 것이 불가능하다는 것〔有無破〕, 이것이 과거, 현재, 미래의 3시 중 어느 한 때에 작용한다고 하는 사유판단 자체가 성립하는 것이 불가능하다는 것〔三時破〕, 이것이 대승의 근본사상인 공과 상즉한 것이라고 하거나, 공을 여읜 것이라거나 하는 사유판단 자체가 성립하는 것이 불가능하다는 것〔卽離破〕 등의 세 가지 측면에서 비판하였다.106)

첫째 득불의 이치가 현재 존재한다면 이미 완성된 형태로 있는 것이기 때문에 이치라고 할 수가 없고, 만일 이것이 현재 없다고 한다면 말 그대로 그 이치는 존재하는 것이 아니다. 이렇게 득불의 이치가 있다고 하든, 없다고 하든 종국에는 유변(有邊) 또는 무변(無邊)에 떨어지고, 이러한 변견에 떨어져서는 그 내용이 무엇이라고 하더라도 그것을 득불의 이치라고 할 수 없다.107)

---

105) 『大乘玄論』(대정장45, p.35c), 「但河西道朗法師 與曇無讖法師 共翻涅槃經 親承三藏 作涅槃義疏 釋佛性義正以中道爲佛性 爾後諸師 皆依朗法師義疏 得講涅槃乃至釋佛性義 師心自作 各執異解 悉皆以涅槃所破之義 以爲正解 豈非是經中所喻解象之殊哉 雖不離象 無有一人得象者也 是故應須破洗.」

106) 앞의 책(대정장45, p.36c), 「通論十一家 皆計得佛之理 今總破得佛之理 義通十一解 事旣廣 宜作三重破之.」

220

둘째 득불의 이치가 과거에 존재한 것이라면 이미 지나가 버린 진리이기 때문에 다시 이치로서 작용할 수가 없다. 이치가 미래에 존재할 것이라면 미래에 있을 것은 현재에는 존재하지 않기에 이치로서 작용할 수 없다. 이치로 작용하는 그 순간 이치가 존재로서 드러나는 것이라고 한다면, 이것도 또한 옳지 않다. 왜냐하면 이미 이치로 작용했을 때는 과거의 것이 되어 버리고, 아직 작용하지 않았을 때는 미래의 것이 되어 버리기 때문이다. 그러므로 과거와 미래에 속하지 않는 어떤 별도의 시간에 존재하는 것을 이치라고 할 수 없다.108)

셋째 득불의 이치가 공과 상즉한 것이라면 이미 공이기 때문에 다시 이치가 있을 수 없다. 또한 이 이치가 공을 여의고 존재하는 것이라면, 공은 잠시도 여읠 수 있는 것이 아닌데, 공을 여의고 별도로 이치가 있을 수는 없다. 또한 공을 여의고도 별개의 이치가 있다고 한다면, 이견(二見)을 이루게 된다. 경에 "모든 법에서 이견(二見)을 일으키는 자는 도(道)도 없고 과(果)도 없다"고 하였으니, 이견의 전도망상을 정인으로 삼을 수는 없다.109)

길장은 이렇게 세 가지 측면에서 살펴보아도 득불의 이치는 얻을 수가 없기 때문에, 직접적으로는 이치를 정인불성이라고 하였던 당과, 득불지리, 진제, 제1의공 등의 설이 모두 존립근거를 상실하고, 간접적으로는 나머지 주장도 모두 동일한 맥락에서 비판될 수 있다고 한다.110)

---

107) 앞의 책(대정장45, p.36c), 「第一 作有無破 只問 得佛之理 爲當有 此理爲當是無 若言是有 有已成事 非謂爲理 若言是無 無卽無理 卽墮二邊 不得言理也.」
108) 앞의 책(대정장45, p.36c), 「第二作三時破 只問 得佛之理 爲是已理 爲是未理 爲是理時有理 若言已理 則理已不用 無復有理 若言未理 未理故未有 若言理時有理者 若法已成則是已 若法未有則墮未 故無別第三法稱爲理也.」
109) 앞의 책(대정장45, p.36c), 「第三卽離破 只問 得佛之理 爲當卽空 爲當離空 若言卽空者 則早已是空 無復有理 若言離空 有此理者 空不可離 豈得離空 而言有理 又離空而有理者 則成二見 經云 諸有二者 無道無果 豈可以二見顚倒爲正因耶.」
110) 앞의 책(대정장45, p.37a), 「作此三條 推求不可得 非唯四家義壞 通十

앞에서 살펴본 것처럼 중생, 육법, 마음, 명전불후, 피고구락, 진신, 아리야식 등을 정인불성이라고 하는 설은 유정인 중생의 지위를, 무정인 돌멩이가 무성(無性)인 것과 구별하고자 하는 목적을 가진 것으로 이해된다. 그리고 이것을 정인불성이라고 주장한 사람들은 그 자체를 불(佛)과 동일한 것으로 보지는 않았다. 불(佛)의 성품, 곧 성불의 가능성이라고 본 것일 뿐이다. 그럼에도 불구하고 길장은 그들이 완성태로서의 정인불성을 주장한 것이라고 한다. 길장의 이러한 식의 정인불성 이해는 『열반경』 자체에서의 뜻과도 맞지 않을 뿐 아니라 또한 용어에 대한 표면적 이해에 있어서도 타당하지 않다. 불의 체성은 곧 불성이다. 여기에 정인이라는 말을 붙인 것은 체성을 넘어선 의미가 있기 때문이다. 이미 정인이라는 말을 붙였는데 이것을 체성으로 주장한 것처럼 여기는 길장의 태도에 문제가 있다는 것이다. 또한 목석의 무성과 간별하여 중생에게 정인불성이 있다고 한 것에 대해 그 자체만으로 존재론적인 의미를 가진 것으로 이해할 수는 없다. 그들이 주장하는 모든 내용은 『열반경』을 비롯한 여타의 경전의 본문에서도 밝힌 내용이기 때문에 경전적인 근거도 있는 것이다.

길장은 성실사에 대한 비판보다도 지론사, 섭론사에 대한 비판을 많이 한다. 불성은 여래장과 동의어로 보여지고 이로 인해서 불성설의 유행을 따라서 지론사와 섭론사는 불성개념을 여래장연기설 중에 끌어들여서 해석하면서, 불성을 존재론적으로 해석하여 영지명각(靈知明覺)한 진여심(眞如心) 등과 동의어로 보았다. 『대승현론』에서 제7가를 "아라야식자성청정심이 정인불성이라 했다"고 한 것과 원효의 『열반종요』에서 "아마라식진여해성(阿摩羅識眞如解性)이 불성체"111)라고 한 것이 좋은 예이다. 『열반경』에서 설한 불성은 어떤 초월적인 존재를 설정한 것은 아니다.

―計皆碎也.」
111) 『涅槃宗要』(대정장38, p.249b).

  길장의 불성의 기본노선은 그 당시 날로 심각해지는 불성에 대한 실체적 이해의 경향을 바로 잡아 이들을 정화함으로써 열반경의 불성의 고의(古義)를 회복할 것을 표방한 것으로 이해된다.112) 길장이 분류하기를 좋아하는 오류를 범하였다고 하는 지적113)을 받을 만큼 여러 학파의 불성설에 천착하였던 이유가 여기에서 드러난다. 만일 비판을 위한 비판이라면 이미 지적한 것과 같이 길장의 비판은 많은 논리적 문제점을 드러낸다. 이것이 단순히 비판을 위한 비판이 아니라, 고착된 의식의 정화를 위한 일련의 작업이었음을 이해할 때 길장의 비판은 그 의미를 드러낸다. 여러 학파의 학설 자체에 대한 부정이 아니라, 그 학설이 고정화되었을 때 나타날 문제점을 예견하고 그것을 차단하기 위한 것이었음을 알 수 있고, 그러한 의미에서 길장의 비판이 갖는 논리적 문제점은 해소된다.

③ 삼론학의 정인불성

  이상과 같은 11가의 학설을 개별적인 측면과 총괄적인 측면에서 파척한 후에 길장은 삼론의 정인불성을 횡론(橫論)과 수론(竪論)의 두 가지 측면에서 밝히고 있다. 횡론과 수론은 길장의 독자적인 논증방식으로, '횡'은 차례 순서를 경유하지 않은 공간적 수평관계이고 '수'는 차례 순서를 경유하는 시간적인 수직관계이다.114) 따라서 횡과 수의 내용은 고정적인 것이 아니고 상호관계에 의해서 다양하게 변화하는 유동적인 것이다. 예를 들어, 유병(有病)에 대해 무약(無藥)을 설하면 이것을 횡론이라고 한다. 그러나 무약에 의해 유병을 치료한 후에는

---

112) 常盤大定, 『佛性の硏究』, p.192.
113) 牟宗三, 『佛性與般若』, p.183.
114) 平井俊榮, 『中國般若思想史硏究』 pp.434~435. 상세한 내용은 아랫부분의 4종석의에서 논하기로 한다.

한 걸음 더 나아가서 병과 약이라는 개념조차 사라진다. 이로써 비유비무의 경지에 도달하는데, 이것을 수론이라고 한다. 단병(斷病)에 대해 상약(常藥)을 설하면 이것을 횡론이라고 한다. 그러나 상약에 의해 단병을 치료한 후에는 한 걸음 더 나아가서 병과 약이라는 개념조차 사라진다. 이로써 부상부단의 경지에 도달하는데 이것을 수론이라고 한다. 곧 유(有)를 횡이라고 한다면 불유(不有)를 수, 절(絶)을 횡이라고 한다면 부절(不絶)을 수, 부절(不絶)을 횡이라고 한다면 비절비부절(非絶非不絶)을 수, 언(言)을 횡이라고 한다면 불언(不言)을 수라고 한다. 횡은 상대되는 개념을 대설(對說)하여 자성적 실체라고 하는 집착을 흔들어 놓는 것이라면, 수는 완전히 집착으로부터 벗어날 때까지 부단히 집착의 내용을 부정함으로써 결국에는 어떤 것에도 집착하지 않는 경지에 도달하게 하는 것이다.115)

ㄱ) 횡 론

11가에 대한 비판을 마친 후 이렇게 타가의 학설을 파척한다면 삼론학에서 보는 정인불성은 무엇인가 하는 상대방의 물음을 설정116)하고 다음과 같이 답변한다.

일왕(一往)하면 다른 것에 상대하는 것이니 모름지기 반대되는 것으로 해야 한다. 상대가 모두 있다고 말하면 삼론은 없다고 한다. 상대가 중생을 정인이라고 하면 삼론은 비중생을 정인이라고 한다. 상대가 육법을 정인이라고 하면 삼론은 비육법을 정인이라고 한다. 내지 상대가 진제를 정인이라고 진제를 정인이라 하면 삼론은 비진제를 정인이라 하고 상대가 속제를 정인이라 하면 삼론은 비속제를 정인이라 한다. 그러므로 결국은 비진비속중도를 정인불성이

---

115) 『大乘玄論』(대정장45, p.25b).
116) 앞의 책(대정장45, p.37a).

라 한다. 약으로 병을 치료하려면 이 설을 필요로 한다.[117]

'일왕'이란 '한 번 간다'는 뜻으로 횡론과 같은 의미이다. 상대어는 재왕(再往)으로 '두 번 간다'는 뜻이다. 두 번 가는 것은 한 번 가는 것보다 더욱 깊은 것을 의미한다. 그러므로 '재왕'은 수론의 뜻을 드러낸다. 일왕은 길장의 저술에 종종 쓰이는 용어로 그 의미가 잘 드러난 것은 『이제의』에 "세간법이란 글자는 있지만 뜻은 없다고 할 수 있으니, 일왕하면 이와 같다. 그러나 재왕하면 글자도 뜻도 모두 없는 것이니, 왜 그런가. 글자는 본래 뜻을 드러내기 위한 것인데 이미 뜻이 있지 않다면 글자가 무엇을 드러낼 것인가"[118]라고 한 부분이다. 일왕이란 상대적인 관점에서 고찰한 것이고, 재왕이란 절대적인 관점에서 고찰한 것임을 알 수 있다.

길장은 우선 삼론의 정인불성으로 11가의 설에 반대되는 모든 것으로 설정한다. 이러한 길장의 주장은 부정을 위한 부정을 비출 수도 있지만, 오히려 이러한 길장의 입장은 11가의 설에 대한 비판의 의도를 명확하게 보여주는 것일 수 있다. 11가가 설정한 정인불성의 내용 자체가 문제가 되는 것이 아니라, 그 정인불성의 실체화를 부정함으로써 정인불성의 본래 역할을 되살리려는 것이 목적이 된다. 따라서 상대가 만약 비중생, 비육법, 비진제 등을 정인불성이라고 한다면, 길장은 중생, 육법, 진제 등을 정인불성이라고 한다는 것이 맥락적인 사유방식에 의해 이해될 수 있다.

---

117) 앞의 책(대정장45, p.37a), 「答 一往對他則須倂反 彼悉言有 今則皆無 彼以衆生爲正因 今以非衆生爲正因 彼以六法爲正因 今以非六法爲正因 乃至以眞諦爲正因 今以非眞諦爲正因 若以俗諦爲正因 今以非俗諦爲正因 故云非眞非俗中道爲正因佛性也 以藥治病則須此說.」

118) 『二諦義』(대정장45, p.87c), 「可謂世間法者 有字無義 一往如此 再往奪倂無 何者字本詮義 旣無有義 字何所詮.」

ㄴ) 수　론

횡론은 병을 다스리기 위한 약으로서의 정인불성, 곧 상대적인 의미에서의 정인불성을 논한 것이라면, 수론은 절대적인 의미, 곧 망도(望道)의 입장에서 정인불성을 논한 것이다. 따라서 그 내용은 횡론의 내용보다 심오한 것이다. 횡론에 의해 약을 처방한 후에 수론에 의해 병과 약을 넘어서는 절대적인 자유의 경계를 보여준다. 횡론이 타가의 정인불성의 각각에 대한 횡적인 부정을 통해 정인불성이 자성적 실체로서 존재한다는 집착을 벗어나도록 유도하는 것이라면, 수론은 타가의 정인불성의를 각각 수직적으로 깊이 고찰하여 횡론에 의해 성립된 상대적인 입론마저도 모두 벗어나도록 하는 것이다.

다른 것에 상대해서는 비록 이렇다고 할지라도 모름지기 횡론과 수론으로 이것을 논해야 한다. 그러므로 이 비중생의 뜻에 얕은 것이 있고 깊은 것이 있다. 횡적으로 논하면 약이 되니, 앞에서 밝힌 것과 같다〔얕은 비중생의 뜻이다〕. 횡론에서 단지 중생 등이 아닌 것을 곧 정인이라고 한다고 하였는데, 이것이 만약 비중생(非衆生)을 '시위'하는 것이라면 이것은 올바르지 않으니, 또한 어떻게 이러한 비중생의 이해에 기반하여 중생을 설할 수 있겠는가. 단지 중생에 대한 자성적 집착을 버리는 의미에서의 비중생이기에 중생을 설할 수 있는 것이니, 이러한 의미에서의 중생이라면 이것을 어찌 있다고 하고, 어찌 없다고 하며, 어찌 있기도 하고 없기도 하다고 하고, 있는 것도 아니고 없는 것도 아니라고 할 수 있겠는가. 이러한 중생의 의미를 안다면 어째서 정인이 아니라고 문책하겠는가. 육법, 진제 등의 뜻도 이와 같다. 철저하고 깊이 깨달으면 정인불성의 뜻이 이미 구족된 것이다. 앞에서 횡론으로 한 번 논하고 다시 수론으로 한번 논하니 양중(兩重)을 이루어서 정인의 뜻을 논하였다.119)

---

119) 『大乘玄論』(대정장45, p.37a), 「對他雖爾　又須橫竪論之　故此非衆生義
　　　有淺有深　橫論爲藥　則如向辨　竪則望道　只非衆生等卽是正因　若言是是非

다시 비중생에 얕은 뜻과 깊은 뜻이 있음을 밝혔다. 우선 중생에 대해 비중생이 정인이라고 할 때의 비중생은 중생에 상대하는 의미에서의 비중생이다. 이것은 횡론에서의 비중생의 의미로, 중생의 자성적 실체에 대한 상대방의 집착을 조복(調伏)시키는 역할을 한다. 그런데 수론에서의 비중생이란, 중생과 비중생이 상호 인연에 의해 시설된 것임을 알기 때문에, 시위(是謂)할 중생이 없고 시위할 비중생도 없음을 깨달음으로써, 중생에 대한 자성적 집착을 일거에 뽑아 없앤다. 결국 여기서의 비중생이란 비중생비비중생(非衆生非非衆生)을 의미하는 것으로 일체의 병과 약을 모두 초월한 경지를 드러내는 것이다. 그리고 이러한 경지를 파악한 상태에서 중생의 정인불성을 운위한다면, 그러한 중생의 의미는 자성적 집착을 벗어난 것이기 때문에 모두가 옳은 것이 된다. 정인불성의 구체적 내용이 중생인가, 육법인가, 진제인가가 중요한 것이 아니라, 중생이든, 육법이든, 진제이든 그것 자체에 고착화되지 않고, 그것을 통해서 중도불성의 의미를 찾을 수 있다면 그 자체가 정인불성으로서 긍정될 수 있음을 말하는 것이다. 그렇다면 길장이 앞에서 11가의 불성설에 대해서 조목조목 비판을 가한 것은 그들이 정인불성의 내용으로 삼은 것에 대해서 자성적 실체로서 집착하고 그것을 중도불성을 깨달을 수 있는 전오의 계기로 삼지 못한 점을 비판한 것이다. 만일 그들이 그러한 집착에서 벗어난다면 그들이 세운 정인불성은 그대로 중도불성이기 때문에 비판의 대상에서 제외될 수 있다. 길장에게 있어서 파사(破邪)란 특정한 교설을 제거하는 것이 아니라, 교설에 대한 주창자의 고착적 견해를 비판함으로써 오히려 그가 의지하는 교설의 본질을 드러내 주는 것이다. 이러한 의미에서 파

是 亦何者非衆生而說衆生乎 但非衆生而說衆生 此之衆生 豈可言其是有 豈可言其是無 豈可言其是亦有亦無 非有非無耶 若識此衆生者 何爲問非正因 乃至六法眞諦 義亦如此 若徹了深悟 此則正因佛性義已具足 前是橫論一重 此復是竪論一重 便成兩重論正因義也.」

사즉현정의 논리가 이해될 수 있다. 11가의 교설을 일일이 파척하는 길장의 노력은 분류하기 좋아하는 오류를 범한 것이 아니라, 새로운 입장을 세우기보다는 상대가 의지하는 교설의 진정한 의미를 밝혀 줌으로써 상대로 하여금 그 자리에서 깨달음을 얻게 하려는 배려라고 할 수 있다.

　모든 사상에는 파사와 현정의 양면이 있다. 『성실론』은 세속의 유(有)를 무너뜨리고 열반의 공(空)에 들어갈 것을 가르친다. 지론사, 섭론사는 무명을 파척하고 여래장의 청정한 자성을 회복할 것을 가르친다. 이것으로 볼 때 파사현정은 모든 학파의 공통된 진리이며 특정 종파의 특색이라고 할 수 없다. 그러나 이때 대체로 파(破)의 대상인 사(邪)와 현(顯)의 경계인 정(正)은 하나는 버려야 할 것이고 하나는 얻어야 할 것으로 나타난다. 그러나 삼론학에서는 정이나 사는 따로 있는 것이 아니라, 사를 버려가는 가운데 정이 나타나는 형식을 취한다. 곧 삼론학의 정이란 파사의 과정에서 드러나는 것이라는 점에 특색이 있다. 유가는 부단하게 어떤 형식을 통하여 이것이 인(仁)이고 이것이 의(義)라고 하는 점을 주장하려고 한다. 불교 내에서도 많은 학파들이 어떤 형식을 세워놓고 그것만이 진리라고 하였다. 그러나 삼론학에서는 이들의 입장이란 결국 진리로 향하는 길일 수는 있어도 진리 그 자체일 수는 없다고 보았다. 진리를 규정될 수 없는 것이기 때문이다. 다만 우리가 규정될 수 있는 것처럼 말하는 것은 우리가 서로 그렇게 한계를 지닌 언어를 사용하고 있기 때문일 뿐인 것이다. 진리가 우리의 생활 속에서 스스로의 모습을 드러내는 양태를 나타낸 것이 바로 파사즉현정이다.

⑵ 불성의 이명(異名)의 문제

『대승현론』「불성의(佛性義)」제9 회교(會敎)에서 불성에 대한 여러 가지 명칭을 들고 이것을 대하는 바람직한 태도를 설명하였다. 우선 『열반경』의 불성, 『화엄경』의 법계(法界), 『승만경』의 여래장자성청정심(如來藏自性淸淨心), 『능가경』의 팔식(八識), 『수능엄삼매경』의 수능엄삼매, 『법화경』의 일도일승(一道一乘), 『대품경』의 반야법성(般若法性), 『유마경』의 무주실제(無住實際) 등이 모두 동일하게 불성을 가리키는 것이라고 하였다.120) 이러한 주장의 근거로서 경전에 "무명상(無名相)의 법 가운데서 가명상(假名相)을 설한다"는 것과 "하나의 법 가운데서 한량없는 이름을 설하고, 하나의 이름 가운데 한량없는 문을 설한다"고 한 것을 제시하고 있다.121)

길장은 이렇게 동일한 개념을 다른 명칭으로 나타내는 이유를 다음과 같이 설명한다. 평등한 대도(大道)가 중생에게 있어서 깨달음의 성품이 되는 것을 불성, 생사를 숨기고 있음을 나타낸 것을 여래, 여러 식의 성품이 구경에 청정해진 것을 나타낸 것이 자성청정심, 모든 법의 체성임을 나타낸 것이 법성, 오묘하고 진실되어 차별이 없음을 나타낸 것이 진여(眞如), 궁극적인 실상임을 나타낸 것이 실제(實際), 이치가 움직임과 고요함을 끊었음을 나타낸 것이 삼매, 이치가 아는 것이 없고 알지 않는 것도 없음을 나타낸 것이 반야, 선악이 평등하여 오묘하게 굴려 차별이 없음을 나타낸 것이 일승, 이치가 원만하고 고요함을 나타낸 것이 열반이라는 것이다.122) 이와 같이 여러 가지 뜻이 있는 것은 허공이 움직이지 않되 걸림이 없어 여러 가지 이름을 갖는데, 비록 여

---

120) 앞의 책(대정장45, p.41c).
121) 앞의 책(대정장45, p.41c), 「故經云 無名相法 假名相說 於一法中 說無量名 於一名中 說無量門.」 본문의 인용경전: 『佛藏經』 권상(대정장15, p.782c), 『涅槃經』 권31(대정장12, p.810a).
122) 앞의 책(대정장45, p.41c).

러 가지 이름이 있지만 진실로 다른 모습이 아닌 것과 같다. 그러므로 이름은 비록 다르지만 이치는 실로 차별이 없다고 한다.123)

　다시 이러한 주장에 대해 여러 경전에 사용된 다양한 언어들을 일목요연하게 정리함으로써 그들을 회통하려는 뜻은 가상하지만, 논리적으로 다음과 같은 문제가 있기 때문에 여러 사람들로 하여금 의심을 내게 한다는 난문(難問)을 설정하는 것을 시발점으로 하여 불성의 이명이 어떤 방식으로 진리의 개현이라는 점에서의 동일성을 보증 받을 수 있는가를 다음과 밝힌다.

> 묻는다. 진여법성이 모두 불성의 다른 이름이라면 경전에 진여법성은 공의 다른 이름이라고 하였다. 이제 알지 못하겠다. 불성은 이제 중 제일의공인가 아닌가. 제일의공이라면 이미 공이라고 하였는데 어찌 이것을 불성이라고 할 수 있겠는가. 여러 경전을 회통하여 서로 위배됨이 없게 하려는 것은 좋은 일이긴 하지만, 새롭게 이질적인 주장을 듣고 나니 깊은 뜻을 알지 못하여, 모든 사람이 함께 의심하고 있다. 바른 뜻을 개시하여 의심을 없애 주기 바란다.124)

　진여법성이 모두 불성의 이명이라면, 경전에서 진여법성을 공의 이명이라고 했으니, 불성을 이제 중의 제일의공이라고 할 수 있을 것인데, 공인 것이 어찌하여 불성이 될 수 있는가 하는 의문을 제기한 것이다. 이것에 대해 다시 공의 의미가 불성과 상치되지 않는 것임을 『열반경』을 들어서 설명한다. 곧 『열반경』에 "불성은 제일의공이다"라고 했으므로 공이 불성임은 자명하다. 단지 공을 공이라고 시위(是謂)함이라면 불성이 아니다. 따라서 『열반경』에서는 그 뒤의 문장에서 이러한 공집

---

123) 앞의 책(대정장45, p.42a).
124) 앞의 책(대정장45, p.42a), 「問 若言眞如法性 並是佛性之異名者 經說 眞如法性 亦是空之異名 今未知 佛性 是二諦中 第一義空不 若言是者 既 言是空 那得以此爲佛性耶 會通諸經 使不相違 善則善矣 然新聞異響 未見 深旨 一切諸人 並皆同疑 願爲開示 以遣疑滯也.」

(空執)을 경계하는 의미에서 "공이라는 것은 공과 불공을 불견(不見)하는 것을 말하고 이것을 불성이라 한다. 이승인(성문승·연각승)은 단지 공을 볼 뿐 불공은 보지 못한다. 따라서 불성을 불견(不見)한다"고 하였다.125) 불성이란 중도를 현시함에서 그 완성을 보는 것이고, 불성의 이명에 집착하여 그 전오의 계기를 상실한다면 어떤 것에 대하여서도 불성이라고 하여 긍정할 수 없다. 이에 다음과 같은 선언이 이어진다.

> 그러므로 유소득인에게 있어서는 공만이 불성이 아닌 것이 아니라, 불성도 또한 불성이 아니며, 무소득인에게 있어서는 공만이 불성인 것이 아니라, 일체초목이 모두 불성임을 알 수 있다.126)

이렇게 동일한 대상에 대하여, 모든 것이 불성으로 긍정될 수도 있고, 또한 모든 것이 불성이 아니라고 하여 부정할 수도 있다고 하는 말의 본지를 이해하지 못하여, 다시 다음과 같은 의문이 발생한다.

> 묻는다. 만약 모두 불성이라고 한다면 모두 불성이 아니라고 하지 말아야 하고, 만약 모두 불성이 아니라면 모두 불성이라고 하지 말아야 한다. 무엇때문에 모두가 옳지 않다고 하고 다시 모두가 옳은 것이라고 하는가. 이것은 어찌 과분한 대답이 아니겠는가.127)

아직 마주한 경계에 대해 전오의식을 갖추지 못한 사람은 모든 언설에 대해 차별상을 짓기 때문에 옳고 그름을 논리의 영역에서 생각하려

---

125) 앞의 책(대정장45, p.42a), 「涅槃經云 佛性者 名第一義空 豈非是空爲佛性耶 若以空爲空者 非佛性也 故下文云 所言空者 不見空與不空 名爲佛性 二乘之人 但見於空 不見不空 不見佛性.」
126) 앞의 책(대정장45, p.42a), 「故知 於有所得人 不但空非佛性 佛性亦非 佛性也 若於無所得人 不但空爲佛性 一切草木 並是佛性也.」
127) 앞의 책(대정장45, p.42a), 「問 若皆是佛性 不得言非 若非佛性 不可言 是 有何所以 言一切並非 而復卽言一切並是 豈非是過分答耶.」

고 한다. 옳은 것은 옳은 것이고 그릇된 것은 그릇된 것이라고 하여, 둘 중의 하나에만 소속되어야 타당하다고 한다. 그러나 삼론학에서 이러한 고정적인 견해는 용납되지 않는다. 또한 논리의 영역을 다루는 것이 삼론학의 본질이 아니다.

> 궁극적으로 평등한 불성의 이치를 논하면 공도 아니고 공이 아닌 것도 아니며, 유도 아니고 유가 아닌 것도 아니며, 법성도 아니고 법성이 아닌 것도 아니며, 불성도 아니고 불성이 아닌 것도 아니다. 모든 것이 다 그릇된 것이므로 능히 모든 것이 옳게 된다. 왜 그런가. 평등한 이치는 공이나 유가 아니기 때문에 임시로 법성이라 하고, 공이나 유가 아닌 것이 아니기 때문에 가명으로 공유라고 하며, 법성이 아니기 때문에 가명으로 불성이라 하고 공이나 유는 법성이 아님이 없기 때문에 임시로 법성이라 한다. 불성이 아니기 때문에 임시로 법성이라 하고 공이나 유는 불성이 아님이 없기 때문에 불성이라 한다.128)

이렇게 일체법에 대하여 시위(是謂)의 입견(立見)을 갖지 않게 된다면 무소득의 가법으로 현시되는 길이 비로소 열린다. 시(是)로서 시(是)라고 한다면 유자성견이 되어 전오의식은 발생하지 않는다. 이는 부정의 대상이다. 시위함이 없이 비(非)에서 말미암은 시(是)임을 안다면 일체의 시(是)는 그대로 긍정하는 길이 열리는 것이다.

> 평등한 대도는 일정한 방향이 없고 머묾이 없기 때문에 일체가 모두 부정되고, 일정한 방향이 없고 걸림이 없기 때문에 일체가 모두 긍정된다. 그러나 이때 긍정의 의미가 그 긍정에 집착하고 부정에

---

128) 앞의 책(대정장45, p.42a), 「至論平等佛性之理 非空非不空 非有非不有 非法性非不法性 非佛性非不佛性也 以一切並非故 能得一切並是 何者 平等之理 以非空有故 假名法性 非不空有故 假名空有 以 非法性故 假名佛性 空有非不法性故 假名法性 以非佛性故 假名法性 空有非不佛性故 假名佛性.」

집착하는 것이라면 이때의 긍정과 부정은 모두 부정된다. 만약 긍정할 것도 없고 긍정하지 않을 것도 없으며, 부정할 것도 없고 부정하지 않을 것도 없는 가운데 임시로 긍정과 부정을 말한 것이라면, 이때 모든 긍정과 부정은 모두 긍정된다. 위에서 제시한 11가지 학파에서 설한 정인불성은 모두가 집착에서 비롯된 긍정이기 때문에 정인불성이 아닌 것이다. 만약 제법이 평등하여 차별이 없고 긍정할 만한 것도 없고 부정할 만한 것도 없음을 깨달은 가운데서 설한 것이라면 이 11가지 학파에서 설한 정인불성은 모두 타당한 것이라고 할 수 있다.129)

11가에서 설한 정인불성은 모두가 실체적 사유를 기반으로 하여 성립된 것이기 때문에 정인불성이 아니다. 모든 법이 평등하고 차별이 없어서, 끝내 시위(是謂)할 것이 없음을 깨닫는다면, 이러한 깨달음을 기반으로 하여 11가의 정인불성이 시설된 것이라면 이것은 그대로 정인불성이 된다.

⑶ 불성의 본유론(本有論)과 시유론(始有論)의 문제

불성에 대한 논의는 불성이 중생의 내부에 본래적으로 존재하는 것인가〔本有〕, 아니면 성불과 더불어 존재성을 드러내는 것인가〔始有〕, 아니면 두 가지를 모두 포괄하는 것인가〔亦本有亦始有〕의 문제를 낳았다. 예들 들면 『기신론』에서 중생은 모두 본각(本覺)의 자성청정심을 가진다고 하였는데, 후대사람들이 이것을 본유를 대표하는 것이라고 보았다. 다른 방면에서 『기신론』은 중생의 본각여래장(本覺如來藏)이

---

129) 앞의 책(대정장45, p.42a), 「平等大道 無方無住故 一切並非 無方無礙故 一切並得 若以是爲是 以非爲非者 一切是非 並皆是非也 若知無是無非是 無非無不非 假名爲是非者 一切是非並皆是也 故知 上來十一家所說正因 以是爲是故 並非正因佛性 若悟諸法平等無二無是無非者 十一家所說 並得是正因佛性.」

무명에 의해 가리워졌기 때문에 수행을 통해 현재의 불각(不覺)이 시각(始覺)이 됨으로써만이 구경각(究竟覺)이 된다고 하였는데 이것은 시유(始有)의 뜻이다. 길장은 본유시유에 대한 종래의 논의를 개괄하고 이들을 어떤 방식으로 이해할 수 있을 것인지를 설명한다. 길장은 우선 『열반경』에 본유와 시유의 뜻이 모두 드러나 있음을 밝힌다.

> 경전에 두 가지 문장이 모두 있다. 첫째 『열반경』에 "중생의 불성은 비유하면 암실의 그릇, 역사(力士)의 이마에 숨겨진 구슬, 가난한 여인의 보배창고, 설산(雪山)의 첨약(䍐藥)과 같나니, 본래 스스로 갖추고 있으며 지금 비로소 있는 것은 아니다"〔①〕라고 하였다. 그러므로 『여래장경』에 9종의 법신의 뜻이 있다고 밝혔다.〔②〕 둘째 『열반경』에 "불과(佛果)는 묘인(妙因)에서 생한다", "암말의 값을 받을 뿐, 그것이 낳을 망아지의 값은 받지 않는다"〔③〕라고 하여 불성이 시유임을 밝혔고, 다시 "내일 소(蘇)를 복용할 것이면서 오늘 벌써 냄새를 걱정하면서 음식에 이미 부정한 것이 있다고 하고〔④〕, 기름을 짜는 원료인 깨에 이미 기름이 있는 것이라고 한다면 이것들은 원인 중에 불성이 있다고 하는 허물을 범한 것이다〔⑤〕"라고 하여, 불성은 시유임을 밝혔다.130)

다음으로 이 두 가지 교설에 근거하여 성립된 두 가지 주장을 다음과 같이 설명하였다.

---

130) 『大乘玄論』(대정장45, p.39a), 「經有兩文 一云 衆生佛性 譬如暗室瓶盆 力士額珠 貧女寶藏 雪山䍐藥 本自有之非適今也 所以如來藏經 明有九種法身義 二云 佛果從妙因生 責騲馬直 不責駒直也 明當服蘇 今已嫌臭 食中已有不淨 麻中已有油 則是因中言有之過 故知 佛生是始有.」 본문 인용경전: ① 『涅槃經』 권31(대정장12, p.815c) ② 『如來藏經』에서 여래장을 9가지 비유로 설한 것 ③ 『涅槃經』 권26(대정장12, p775c) ④ 『涅槃經』 권26(대정장12, p.776a) ⑤ 동일한 문장은 없고 『열반경』 권26(대정장12, p.776c)에 마(麻)에 기름이 있지 않음을 들어 시유(始有)임을 밝힌 것에 근거한 것으로 추정된다.

234

어떤 사람은 말하였다. 중생의 불성은 본래 스스로 있는 것이다. 그러므로 이성(理性), 진신, 아리야식이다. 열반도 또한 두 가지가 있다. 성정열반(性淨涅槃)으로 본래 청정한 것과 방편정열반(方便淨涅槃)으로 수행으로 비로소 이루어지는 것이다. 다른 주장은 다음과 같다. 경에 이미 "불과는 묘인에서 생한다"고 설하였는데 어찌 음식 중에 이미 부정한 것이 있다고 하겠는가. 그러므로 불성은 시유임을 알 수 있다.131)

이들 각각에 해당하는 대표적 인물이 누구인지를 『대승현론』에서는 밝히지 않았다. 『열반경유의』에 본유설의 주장자로 3가를 들었는데, 제3가는 본유시유를 겸하므로 순수한 본유가는 아니기 때문에 엄격히 말하면 2가가 된다. 첫째 영미고고이다. 그는 생사의 가운데 이미 진신(眞神)의 법이 있지만, 마치 더러운 보자기에 싸인 황금상이 진흙 속에 감추어진 것처럼 아직 현현하지 않았을 뿐이다. 따라서 천안을 가진 자는 황금상을 씻어냄으로써 금상의 본모습을 완연히 드러나게 할 수 있는 것처럼, 진신도 또한 만덕(萬德)을 내포하고 상주하는 불체(佛體)로서 중생이 모두 지니고 있지만 번뇌에 의해 가리워진 것뿐이므로 번뇌를 끊으면 불체가 드러난다고 주장하였다. 둘째 장안법요(障安法瑤)이다. 그는 중생에게는 성불의 도리가 있는데, 이 이치는 항상되기 때문에 정인불성이라 하고, 이 이치는 중생에게 내재해 있기 때문에 본유라고 주장하였다.132) 시유설은 어떤 사람의 관점인지 명확하지 않다. 『중관론소』에 "너는 범부는 수행하여 불과를 얻으니, 범부일 때는 불(佛)이 없고 불(佛)일 때는 범부가 없다고 한다. 범부일 때 결정코 불(佛)이 없다면 비록 부지런히 수행해도 불(佛)을 얻을 수

---

131) 앞의 책(대정장45, p.39a), 「經旣有兩文 人釋亦成兩種 一師云 衆生佛性 本來自有 理性眞神阿梨耶識故 涅槃亦有二種 性淨涅槃本來淸淨 方便淨涅槃從修始成也 第二解云 經旣說 佛果從妙因而生 何容食中已有不淨 故知 佛性始有.」

132) 『涅槃經遊意』(대정장38, p.237c).

없다. 얻지 못한 것은 결정코 얻지 못하고 무불(無佛)은 결정코 무불(無佛)이니 마침내 불(佛)이 됨을 얻지 못한다"[133]라고 하였는데, 이는 맥락적으로 볼 때 시유의 뜻을 비판한 것이라고 할 수 있다. 이것을 근거로 할 때 길장에게 있어서 시유론은 『섭대승론』이 존재론적인 관점에서 중생은 본래 여래성(如來性)이 없으며 일체의 청정법은 후천적인 것이라고 주장한 것과 유사한 것임을 알 수 있다. 영미고고의 본유설은 결정코 본래 진신이 있다면 우유를 팔면서 그 속에 있는 락(酪)의 값도 받고, 암말을 팔 때 앞으로 낳을 망아지의 값을 받아야 할 것이라는 점, 진신의 힘은 위대한데 번뇌에 머물러 번뇌를 배출하지 못하고 수도하여 미혹을 끊은 후에야 배출되는가 하는 점 등의 의문을 제기하여 비판한다. 다음으로 법요의 본유설은 득불의 이치가 상주한다면 중생의 몸에 이미 상주의 법이 있어서 상견(常見)이라는 집착을 이루기 때문에 진신의 법이 아니고, 이 이치가 무상하다면 본유의 뜻이 성립되지 않는다고 하여 비판한다.[134]

길장은 이렇게 본유와 시유에 해당하는 경증과 그것에 근거하여 두 가지 주장을 펼친 학자들을 열거하고 비판한 후에 본유와 시유의 어느 것이 타당한 것인가에 대해, 본유인지를 물을 경우엔 시유라고 대답하고 시유인지를 물을 경우엔 본유라고 답할 것이라고 한다.[135] 길장의 본유, 시유는 중생의 성불에 대한 두 가지의 존재론적 해석을 대표하

---

133) 『中觀論疏』 권4(대정장42, p.153b), 「明汝謂凡夫修因得佛果 凡夫時未有佛 佛時無復凡夫 若凡夫時定無佛者 雖復勤修終不得佛 以不得定不得無佛定無佛 終不得爲佛也.」
134) 『涅槃經遊意』(대정장45, p.237c), 「且破第一義 若定本有眞神則同僧法 又若因中已有 則同賣乳索酪價貨 草馬索駒直也 又眞神力大 何意住煩惱中 而不能排煩惱出 而待修道斷惑 乃得出耶 破第二義解 若得佛之理 已自是常 則衆生身中 已有常住之法 還成常見之執 非眞神之法 若此理無常 則不成本有之義.」
135) 『大乘玄論』(대정장45, p.39b), 「問 若爾便是本有耶 答 復有始有義 又問 若始有應是無常 答 我復有本有義.」

236

는 것으로, 전자는 이것을 중생이 본래 이미 지니고 있는 것으로, 후
자는 선천적인 것이 아니라 후천적인 것으로 본다. 여기에서 본유, 시
유는 서로 대립되는 학설이다. 이로 인하여 길장은 당시 본유와 시유
를 주장하는 사람들은 각각 자신의 주장에 집착하여 하나를 택하면 다
른 하나를 배척하면서 시비쟁론 하여 경전의 뜻을 회통하지 못하였다
고 진단한다.136)

　본유와 시유를 부정한 다음 본유와 시유의 합성설을 주장한 사람들
의 입장을 파악한다. 우선 그 대표자로서는 개선사 지장과 지론사가 열
거된다. 『대승현론』에 "지론사는 불성에 두 가지가 있으니, 첫째 이성
(理性)이고 둘째 행성(行性)이다. 이치는 사물의 지음이 아니니 본유요
행(行)은 수행을 빌려서 이루어지므로 시유라고 한다"137)고 하였고, 『
열반경유의』에 "개선은 두 가지 뜻을 모두 갖추었다. 첫째 본유이고 둘
째 시유이다. 다시 이체(二體)가 없고 단지 두 가지 뜻을 이끌어서 정
(定)을 이루었을 뿐이다. 신명이 있지 않음을 밝히고자 한다. 결정코
신명이 있다면 본래 당과(當果)의 리(理)가 있을 것이니 이것은 본유의
뜻이다. 단지 만행이 원만하게 이루어지고 금강심에 이르러 깨달음이
일어날 때에 나아가서는 시유라고 한다. 『열반경』에 두 가지 문장이 있
다. 가난한 여인의 보배창고, 역사의 이마에 숨겨진 구슬, 암실의 그릇,
우물 속의 칠보(七寶)와 같은 것은 본래 스스로 이것이 있는 것이니,
본유를 증명하는 문장이다. 「사자후품(獅子吼品)」과 「가섭품(迦葉品)」
에서는 우유와 락(酪)에 비유하여, 우유에는 락이 없지만, 단지 락이
우유에서 생겨나기 때문에 락이 있다고 한다고 하고, 불성은 3세에 포
섭되지 않고 중생에게는 청정하게 장엄한 몸은 아직 없기 때문에 불성

---

136) 앞의 책(대정장45, p.39b), 「若執本有則非始有 若執始有則非本有 各執
　　　一文 不得會通經意 是非諍競 作滅佛法輪 不可其陳.」
137) 앞의 책(대정장45, p.39b), 「但地論師云 佛性有二種 一是理性 二是行
　　　性 理非物造 故言本有 行藉修成 故言始有.」

은 미래에 있다고 설한다고 하였다. 이것은 시유를 증명하는 문장이다. 불성은 두 가지 뜻을 모두 갖추고 있다. 목석에겐 결정코 성불의 이치가 없지만 중생은 반드시 붓다가 될 수 있기 때문에, 본유의 뜻을 펼친다. 붓다에 있어서는 원인 가운데에 있는 것이고, 원인 가운데에는 과(果)가 있지 않기 때문에 시유라고 한다"138)고 하였다.139) 지론사에 대한 길장의 비판은 다음과 같다.

> 유소득의 마음에서 이것을 보면 일단 문장을 다하고 뜻을 얻은 것 같지만 경의 뜻을 잘 살펴보면 반드시 이와 같지는 않다. 무엇때문인가. 대성(大聖)은 선교방편(善巧方便)으로 사물의 마땅함을 따라서 병을 물리치고 법을 설하는 것이지, 어찌 총괄적으로 이성본유(理性本有)라고 하고 행성시유(行性始有)라고 했겠는가. 예를 들면 여래장(如來藏)의 뜻을 설함에 있어서 『능가경 楞伽經』은 무아(無我)를 설하여 여래장이라고 하였고 『열반경』은 아(我)를 설하여 여래장이라고 한 것 같다. 이 두 가지 문장에 대해서도 앞에서와 같이 설명할 수 있을 것인가. 본유시유(本有始有)의 뜻도 이와 같다. 만약 이성본유여서 시유가 아니고 행성시유여서 본유가 아니라면 다시 집착하여 병(病)을 이루는 것이니, 성인의 가르침은 약(藥)이 되지 않는다. 세간의 일천한 지식을 가진 사람은 단지 그 말을 보고 결정코 그것을 옳다[是]고 하여서 미혹되고 집착하는 마음을 이룬다.140)

---

138) 『涅槃經遊意』(대정장38, p.237c), 「開善具有二義　一者　本有　二者　始有 更無二體　但將兩義成定之耳　欲明不有神明　定若有神明則本來有當果之理 此本有義　但約萬行圓滿金剛心謝種覺起時名爲始有……　此則證始有之文 故知　佛性具有兩義　若定木石之流　無成之理　此衆生　必應作佛　則本有義 若於佛　則今利是因中　因中未有果　則始有義也.」
139) 이상의 본유시유에 대한 논의를 도시하면 다음과 같다.
　　　本有---理性----眞神阿梨耶識---靈味高高(地論師〈1〉)
　　　本有---理性----得佛之理--------法瑤
　　　始有---行性----妙因-----------地論師〈2〉
　　　始有本有---------------------開善

238

　길장의 비판은 삼론학이 본유시유의 문제에 있어서 어떠한 고정된 입장을 가지지 않았다는 것을 보여준다. 본유·시유의 한편에 치우쳐서 자신의 주장이 옳다고 하고 상대방을 그릇되다고 부정해 버리는 본유·시유의 주창자에게는, 본유·시유가 무소득의 가법(假法)으로 현현할 수 있는 길이 막혀 있기 때문에 집견에 빠지게 되고 이 점이 비판의 결정적인 이유가 된다. 그렇다면 경전에 그 증거가 존재하는 본유, 시유의 문제를 어떻게 이해해야 할 것인가. 삼론학은 어떤 입장에서 이것을 받아들이는 것인가. 그 수용의 방법이 바로 본유·시유가 무소득의 가법으로 긍정되는 과정이 되고, 이 속에서 삼론의 전오방식의 일면이 규지될 것이다.

> 삼론학의 입장에서 파악한 불성의 의미는 비유비무(非有非無), 비본비시(非本非始), 비당현(非當現)이다. 그러므로 경에 말하였다. 단지 세속에서 시설된 문자의 수(數)에 의해 말하기 때문에 3세(三世)가 있다고 할 뿐이지, 보리(菩提)에 과거, 미래, 현재가 있다고 하는 것은 아니다. 비본비시이기 때문이고 인연이 있기 때문이며 말로 표현할 수 있기 때문이다.『열반경』의「여래성품(如來性品)」에 밝힌 것처럼 불성은 본유로서 가난한 여인의 집에 숨겨진 보배창고와 같은 것이다. 모든 중생은 이러한 가르침에 집착함으로써 오히려 병을 얻게 된다. 그러므로 같은 경의 뒤에 나오는 문장에서는 시유라고 하였다. 그러므로 불성은 본유라고 할 수도 없고 시유라고 할 수도 없다. 다만 중생을 위하여 본유라고도 하고 시유라고도 하는 것 뿐이다.[141]

---

140) 『大乘玄論』(대정장45, p.39b),「若有所得心 望之一往消文 似如得旨 然尋推經意 未必如此 何者 但大聖善巧方便 逐物所宜 破病說法 何曾說言理性本有行性始有耶 例如說如來藏義 楞伽經說無我爲如來藏 涅槃說我爲如來藏 此兩文復若爲配當耶 本有始有其義亦爾 若言理性本有非始 行性始有非本者 更執成病 聖敎非藥 而世間淺識之人 但見其語 定以爲是 以成迷執也.」

141) 앞의 책(대정장45, p.39b),「今一家相傳 明佛性義 非有非無非本非始亦非當現 故經云 但以世俗文字數故 說有三世 非謂菩提有去來今 以非本非始故

길장은 『열반경』에 본유, 시유를 나타내는 문구가 있다는 것을 부인
하지 않는다. 다만 그는 이것이 본래는 비본비시이나 중생을 위하여
방편으로서 본시를 설한 것이라고 보아서, 그것을 알지 못하고 하나의
견해에 집착하는 사람들을 비판한다.

> 묻는다. 불성이 비본시(非本始)라면 무슨 뜻에서 본시를 설하는가.
> 답한다. 불성을 궁극적인 입장에서 논하면 이치의 실상은 본시가
> 아니다. 다만 여래는 방편으로 중생이 지닌 무상(無常)이라는 병
> (病)을 무너뜨리기 위하여 일체중생이 불성을 본래 스스로 지니고
> 있다고 하니, 이 인연으로 불도를 이룰 수 있다. 단지 중생이 방편
> 이 없으므로 불성의 성품은 현재 드러나 있는 것으로 항상되고 즐
> 거운 것이라고 집착한다. 그러므로 여래는 중생의 현재 드러나 있
> 는 것이라고 하는 병을 무너뜨리기 위하여 본을 숨기고 시를 밝혔
> 다. 불성에 대해 궁극적인 입장에서 논한다면 단지 본시가 아닐 뿐
> 만 아니라, 비본비시도 아니다. 본시를 파하기 위하여 임시로 비본
> 비시라고 하였다.142)

『열반경』에서 중생 가운데에 무상에 치우쳐서, 수도하여 성불하는
일에 대해 믿음을 갖지 못하게 된 사람이 있음을 보고, 불성을 일체중
생이 본유한 것이라고 하였고, 이러한 본유불성설을 인연으로 하여 불
도를 이룰 수 있다고 하였다. 이것은 중생의 무상병을 파척하기 위하
여 진술한 방편본유설이다. 단지 중생이 방편이 없어서 본유라고 듣고

有因緣故 亦可得說故 如涅槃性品明 佛性本有 如貧女寶藏 而諸衆生執敎成
病 故下文卽明始有 故知 佛性非本非始 但爲衆生說言本始也.」본문의 인용
경전: 『涅槃經』 권8(대정장12, p.648b).
142) 앞의 책(대정장45, p.39c), 「問 若言佛性非本始者 以何義故 說本始 答
至論佛性理 實非本始 但如來方便 爲破衆生無常病故 說言一切衆生佛性本
來自有 以是因緣得成佛道 但衆生無方便故 執言佛性性現相常樂 是故如來
爲破衆生現相病故 隱本明始 至論佛性 不但非是本始 亦非是非本非始 爲
破本始故 假言非本非始.」

는 이것에 대해 실체론적인 판단을 일으키기 때문에, 『열반경』에서 '본'을 숨기고 '시'를 밝혀, 중생은 본래 불성을 스스로 갖추고 있지 않으며 미래에 갖추게 된다고 한 것이다. 이것은 중생의 현상병(現相病)을 파척하기 위해 진술한 방편으로서의 시유설이다. 이와 같이 본다면 『열반경』이 본시를 겸하여 설한 것은 스스로 모순이 되지 않을 뿐 아니라, 삼론교학이 불성을 비본비시라고 한 것과 어긋나지 않는다. 따라서 다음과 같은 결론에 도달하게 된다.

> 본유와 시유가 본유도 아니고 시유도 아님을 깨닫는다면 시비가 평등하여 비로소 정인불성이라고 할 수 있다.143)

『열반경』은 중도불성을 주장하고, 중도란 평등불이(平等不二)의 중도이다. 길장의 결론은 불성을 궁극적인 입장에서 논하면 비본비시일 뿐 아니라 비본비시도 아니다. 본시의 비본시를 깨달으면 시비가 평등하여 모두가 정인불성이라 할 수 있다고 한 것이다. 본유·시유가, 이것을 통해서 각각 무상·상에 집착하는 병을 타파하기 위해 시설된 방편임을 깨달을 때 본유·시유는 실상을 체득하는 통로로서 긍정된다. 삼론학에서는 본유·시유에 대하여, 시유의 본유이고, 본유의 시유임을 깨달은 소치로서 본유·시유를 관하므로, 본유·시유가 그대로 무소득을 현시하는 교문이 된다.

---

143) 앞의 책(대정장45, p.39c), 「若能得悟本始非本始 是非平等 始可得名正因佛性.」

4. 전오방식의 전형(典型)—사종석의(四種釋義)

1) 언어관—문자가 곧 해탈

　삼론학의 가장 중심적인 소의경론인 『중론』의 언어관이 드러나는 것
은, 그 부정적인 접근방식으로 인해, 일체의 불법을 모두 파괴해 버리
는 논이라는 비판, 곧 모든 것이 공이라면 생기하는 것도 없고 사라지
는 것도 없으며, 사성제도 없으니, 불교에서 주장하는 수행과 그것으
로 인해 얻는 과보 자체가 없어지며, 결국은 모든 세속법을 무너뜨리
는 것이라는 비판144)에 대한 답변을 통해서 드러난다. 모든 붓다는
이제에 의하여 중생에게 법을 설하였으니, 하나는 세속제이고 다른 하
나는 제일의제이다. 만약 사람이 이제를 잘 분별하여 알지 못하면 심
오한 불법에 대한 진실한 뜻을 알지 못한다. 만약 속제에 의지하지 않
으면 제일의제를 얻지 못하고 제일의제를 얻지 못하면 열반에 증입하
지 못한다.145) 제1의제는 있는 그대로의 진리를, 속제는 진리에 대한
언어적 표현을 말한다. 용수는 진리의 불가언설성에 입각한 『중론』의
부정적 방식을 허무주의적인 단멸론이라고 하는 비판을, 세속제를 진
제에 도달하기 위한 도구적인 가능성을 인정함으로써 극복하고자 하였
다.146) 삼론학의 언어관도 이러한 측면을 수용하여, 진리의 불가언설
성을 다음과 같이 밝혔다.

---

144) 『中論』(대정장30, p.32c).
145) 앞의 책(대정장30, p.32c~33a).
146) 최유진, 「중관철학의 이제설」, 『철학논구』, 제9집(서울대학교, 1981),
　　　p.119.

도(道)의 모양은 체(體)는 백비(百非)를 끊고, 이치는 사구(四句)를 초월한다. 이것을 말하고자 하는 이는 그 진실을 잃어버리고, 이것을 안다고 하는 자는 도리어 어리석어지며, 이것을 있다고 하는 자는 그 본성을 어그러뜨리는 것이고, 이것을 없다고 하는 자는 그 체(體)를 손상시키는 것이다. 그러므로 7가지의 변설능력을 가진 이도 그 음성을 거두고, 5안(五眼)의 능력을 가진 이도 비추기를 그만두었으며, 붓다가 방의 문을 닫았으며, 정명(淨名: 유마거사)이 입을 다물었으니, 어찌 유(有)를 도라고 할 수 있겠는가?147)

진리는 언어를 초월하며 언어로 표현하고자 할 때, 진리는 왜곡될 수밖에 없다는 사실을 강조하는 것이다. 그러나 또한 인간은 언어를 통하여 진실을 전달할 수밖에 없다는 한계를 다음과 같이 인정한다.

무명상(無名相)의 법을 중생을 위하여 가명상(假名相)으로 설하는 것이니, 중생으로 하여금 이 명상으로 인해 무명상을 깨닫게 하고자 함이, 교설을 드리우는 근본적인 뜻이요 뭇 성인의 본래적인 의도이다. 예컨대 『대품경』에 이르기를, '일체중생이 모두 명상(名相) 가운데에서 움직이니, 이제 그 명상을 그치게 하고자 하여, 명상을 빌어 무명상을 깨닫게 한다'라고 한 것과 같다.148)

진여의 실상은 무명(無名)이지만, 중생들이 이미 명상(名相)에 의해 생활을 영위해 가고 있는 현실을 인정하여, 성인은 명상으로 인해 무

---

147) 『三論玄義』(대정장45, p.2c), 「夫道之爲狀也 體絶百非 理超四句 言之者 失其眞 知之者 反其愚 有之者 乖其性 無之者 傷其體 故七辨斂音 五眼冥照 釋迦掩室 淨名杜口 豈可以有而爲道哉.」
148) 『法華遊義』(대정장34, p.642b~c), 「無名相法 爲衆生故 假名相說 欲令衆生 因此名相 悟無名相 蓋是垂教之大宗 群聖之本意 所以無名相中 假名相說者 如大品云 一切衆生 皆是名相中行 今欲止其名相故 借名相令悟無名相矣..」

명상을 깨닫게 하는 방편을 구사한다는 것이다. 이러한 성인의 언어적 가르침은, 높은 봉우리에 오르기 위해서 의지하는 줄과 사다리에 비유된다.149)

　언어에 대한 부정과 긍정으로 대별될 수 있는 상기의 두 가지 문장은 일견하면 모순된 것으로 보인다. 앞의 문장의 '말하고자 하는 이는 그 진실을 잃어버리고, 이것을 안다고 하는 자는 도리어 어리석어지며'에서 '말하는 것', '안다고 하는 것' 등은 일상적인 언어를 의미하는 것으로 볼 수 있다. 이미 있다거나 없다거나의 하나를 선택해야만 하는 일상적 언어용법에 의지하는 언어, 그리고 그러한 언어구조에 의해 습득된 앎을 의미한다는 것이다. 이렇게 볼 때 길장이 언어를 부정하는 것은 언어 그 자체가 아니라, 이미 오염된 언어를 가리키는 것임을 알 수 있다. 다시 언어를 긍정하는 길장의 태도는 그럼에도 불구하고 오염된 언어를 사용하는 것이, 교화의 대상인 중생이 사용하고 있는 유일한 의사소통의 수단이기 때문에 그 언어에 의지하지 않고서는 진리를 전해 줄 수 없음을 인정하는 것이다. 따라서 부정이든 긍정이든 여기서 주체는 오염된 언어이다. 다만 부정은 그 오염된 언어를 진리라고 여기는 중생의 의식에 대한 부정이고, 긍정은 그 오염된 언어를 세정시키기 위해 방편으로 사용하는 교화자 자신에 의한 긍정이다.

　이렇게 보면 진리의 불가언설성은 진리자체의 속성이라거나, 언어의 한계 때문인 것은 아닌 것이 자명해 보인다. 일반적으로 연기가 세계의 실상이라고 할 때, 고정된 것은 아무것도 없는데, 언어는 이러한 대상을 고정화하고 실체화하는 경향이 있다는 점에서 진리를 그대로 표현하기에 적합하지 않다고 하여, 도구적 기능만을 인정한다. 그러나 언어의 고정화하는 성격이란 언어 자체에 그 결함이 있는 것이 아니라, 언어를 운용하는 인간의 의식에 내재된 집착이 반영됨으로써, 언

---

149) 『勝鬘寶窟』(대정장37, p.1c).

어를 고착화시키고 자유로운 운용을 막는 것이다. 언어가 단순히 도구적인 기능을 가진 것이라면 무득의 경지에 언어는 들어설 여지가 없어야 할 것이다. 길장은 여러 면에서 언어의 중요성을 보여주어 도구적 기능을 넘어서는 언어의 역할을 보여주고 있다.

> 모든 말은 병은 없애기 위함이다. 병을 없애면 말은 다한다. 우박은 풀을 꺾지만, 풀이 죽으면 우박도 또한 동시에 사라지는 것처럼, 다시 말을 지키며 알음알이를 지어서는 안 된다. 말을 지켜서 알음알이를 지으면 다시 병이 되어 해탈을 얻을 수 없다. 말에 의탁하여 도를 드러내지만 실로 의탁할 만한 말은 없다. 그런 즉 알라, 말은 도와 다르지 않다. 이미 의탁할 만한 말이 없으니 어찌 의탁할 만한 도가 있다고 하겠는가. 무소의인데 다시 이 무소의에 의지하면 무의(無依)가 다시 의(依)가 된다.[150]

삼론학에 있어서 언어란 버려야 할 수단적인 기능이라는 것도 강조되지만, 그 수단적 언어에 대한 집착을 여의면 언어는 그 자체가 도와 다를 바가 없다는 점도 강조된다. 곧 언어는 진리를 개현하는 적극적인 기능을 지녀, 결국 진리와 동등한 입장으로까지 발전하는 양상을 보인다. 이러한 입장은 또한 이미 살펴본 것처럼 『정명현론』에 제시된 삼론학의 목적에서도 나타난다. 무소득관을 배워 뜻이 허현(虛玄)하지만 방언이 부족한 사람과 법상(法相)을 분별하여 도(道)를 현시하는 바른 종지를 잃어버린 사람이 있는데, 삼론학은 문자와 뜻, 현묘한 것과 일상적인 일을 모두 갖추게 하는 것을 목적으로 삼는다는 것이다.[151]

---

150) 『中觀論疏』(대정장42, p.27b), 「師又云 凡有所說 皆爲息病 病息則語盡 如雹摧草 草死而雹消 不得復守言作解 守言作解 還復成病 無得解脫 又師云 以觀心發言 卽言不動觀 言不動觀 竟何嘗言 師又云 寄言以顯道 實無言可寄 卽知 言不異道 旣無言可寄 何道可寄言 卽心下一無所依 若復依此 無所依 卽無依還是依.」

151) 『淨名玄論』 권6(대정장38, p.897b).

이상을 통해서 우리는 경론의 절대성을 수용하기보다는, 그것을 받아들이는 인간의 마음의 순수성을 중시하여, 일상 언어에 대한 절대적 수용을 반성하고 도구적 유용성에 눈뜨는 모습을 보이는 가운데서도, 언어를 단순히 수단으로 보기보다는 언어와 의리와의 상즉성을 통하여 제3장에서 살펴본 바와 같은 무득의 경지에 대한 이해를 언어의 문제로까지 확충시키는 측면이 있음을 알 수 있다. 무소득의를 요달하는 것을 우위로 삼는 것은, 도리를 드러내는 것이 급선무인 현실에서 채택한 하나의 방편이라고 했을 때, 이미 도구적인 언어를 넘어선 목적의 언어를 향한 가능성을 열어 놓은 것임을 알 수 있다. 언어는 실상과 격절되지 않은 것이요, 이러한 언어에 눈을 뜰 때 우리의 의식은 참된 의미의 무득을 향해 열려지며, 이때 다음과 같은 결론이 비로소 가능해진다.

> 단지 문자가 곧 해탈이라고 함은, 해탈은 안과 밖이 없고 그 중간도 없으며, 문자 또한 안과 밖이 없고 중간도 없으므로 문자가 곧 해탈이라 하는 것이다.152)

삼론학의 언어관에서 우리는 언어자체에 대한 부정이 아니라 언어에 대한 인간의 인식의 고착성을 지적하는 측면이 있음을 알 수 있다. 일체의 대상이 인연에 의해 이루어진 것임을 깨달을 때 대상에 대한 우리의 미혹이 깨뜨려지는 것이며, 대상은 여전히 자기의 방식대로 여실하게 존재하는 것이다. 결코 대상 자체가 깨트려지는 것이 아니다. 이와 마찬가지로 삼론학의 언어비판에서 그 비판의 내용은 언어의 연기성에 눈뜨지 못하고 실체시하는 잘못된 의식에 있는 것이지, 결코 언어자체를 부정하는 것에 의미가 있는 것은 아니다. 아무리 진리는 불가언

---

152) 『二諦義』 권하(대정장45, p.112c), 「只言說文字卽解脫 解脫不內不外不兩中間 文字亦爾 不內不外兩中間 故文字卽解脫.」 이 밖에 『勝鬘寶窟』 권상본(대정장37, p.5b)에도 동일한 뜻을 나타내는 구절이 있다.

설이고, 그럼에도 불구하고 '억지로 이름한다'고 하는 식의 어법을 구사한다고 할지라도, 그것은 어디까지나 인간의 의식에 의해 변조된 언어를 경계하고, 집착의 가능성을 버릴 것을 유도하는 것이요, 결코 언어와 진리의 상즉성을 부정하는 것은 아니다. 만약 손가락을 보면서 그것이 달을 가리키는 것임을 동시에 깨달을 수 있다면 이때의 손가락이란 결국 달과 다른 것은 아니다. 손가락이 달과 다른 것이라고 하여, 손가락을 떠나 달을 구하려고 한다면 이것도 또 하나의 집착이 된다. 왜냐하면 여기엔 손가락과 달을 분별하는 의식이 내재되어 있기 때문이다. 이러한 상태에서는 달을 보아도 달의 참모습은 드러나지 않는다. 그것은 연기적 구조를 상실하고 실체화된 달이기 때문이다. 손가락과 달을 동시에 관조하는 자리에서 모든 분별의식은 사라진다. 문자가 곧 해탈이라고 하는 적극적인 긍정은, 바로 언어의 무소득의에 눈뜸으로써 실상을 여의지 않은 언어에의 개안을 실현하는 것으로 보인다.

그렇다면 해탈과 다르지 않은 언어란 무엇일까? 곧 인간의 의식에 의해 왜곡되지 않은 실상 그대로의 언어란 무엇일까. 언어 그 자체가 이미 해탈이라고 하지만, 이미 언어의 운용을 장애하는 우리의 의식이 현실로 드러난 상황에서 언어가 곧 해탈이라고 할 때, 양자 사이에는 어떠한 계기가 마련되어야 할 것이다. 사실 길장의 모든 저술은 언어를, 붓다의 교설을 어떻게 이해함으로써 우리의 잘못된 의식을 정화시켜 나갈 것인가를 밝히려는 노력에 중점을 두고 있으며, 이제의·불성의·중도의가 모두 그러한 노력을 보여주는 것 이외의 것이 아니다. 그의 저술에는 집착이 없다면, 모든 것은 옳고, 집착이 있다면 모든 것은 잘못된 것이라고 하는 말이 자주 등장한다. 이것은 곧 언어의 본래적인 면목에 눈을 뜬 것이라면 그 주장은 모두 옳고, 언어의 본래적인 면목을 가리워 고정화하는 또 하나의 편견을 지닌다면 그것은 옳지 못하다는 것을 밝히는 것이다. 전자이든 후자이든 언어는 다른 것이 아니다. 우리의 의식의 미혹(迷)과 깨달음(悟)이 있을 뿐이다. 언어의 본래적인 면목에 눈뜨는 우리의 의식의 전이는 어떻게 이루어지는 것일까.

　언어의 한계를 지적하면서도 길장은 언어의 한계를 극복할 수 있는 방법을 모색함으로써 실상을 왜곡하는 주체로서의 언어에 대한 불신감을 해소한 것으로 보인다.153) 예를 들어 이제가 교설이라는 길장의 주장은 진리는 언어로 표현될 수 없는 것임을 보여주기 위한 것임과 동시에, 진리를 표현하는 기능을 가진 언어로서의 전환을 꾀하기 위한 것이다. 실상은 흐름의 연속이기 때문에 단절 지어서 이것과 저것을 구분하는 것이 어렵다. 예를 들어 아이가 어른이 되었을 때, 이 둘의 관계를 동일하다고 볼지 다르다고 볼지 구분하기 어렵다. 어제의 내가 오늘의 내가 된 것이기 때문에, 다른 것이 아니지만 어제의 나는 오늘의 나와 분명히 다르기 때문이다. 그러므로 이러한 실상을 제대로 이해하기 위해서는 다른 것도 아니고 같은 것도 아니라고 해야 한다. 그럼에도 불구하고 우리는 '나는 어제의 내가 아니다'라는 말을 일상적으로 사용한다. 이 말 속에는 어제의 나와 오늘의 나를 분별하는 의식이 내재되어 있다. 어떤 때에는 '내가 바로 그 어린 날의 꼬마이다'라는 말을 일상적으로 사용한다. 이 말속에는 어제의 나와 오늘의 나를 구별하는 의식이 결여되어 있다. 이 두 말의 어느 것도 사실은 올바르지 않다. 실상은 흐름이고 이 흐름 속에서는 대립된 모든 개념들이 함께 어우러져 있기 때문이다. 어떤 존재는 존재하는 것이기도 하고 존재하지 않는 것이기도 하다. 연기의 세계에서 모든 대상은 인연연기에 의해 존재하는 것이기 때문에 한순간도 영원히 머물 수가 없기 때문에 공이라고 할 수 있다. 그러나 그렇다고 해서 이 공성을 가진 존재 자체가 아무것도 없는 것처럼 그렇게 부재인 상태는 아니기 때문에 우리

---

153) 김용표는 반야중관학의 언어철학의 특성을 논하면서 네 번째로 언어는 그 본성상 사물에 고착되는 성향이 있는 반면 그 고착화를 극복하는 것도 언어의 한 기능이라고 보고, 그러한 기능을 하는 대표적인 것이 경전언어라고 하였다(『불교와 종교철학』－공사상으로 본 세계종교』 제2부 제2장 「창조적 대승경전 해석학의 방향」, p.191).

248

는 이것을 존재한다고 말한다. 동일한 대상을 올바르게 이해하기 위해서 우리는 이렇게 대립된 개념이 동시에 한 존재에게 적용될 수 있다는 것을 이해해야 한다. 이제설은 이렇게 언어의 분별적 속성을 이해함과 동시에, 이제라는 사유의 틀에 의해서 이러한 분별적 속성으로부터 언어를 해방시키는 기능을 하고 있다는 것을 알 수 있다.

2) 사종석의와 깨달음

길장이 경론에 나타난 어구를 해석할 때 주로 사용하는 방법이 4종석의인데, 이것은 바로 이제를 교설이라고 하였던 길장의 의도와 동일한 목적을 실현하고 있는 것으로 보인다. 길장의 모든 저술에 일관하는 정신이 무득이라면 4종석의는 바로 일체의 대경(對境)에 대해 무득을 실현하기 위한 전오방식의 전형을 보여준다.

① 네 가지의 명칭과 순서의 정립

『법화현론』에서 권(權)과 실(實)을 ① 의명석(依名釋) ② 상자석(相資釋) ③ 현도석(顯道釋) ④ 무방석(無方釋)의 네 가지 관점에서 풀이하였고, 『삼론현의』에서 중(中)·관(觀)·론(論)의 세 글자를 ① 의명석의(依名釋義) ② 이교석의(理敎釋義) ③ 호상석의(互相釋義) ④ 무방석의(無方釋義)의 네 가지 관점에서 풀이하였으며, 『이제의』에서 진(眞)과 속(俗)을 ① 수명석(隨名釋) ② 인연석(因緣釋) ③ 현도석(顯道釋) ④ 무방석(無方釋)의 네 가지 관점에서 풀이하였다.154)

상자석, 호상석의, 인연석은 동일한 뜻을 가진 것에 대한 다른 명칭이다. 뒤에서 설명하겠지만, 상자석은 권은 실에 의해, 실은 권에 의

---

154) 차례대로 『法華玄論』(대정장34, p.394a), 『三論玄義』(대정장45, p.14a), 『二諦義』(대정장45, p.95a)에 수록되어 있다.

해 밝히는 것이다. 곧 권과 실의 인연의를 보이는 것이다. 따라서 인연석이라고도 할 수 있고, 호상석이라고도 할 수 있다. 현도석, 이교석도 동일한 뜻을 가진 것에 대한 다른 명칭이다. 현도석은 권은 불권(不權)을 뜻으로 하고, 실(實)은 부실(不實)을 뜻으로 함을 밝히는 것이다. 여기서 권과 실은 교문이고, 불권(不權)과 부실(不實)은 이치이기 때문에, 형식상 교문에 의해 이치를 드러낸다는 뜻에서 이교석이라고 하고, 내용적으로는 그 목적이 도(道)를 드러내는데 있기 때문에 현도석이라고도 한다.

다음은 순서가 문제가 되는데, 동일한 내용을 가진 제명이 『삼론현의』에서는 ③에 놓여 있다. 『이제의』에 ①은 정(情)에 나아가 풀이한 것 ②는 조금 더 깊어져서 상대하는 개념과의 인연을 이해하도록 하기 위해 풀이한 것 ③은 인연의 용(用)으로부터 진리〔道〕로 들어가도록 하기 위해 풀이한 것 ④는 진리를 깨달아 진리에서부터 일체의 작용을 일으키도록 하기 위해 풀이한 것 등의 뜻이 있기 때문에 이 이 네 가지 단계는 반드시 차례를 지켜야 하고 임의대로 앞뒤로 옮겨서는 안 된다고 하였다.155) 그러므로 우선 네 가지 풀이는 의명석(依名釋: 隨名釋)→상자석(相資釋: 因緣釋: 互相釋)→현도석(顯道釋: 理敎釋)→무방석(無方釋)의 순서로 이루어져야 함을 알 수 있다.

이 밖에 『대품경의소』에서는 대(大)를 풀이함에 있어서 4종석의를 들고서, "둘째 수직적으로 풀이하면〔竪釋〕대(大)는 부대(不大)를 뜻으로 하고, 셋째 횡적으로 논하면〔橫釋〕대(大)는 소(小)를 뜻으로 한다"156)고 하였다. 『대승현론』에서는 진과 속에 대해 그 풀이법으로 ① 횡론현발(橫論顯發) ② 수론표리(竪論表理) ③ 의명석의(依名釋義) 등을 들었다.157) 횡론현발은 진에 의해 속의 뜻을 풀고, 속에 의해 진

---

155) 『二諦義』(대정장45, p.96a).
156) 『大品經義疏』(卍속장38, pp.24b~25a), 「二者　竪釋論大以不大爲大義 小以不少爲義…… 三　橫釋大以少爲義 小以大爲義 空有例然.」

250

의 뜻을 풀이하는 것으로 상자석과 동일함을 알 수 있고, 수론표리는
속은 불속을 뜻으로 하고 진은 부진을 뜻으로 한다고 하였기 때문에
현도석과 동일하다는 것을 알 수 있다.158) 따라서 이것도 차례대로
배열한다면 의명석의→횡론현발→수론표리여야 한다. 다만 무방석이
여기에는 열거되어 있지 않다. 횡론과 수론은 삼론학의 상즉사상과 관
련하여 매우 중요한 것으로, 길장의 저술에서 4종석의보다 더욱 자주
사용되고 있다. 삼론의 모든 교설과 사상이 다른 학파와 구별될 수 있
는 결정적인 근거가 바로 횡론과 수론이라는 두 가지 사유방식을 근거
로 한 입론이라는 점에 있기 때문이다.『유마경의소』에서 역시 정토의
체를 설명하는 가운데, ① 횡론 ② 삼세간작용(三世間作用) ③ 수론
등의 세 가지 관점에서 풀이한다. 횡론은 예토에 상대하는 의미에서의
청정함으로 풀이하는 것이고 삼세간작용은 일반적인 의미에서의 정토
의 장엄함을 나타내는 것이며 수론은 도를 바라보는 관점에서 불토(不
土)를 체로 삼는 것이다.159) 차례대로 배열한다면 삼세간작용→횡론
→수론이어야 한다. 여기서는 뒤에 다시 수론에 의해 드러난 불이(不
二)의 경계로 말미암아 정토가 있음을 얻게 된다고 함으로써, 도(道)
로부터 무방(無方)의 대용(大用)으로 나아가는 측면인 무방석까지 함
께 풀이하고 있음을 알 수 있다. 이 밖에도 4종석의의 틀을 완전히 갖
추고 있지는 않지만, 그 의의를 충분히 드러내고 있는 글들은 열거할
수 없을 만큼 많기 때문에 4종석의는 길장의 사상을 이해하는데 있어
서 중요한 것임을 알 수 있다.

---

157) 『大乘玄論』(대정장45, p.75c).
158) 앞의 책(대정장45, p.75c).
159) 『維摩經義疏』(대정장38, p.927c).

② 구체적 사례를 통해서 본 사종석의의 의미

이제 『법화현론』, 『삼론현의』, 『이제의』에 나오는 4종석의의 구체적인 내용을 네 범주를 중심으로 단락을 지우고, 해당되는 내용을 필자 나름대로 풀이하여 정리하면 다음과 같다.

(ㄱ) 의명석

『법화현론』: 『법화경』의 중요개념인 권(權)은 상황을 헤아려 공교하게 대응하는 것을 뜻하고 실(實)은 제법의 진실을 자세히 관찰하는 것을 뜻한다. 권과 실에 대한 이러한 해석은 우리의 일상적인 어법과 다르지 않은 것이고, 불교 역시 이러한 풀이법을 원용한다.

『삼론현의』: 『중론』의 중요한 개념인 중(中)은 진실한 것〔實〕을 뜻하고, 중은 바른 것〔正〕을 뜻한다. 이것은 불교라는 특별한 관점을 떠나서, 일상생활에서 중이라고 할 때 떠올리는 뜻을 그대로 적용한 것이다. 불교에서는 중에 대해 이러한 의미로 해석하는 용법을 받아들인다. 먼저 진실한 것이라는 뜻으로 사용한 예를 들면 다음과 같다. 『열반경』에서 「본유금무게(本有今無偈)」를 풀이하면서 "본래 없다는 것은, 나에게는 예로부터 중도라는 진실한 뜻이 없었다는 것이니, 중도라는 진실한 뜻이 없었기 때문에, 현재에 무량한 번뇌가 있는 것이다"〔①〕라고 하였는데, 이것이 중을 일상어법에 의거하여 풀이한 예이다. 또한 승예는 『중론서』에서 "이 책의 제명에 '중'을 넣은 것은 그 실상을 비추는 의미가 있다"〔②〕라고 하였다. 이 글에서 비춘다〔照〕는 것은 드러내는 것〔顯〕을 의미한다. 중이라는 이름으로 제명을 삼은 것은, 제법의 실상을 드러내고자 하는 서술자의 뜻을 나타내기 위한 것이기 때문에, 승예는 '중에는 실상을 비추는 의미가 있다'고 한 것이다. 이 글에서도 중은 진실한 것을 뜻하는 일상어법으로 쓰여진 것이다. 다음으로 중을 바른 것을 일컫는 의미로 사용하는 일상어법을 받아들인 예는 다음과 같다. 『화엄경』에 "정법의 성품은 일체의 언어의 길을 멀리 여의었으니, 일체의 태어날 곳〔趣〕과 태어남을 초월한 곳〔非趣〕이 모두 적멸한 모습이다"〔③〕라고 하였다. 이 글은 정법은 곧 중도임을 밝힌 것이다. 치우침을 여윈 것을 중(中)이라 하고, 삿된 것에 상대하는 것을 정(正)이라고 한다. 치우친 것은 삿된 것이기 때문에, 중은 곧 정이라고 할 수 있다. 결국 정법의 의미를 중으로 풀었기 때문에, 이것에 의거할 때 중을 정의 뜻으로 풀이한 것임을 알 수 있다. 승조는 「물불천론(物不遷論)」에서 "『정관론』(『중론』)에 말하였다. '가는 곳을 보고 세속제에 의해 그가 가는 것을 안다. 그러나 제1의제에 의하면 가는 자가 가려는 곳에 도달한다고 말할 수 없다'"160)라고 하였다. 그러므로 승조도 또한 중을 바른 것이라는 뜻으로 풀이하였음을 알 수 있다.

『이제의』: 이제설의 중요한 개념인 속은 가볍고 허망한 것〔浮虛〕을 뜻한다. 또한 속은 예로부터 사회에 행해져 온 습관, 곧 풍속을 뜻한다. 속을 이렇게 풀이한 것은 일상적인 어법에서 사용되는 의미를 그대로 받아들인 것이다. 불교의 계율에 국토비니(國土毘尼)라는 것이

---

160) 『肇論』(대정장45, p.151a)에 "中觀云 觀方知彼去 去者不至方"라고 하였다. 여기서 『중관』이라고 한 것을 길장은 『정관론』이라고 기록하였다. 길장이 이 글을 끌어들인 의도는 승조가 『중론』을 『정관론』이라고 한 것으로 보아, 중을 정의 의미로 사용하였던 예로서 보이려고 한 것으로 생각되는데, 『조론』의 본문에 『중관』이라고 나와 있기 때문에, 석연치 않은 측면이 있어 보인다. 현재 대장경에 수록된 주석서 및 저술 가운데 『중론』을 『정관론』이라고 부른 저술은 모두 12개인데, 이 가운데 지의가 지은 『유마경현소(維摩經玄疏)』를 제외하고는 모두 삼론학파의 저술이다. 즉 나머지 11개 가운데 10개는 길장의 저술이고, 하나는 길장의 제자인 석법사(碩法師)가 지은 『삼론유의의(三論遊意義)』이다. 그러므로 중을 정의 뜻으로 본 것은 길장의 공헌이 가장 크다. 다만 길장이 승조를 통해 『정관론』이라는 명칭을 의뢰하려고 한 것은 직접적인 언급은 하지 않았더라도 승조 자신이 그러한 입장에 서 있었다는 확신에서 비롯된 것으로 보인다.

있는데, 이것은 국토와 처하는 곳에 따라 세속에서의 풍속이 같지 않은 것을 반영한 것이다. 유가의 서적인 『예기(禮記)』에 "군자는 예를 행함에 있어서 풍속에 따라 변화하는 것을 추구하지 않는다"라고 하였다. 예전에는 속에 대해서 '속된 것'이라는 뜻만 있었는데, 국토비니와 『예기』 등에서는 속을 풍속의 의미로 사용하였고, 그러므로 일상어법에서 속은 풍속을 뜻하기도 한다고 한 것이다. 일상어법에서 속에 대한 두 가지 풀이는 두 가지 측면에서 차이가 있다. 첫째 다른 것과 상대하는 관점에서 풀이한 것과 자신의 입장에서 풀이한 것이라는 차이가 있다. ㉠ 속을 가볍고 허망한 것을 뜻하는 것으로 보는 것은 진을 바라보는 입장에서 풀이한 것이다. 즉 성인이 아는 진실한 것이 있음을 상정하고 그것에 상대하는 의미에서, 속을 범부가 아는 가볍고 허망한 것이라고 풀이한 것이다. ㉡ 속은 풍속을 뜻한다는 것은, 단지 속에 나아가 속을 풀이한 것이다. 거처하는 곳마다 그 풍속이 같지 않기 때문에 속이라고 할 뿐, 그에 상대하는 어떤 개념을 상정하는 것은 아니다. 둘째 앞의 것은 경전에 근거하여 풀이한 것이고 뒤의 것은 율장에 근거하여 풀이한 것이라는 차이가 있다. ㉢ 경전에서는 모든 법은 가볍고 허망한 것이니, 존재하는 것이 없기 때문이라고 하였다. 불교에서 속을 가볍고 허망한 것으로 풀이한 것은 바로 이러한 경전의 취지를 적용한 것이다. ㉣ 율장에서는 모든 법이 존재하는 것이 없다고 할 수는 없는 것이라고 하였다. 사람, 초목 등이 가볍고 허망하여 존재하지 않는 것이라면, 계율을 제정하여 사람들로 하여금 그것을 지킴으로써 불법을 오래도록 머물도록 하려는 목적이 성취될 수 없기 때문이다. 따라서 율장에서는 속을 풍속의 의미로 받아들이고, 국토에 따라서 풍속이 다르기 때문에 다른 계율을 적용하는 것을 허용하였다. 불교에서 속을 풍속의 의미로 풀이하는 것은 율장에 의한 것이다.161)

---

161) 『法華玄論』(대정장34, p.394a), 「一依名釋 謂權是權巧 實爲審諦.」『三
　　　論玄義』(대정장45, p.14a), 「如涅槃釋本有今無偈云 我昔本無中道實義

(ㄴ) 상자석

『법화현론』: 다음은 일상어법과 달리하여 불교의 입장에서 권(權)과 실(實)을 풀이한다. 그 가운데에도 특히 어떤 개념에 대해 그것과 상대하는 개념과의 상호연관성을 드러내는 의도를 가진 풀이를 인연석이라고 하는데, 구체적인 내용은 권은 실을 뜻하고, 실은 권을 뜻하는 것으로 보는 것이다. 권은 실의 권이고 실은 권의 실이기 때문에 이러한 풀이가 가능해진다. 이렇게 볼 때 실은 권을 방해하지 않고 권은 실을 방해하지 않기 때문에, 비록 실이라고 해도 권이고 비록 권이라고 해도 실이 된다.

『삼론현의』: 중(中)의 의미를 인연에 의해 풀이하면, 중은 치우친 것〔偏〕을 뜻하고, 치우친 것〔偏〕은 중을 뜻하는 것으로 풀이할 수 있다. 중이라는 개념과 편이라는 개념은 둘 중의 하나 만으로는 그 의미가 드러나지 않는 상호연관적인 구조 속에 있다. 즉 어떤 것이 치우침이 없다는 것은 치우침이라는 개념에 대한 이해를 통해서만 이해될 수 있고, 어떤 것이 치우침이 있다는 것은 치우침이 없는 개념에 대한 이해를 통해서만이 이해될 수 있다. 상대되는 개념이 존재하는 어떤 개념도 상대개념과의 관계를 떠나서 독자적으로 존재해서는 의미가 없는 것이다. 따라서 치우친 것〔偏〕을 설하여 중을 깨닫게 하고, 중을 설하여 치우친 것〔偏〕을 깨닫게 한다. 『열반경』에 "세제를 설하여 제1의제

是故 現在有無量煩惱 叡師中論序云 以中爲名者 照其實也…… 此之正法 卽是中道 離偏曰中 對邪名正 肇公物不遷論云 正觀論曰 觀方知彼去 去者不至方 故知 中以正爲義也." 『二諦義』(대정장45, p.95a), 「隨名釋者 如俗以浮虛爲義 又俗以風俗爲義 然此具出內外故 律有國土毘尼 隨國土處所 風俗不同也…… 爲制戒令佛法久住故 所以不得明物浮虛無所有 但明國土風俗不同也 此則就經律釋異 由來亦不知也." 『三論玄義』 인용경전: ① 『涅槃經』 권15(대정장12, p.707c)에 "言本無者 我本無有中道實義 以無中道眞實義故 於一切法 則有著心"라고 한 부분을 임의대로 서술한 것 ② 『中論序』(대정장30, p.1a) ③ 『華嚴經』 권34(대정장9, p.615a).

를 알게 하고 제1의제를 설하여 세제를 알게 한다"〔①〕고 한 것은, 바로 상자석을 적용한 예라고 할 수 있다.

　『이제의』: 속과 진을 인연에 의해 풀이하면 속은 진의 뜻이고 진은 속의 뜻이다. 진과 속은 상호 연관된 구조 속에서만이 그 의의가 드러난다. 어느 하나만이 독립적으로 존재하는 것은 무의미할 뿐 아니라, 이치상으로도 있을 수 없다. 이렇게 인식할 때, 속은 진을 방해하지 않고 진은 속을 방해하지 않는다. 앞에서 속은 가볍고 허망한 것을 뜻하고 진은 진실한 것을 뜻하는 것이라고 하였는데, 범부와 2승은 이것에 집착하여 진과 속의 개념을 고정화하기 때문에, 진과 속에 대해 집착하여 걸리는 것이 있게 된다. 이제 보살은 집착이 없고 걸리는 것이 없기 때문에, 첫 번째 단계에 머물지 않고 속은 진의 뜻이고 진은 속의 뜻이라고 한다. 삼론학파가 아닌 다른 학파에서는 이러한 의미로 진과 속을 풀이하는 경우가 없다. 다른 학파에서는 속은 결정적으로 속이고, 진은 결정적으로 진이 된다. 예를 들어 삼가(三假)는 결정코 속이어서 그것을 통해서 진을 증득하지 못하고 사망(四忘)은 결정코 진이어서 그것을 통해서는 속을 얻지 못한다. 이렇게 진과 속이 각각 고정화되어서 상호침투하지 못하고 걸림이 있는 것은 성문(聲聞)이 진과 속을 이해하는 방식이다. 진은 속의 뜻이고 속은 진의 뜻임을 알아, 진과 속을 고정화하지 않음으로써 둘 중의 어디에도 얽매이지 않게 되면, 이것이 바로 보살이 진과 속을 이해하는 방식이다. 불교에서 이러한 풀이법을 시설하는 이유는, 사람들이 어떤 개념이나 대상에 대해 자성적 실체를 가진 것이라고 보고, 그것에 집착하는 것을 다스리기 위한 것이다. 그들에게 어떤 개념이나 대상이 그와 대립되는 또 하나의 개념이나 대상과 상호 연관되는 구조 속에 놓여져 있다는 것을 일깨워 줌으로써, 그들이 지니고 있는 자성적 실체에 대한 확신을 약간은 흔들어 놓을 수 있게 된다. 『열반경』에 "나무를 뽑을 때 손으로 흔든 후에 잡아당겨야 쉽게 뽑히는 것처럼 앞에서 선정으로 흔들고 나중에 지혜로서 뽑아낸다"〔②〕라고 하였다. 상자석은 수명석에서 부허(浮虛)가 결정코 속의 뜻이고 진실이 결정코 진의 뜻이라고 하는 사람들로 하여금 그 집착에서 벗어나도록 하기 위하여 잡고 흔드는 단계이다. 이러한 풀이는 공과 색에도 적용될 수 있다. 『대품반야경』에 "색은 곧 공이고 공은 곧 색이다"〔③〕라고 하였는데, 이것도 또한 공과 색에 대한 일상적 어법에 집착하여 열린 의식을 갖지 못한 사람들을 교화하기 위해, 두 개념이 사실상은 상호연관 구조 속에 있다는 것을 인식시키기 위한 것이기 때문에, 진이 곧 속이고 속이 곧 진이라는 가르침과 동일한 맥락에서 이해될 수 있다. 또한 『중론』에 "인연에 의해 생겨난 법을 나는 공이라고 한다"〔④〕고 하였는데, 여기서 인연에 의해 생겨난 법은 유인데, 이것을 공이라고 하였기 때문에, 역시 공과 유를 인연에 의해 풀이한 예가 된다. 또한 『열반경』에 "중생으로 하여금 제1의제를 깊이 알게 하고자 하기 때문에 붓다는 세제를 설하였다"〔⑤〕고 하였는데, 이것은 바로 세제와 제1의제를 인연에 의해 풀이한 예라고 할 수 있다.162)

---

162) 『法華玄論』(대정장34, p.394a), 「二 相資釋 權是實權 實是權實 實不礙權 權不礙實 雖實而權 雖權而實 故權得以實爲義 實得以權爲義也..」 『三論玄義』(대정장45, p.14b), 「所言互相釋義者 中以偏爲義 偏以中爲義 所以然者 中偏是因緣之義 故說偏令悟中 說中令識偏 如經云 說世諦 令識第一義諦 說第一義諦 令識世諦也..」 『二諦義』(대정장45, p.95a), 「次第二就因緣釋義者 明俗眞義 眞俗義 何者 俗非眞則不俗 眞非俗則不眞 非眞則不俗 俗不礙眞 非俗則不眞 眞不礙俗 俗不礙眞 俗以眞爲義 眞不礙俗 眞以俗爲義也…… 解云 大品經中自釋 彼經云 色卽空空卽色 眞卽俗俗卽眞 旣云眞卽俗 眞豈非俗義 又中論云 因緣所生法 我說卽是空 因緣生法卽是有 旣卽是空 眞豈非俗義 釋此偈具釋經 論引經釋 論卽釋經也 又義是名之所以 眞是俗之所以 故眞爲俗義 經云 欲令衆生 深識第一義諦 是故 如來宣說世諦 旣說世諦 令識第一義諦者 則俗爲眞 名眞爲俗義也 俗諦旣然 眞亦爾也.」 본문 인용경전: ① 『涅槃經』 권15(대정장12, p.708a) ② 『涅槃經』 권29(대정장12, p.793c) ③ 『大品般若經』 권1(대정장8, p.223a). ④ 『中論』(대정장30, p.33b) ⑤ 『涅槃經』 권15(대정장12, p.708a).

㈐ 현도석

『법화현론』: 상대적인 개념과의 인연을 밝힘으로써, 특정개념의 실체화에 대한 문제의식을 가지게 한 다음에, 이러한 인연의가 궁극적으로 지향하는 것은 양자의 어디에도 집착하지 않는 자유로운 경지를 추구하는 것임을 드러냄으로써, 완전히 집착으로부터 벗어나게 하는 단계이다. 따라서 권(權)은 불권(不權)이라는 뜻이고 실(實)은 부실(不實)이라는 뜻이라고 풀이한다. 『화엄경』에 "일체의 유무법(有無法)에 대해 비유무(非有無)라는 것을 완전히 깨닫는다"[①]고 한 것은 유무를 현도(顯道)의 입장에서 풀이한 것이다.

『삼론현의』: 중(中)은 자성적 실체를 갖지 않고 편(偏)에 의해 존재의 미를 갖기 때문에, 중이라고 해도 그것은 결국 부중(不中)을 뜻한다. 편도 또한 마찬가지여서 불편(不偏)을 뜻한다. 제법의 실상은 본래 중도 아니고 부중도 아니며, 편도 아니고 불편도 아니다. 이렇게 본래 명상(名相)이 없는 법에 대해 중생을 위하여 억지로 명상을 설한 것이다. 곧 명상은 무명상(無名相)을 깨닫게 하려는 목적으로 시설된 것이다. 그러므로 중과 편을 설하는 것은 결국 부중, 불편을 드러내기 위한 것이다. 『화엄경』에 "일체의 유무법은 비유무라는 것을 완전히 깨닫는다"[②]고 하였는데, 이것은 중과 편이라는 개념이 궁극적으로는 그것의 비중비편(非中非偏)을 완전히 깨닫는 것을 목적으로 하는 것과 동일한 맥락에 있는 것이다.

『이제의』: 속은 진과의 인연에 의해 존재하는 것임을 인식할 때, 이것은 자성적 실체를 갖지 않기 때문에 불속(不俗)이라는 뜻을 가지고 있음을 알 수 있고, 진은 속과의 인연에 의해 존재하는 것임을 인식할 때, 이것은 자성적 실체를 갖지 않기 때문에 부진이라는 뜻을 가지고 있음을 알 수 있다. 이렇게 진과 속의 인연의가 갖는 궁극적 의미를 고찰할 때, 진속은 부진속(不眞俗)의 뜻을 지니고 있다. 곧 진과 속은 명칭에 지나지 않고, 그것을 통해 드러내려는 궁극적인 뜻은 부진속이다. 그런데 진속이라는 명칭에 의하지 않고 부진속의 뜻은 드러나지 않고 부진속의 뜻에 의하지 않고 진속이라는 명칭은 성립되지 않는다. 따라서 진속은 부진속의 진속이기 때문에, 뜻을 바탕으로 한 명칭〔義의 名〕이고, 부진속은 진속의 부진속이기 때문에, 명칭에 의지한 뜻〔名의 義〕이다. 또한 다시 진속은 뜻을 드러내기 위한 가르침이고, 부진속은 가르침을 통해 드러내려는 진리이기 때문에, 각각 교문과 이치라고 할 수 있다. 이때 부진속은 진속의 부진속이기 때문에 교문이 지향하는 이치이고, 진속은 부진속의 진속이기 때문에 이치에 기초한 교문이다. 이상에서 사용된 개념을 정리해 보면 명(名)＝교(敎)＝가(假)＝횡(橫)이고 의(義)＝리(理)＝중(中)＝수(豎)라고 할 수 있다. 경전에서 현도석이 사용된 예를 보면 다음과 같다. 『화엄경』에 "일체의 유무법은 비유무임을 완전히 깨닫는다"〔③〕고 하였는데, 유(有)의 불유(不有)를 깨닫기 때문에 불유는 유의 뜻이고, 무(無)의 불무(不無)를 깨닫기 때문에 불무는 무의 뜻이다. 또한 『열반경』에 "명(明)과 무명(無明)은 이(二)의 불이(不二)임을 깨닫는다"〔④〕고 하였는데, 이것은 이(二)가 곧 불이(不二)임을 깨닫기 때문에 불이(不二)는 이(二)의 뜻이 된다는 것을 밝힌 것이다. 이렇게 현도석을 시설하는 이유는 다음과 같다. 앞의 세 번째 단계에서 인연에 의해 횡적인 것을 뜻으로 삼아 자성에의 집착을 흔들었다면, 여기에서는 진속의 부진속이라고 하여 수적인 것을 뜻으로 삼아 자성에의 집착을 완전히 뽑아 버리는 것이다. 이러한 대치방식을 삼론학에서는 종래에 가복중단(假伏中斷)의 뜻으로 표현하기도 하였다. 가복이란 진은 속의 뜻이고 속은 진의 뜻이라고 하여 상대방이 지니고 있는 자성에의 집착을 조복시키는 것이다. 이미 인연의 진임을 알기 때문에 진은 부진임을 알고, 인연의 속임을 알기 때문에 속은 불속임을 안다. 이렇게 해서 진속이 부진속임을 깨달으면 자성에의 집착이 영원히 끊어진다. 이러한 뜻을 위해 앞에서는 횡적으로 조복시키고 여기에선 수적으로 끊는 것이다.163)

㈃ 무방석

『법화현론』: 권(權)이 실(實)과의 인연에 의해 존재하는 것이라는 점을 보다 확충해서 이해하게 되면, 권은 오로지 실에 한정되지 않고 이 세계에 존재하는 모든 것들과 인연의 구조 속에 놓여져 있다는 것을 알게 된다. 『화엄경』에서 "하나 가운데 무량한 것을 이해하고 무량한 것 가운데 하나를 이해한다"〔①〕고 한 것은 바로 이러한 뜻을 나타낸 것이다. 이렇게 연기의 중층구조를 이해한다면, 하나의 권에서 무량한 뜻을 얻고 무량한 법에서도 하나의 권의 뜻을 얻을 수 있다.

『삼론현의』: 중(中)이 존재하는 모습을 여실히 바라볼 때, 단지 편(偏)과의 인연에 의한 것이 아니라, 보다 광범위한 인연연기의 세계에 포섭되는 것을 알 수 있다. 이때 중은 색(色)을 뜻으로 삼고, 중은 심(心)을 뜻으로 삼는다고 하여도 진리가 된다. 『화엄경』에 "하나 가운데 한량없는 것을 이해하고 한량없는 것 가운데 하나를 이해한다"〔②〕고 한 것은 바로 이러한 뜻을 나타낸 것이다. 그러므로 하나의 법은 일체법을 뜻으로 삼고, 일체법은 하나의 법을 뜻으로 삼는다고 할 수 있다.

『이제의』: 속이 진과의 인연에 의해 존재하는 것임을 인식할 때, 속에의 집착으로부터 자유로워지고, 그 속에서 속이 이 세계의 모든 것

---

163) 『法華玄論』(대정장34, p.394a), 「三 顯道釋 權以不權爲義 實以不實爲義 故云一切有無法 了達非有無 亦一切權實法 了達非權實.」 『三論玄義』(대정장45, p.14b), 「理敎釋義者 中以不中爲義 所以然者 諸法實相 非中非不中 無名相法 爲衆生故 强名相說 欲令因此名 以悟無名 是故 說中爲顯不中 問 中以不中爲義 出何文耶 答 華嚴云 一切有無法 了達非有無 若爾 一切中偏 法 了達非中偏 卽其事也.」 『二諦義』(대정장45, p.95b), 「次第三就顯道釋 義者 明俗是不俗義 眞是不眞義 眞俗不眞俗義 眞俗不眞俗卽名義 不眞俗眞 俗卽義名 眞俗不眞俗敎理 不眞俗眞俗理敎 斯則名義理敎中假橫竪…… 言假 伏者 眞是俗義 俗是眞義 伏彼自性也 旣知因緣眞 卽知眞不眞 知因緣俗 卽 知俗不俗 悟眞俗不眞俗 自性永斷 爲是義故 前橫伏今竪斷也.」 본문 인용경 전: ①②③ 『華嚴經』 권5(대정장9, p.426c) ④ 『涅槃經』 권8(대정장12, p.651c).

과 상호 침투하는 모습을 보게 된다. 이러할 때 속은 모든 법을 뜻으로 하는 것임을 알게 된다. 사람, 기둥, 생사, 열반 등이 모두 속에 포섭될 수 있다. 이러한 교설을 시설하는 이유는 다음과 같다. 앞의 세 번째 단계에서 속은 불속의 뜻, 진은 부진의 뜻이니, 진속으로 부진속을 깨닫는다고 하였다. 이러한 즉 걸림이 없는 도를 깨닫게 되고, 이미 걸림이 없는 도를 깨달았기 때문에 걸림이 없는 작용이 있게 된다. 걸림이 없는 작용을 얻었기 때문에 일체법을 속의 뜻으로 삼게 되는 것이다. 앞의 것은 작용〔用〕 속에서 본체〔道〕를 인식해 들어가는 것이라면, 이것은 본체〔道〕로부터 작용〔用〕을 일으켜 나오는 것이다.164)

③ 사종석의의 의의: 전오방식의 전형 구축

수명석은 일반인의 언어관습을 그대로 이용하여 문자를 풀이하는 방법이다. 진속이라는 가르침에 대해서, 진은 보다 진실된 것이고 속은 세속적인 것이라고 보는 것이다. 언어는 구별 지우는 것을 특성으로 한다. 어떤 대상이 다른 것과 구별되는 것을 보일 수 없다면 그 언어는 무용한 것이다. 예를 들어 자동차라고 하는 명칭은 그것을 자동차가 아닌 모든 것과 구별하기 위해서 지어진 것이고, 그러한 역할을 할 때만 자동차라는 명칭은 의미를 갖는다. 만일 우리가 자동차라고 부르는 어떤 것을 제외한 다른 모든 것도 자동차라고 부른다면 자동차라는 명칭을 사용하는 것은 의미가 없는 것이다. 따라서 언어의 구별기능에

---

164) 『法華玄論』(대정장34, p.394a), 「四 無方釋 華嚴云 一中解無量 無量中解一 若爾一權 得有無量義 無量法 得是一權義也.」『三論玄義』(대정장45, p.14b), 「四 無方釋義者 中以色爲義 中以心爲義 是故 華嚴經云 一中解無量 無量中解一 故一法得以一切法爲義 一切法得以一法爲義.」『二諦義』(대정장45, p.95c), 「次第四節無方釋義者 明俗以一切法爲義 人是俗義 柱是俗義 生死是俗義 涅槃是俗義 無方無礙故 一切法皆是俗義也…… 所以一切法爲俗義也 前則是從用入道 今則從道出用也.」 본문의 인용경전: ① ② 『華嚴經』 권5(대정장9, p.423a).

입각해서 언어를 이해하는 것은 일반적인 생활을 영위하기 위해 없어서는 안 될 필수적인 사항이다. 다만 여기서 문제가 되는 것은 이러한 일상적인 언어의 구별적 기능을 제거하지 않으면서도, 이 언어로 하여금 실상을 드러내는 기능을 동시에 지닐 수 있도록 할 수 있는가, 없는가 하는 점이다. 길장은 수명석 그 자체를 부정하지 않는다. 그것은 길장이 일상적인 언어를 긍정하고 있다는 점을 보여준다. 수명석을 통해서 언어의 구별기능과 실상의 현현가능성을 동시에 인식할 수 있다면 나머지 세 단계는 불필요하다. 다만 보통 사람들은 이미 살펴본 것과 같이, 진과 속, 대와 소 등에 대해서 일상적 언어관습에 의거한 해석을 하게 되면, 전자와 후자가 각각 별개의 것이라고 오해한다. 만일 이것들이 기능적인 의미에서의 구별지움이고, 그 구별지움이 자성적 실체를 가진 것이 아님을 안다면, 이러한 오해는 생겨나지 않지만, 미혹된 범부들은 여기에 매몰되어 버리는 것이다. 길장이 앞에서 사문(四門)이나 11가의 불성의를 비판한 논지는 바로 여기에 있다. 그들이 붓다의 교설을 자신의 근거로 삼는 것은 문제가 되지 않지만, 그것 각각에 대해서 자성적 실체를 가진 것이라고 집착한다면 그 모든 주장은 이미 붓다의 교설이 지닌 본지를 상실하기 때문에 부당하다고 한 것이다. 다음의 세 단계는 바로 수명석이 어떤 사유구조 속에서 이해될 때 비로소 깨달음을 낳은 경계로 작용하는가를 보여주는 것이다.

두 번째 단계인 상자석은 바로 자성적 실체로서의 언어에 대해 집착하는 사람들에게 그 언어들이 각각 대립하는 개념과 인연하여 성립되는 것임을 보여주어, 그들이 지니고 있는 유자성견을 조복시키는 것이다. 즉 진과 속, 대와 소, 권과 실 등은 상호 의존적으로 성립하는 것임을 보여주는 것이다. 진은 그것과 상대되는 의미인 속이라는 언어가 없다면 그 뜻이 드러나지 않는다. 대도 또한 그것과 상대되는 의미인 소라는 언어가 없다면 그 뜻이 드러나지 않는다. 어떤 것이 절대적으로 크거나, 절대적으로 작을 수는 없는 것이다. 큰 것은 작은 것에 비해 큰 것이고 작은 것은 큰 것에 비해 작은 것이다. 자동차는 자전거에 비교할 때 큰 것이고, 기차에 비교할 때는 작은 것이다. 이렇게 대립된 개념이 상호 의존성을 가진 것으로 인연에 의해 가설된 것임을 인식할 때, 각각에 대해서 지녔던 자성적 실체라고 하는 집착은 누그러진다. 큰 것과 작은 것에 대해서, 대의 소이고 소의 대임을 인식함으로써 영원불변의 개념이라고 하는 집착이 어느 정도 가라앉는다는 것이다.

세 번째 단계인 현도석은 앞에서 가의(假義)에 의해 유자성견을 조복시킨 다음에 다시 중의(中義)를 드러내어 그 집착을 영원히 끊어 버리는 것이다. 진실은 언어를 떠나 있으나, 중생을 위하여 억지로 명상으로 설한 것임을 밝힘으로써 궁극적인 도를 드러내는 것이다. 대의 소이기 때문에 소는 사실상 소가 아니고, 소의 대이기 때문에 대는 사실상 대가 아니라고 깨닫는 것이다. 이렇게 할 때, 대라고 하든 소라고 하든 그 속에서 비대비소(非大非小)의 중도의를 현시할 수 있게 된다.

네 번째 단계인 무방석은 부정(不定)이라는 뜻이다. 따라서 무방석은 제2, 제3의 단계를 통하여 일체법의 공성을 깨달은 사람에게는 세간의 일체법이 어떤 분별도 없이 그대로 긍정되는 것을 말한다. 곧 인연석과 현도석의 내용을 보다 확충해 나갈 때 무방석에 도달한다. 인연석과 현도석은 대립된 두 개의 쌍에 대한 집착을 여의는 방식을 제시하는 것이라면, 무방석은 이러한 가르침이 내재하고 있는 근본적인 의의를 보다 폭넓게 실현하는 것이다. 전자가 연기를 눈에 보이는 형태로 설명하는 것이라면, 후자는 연기를 보다 확충하여 심화시킨다는 것이다. 예를 들어서 진과 속이라는 용어를 풀이함에 있어서, 인연석은 이 두 가지 대립된 개념이 서로 인연에 의해 비로소 존재하는 것임을 보이는 것이고, 현도석은 이러한 인연의 실상을 관찰함으로써 진과 속에 대한 집착으로부터 벗어난 상태를 보여준다. 따라서 인연석은 인연연기의 실상을 대립된 두 개의 쌍을 중심으로 하여 관찰하는 것이라면 현도석은 연기의 범위를 보다 확대하여 우주 전체 속에 드러나는 인연연기의 구조를 보여주는 것이다. 우리가 진과 속, 대와 소의 연기적 구조를 깊이 이해하게 되면, 진은 속에 의해서만 존재하는 것이 아니라, 우주의 모든 것에 관계를 맺고 있다는 것을 알 수 있다. 연기란 쉬운 이해를 위해 우선 대립된 두 쌍의 상호 의존성을 말하지만, 그 대립된 두 쌍 각각을 있게 하는 여러 가지 조건들을 고찰하면, 우리는 대립된 두 쌍 각각에 우주가 내재되어 있음을 알 수 있게 된다. 이것이 연기사상이 궁극적으로 지향하는 세계이다. 예를 들어 내 앞에 놓여진 한 장의 종이는 그 범주를 한정해 보면 나무, 기계, 기계공 등에 의지하는 것처럼 보인다. 그러나 보다 깊이 관찰하면 그 나무는 빗물, 흙, 거름, 그 나무가 있게 한 나무 등에 의지하며, 다시 거름은 재료인 분뇨, 볏단, 농부의 손길, 적당한 온도와 습도 등에 의지한다. 이렇게 거듭해서 연기적 사유를 펼쳐 갈 때 내 앞에 있는 한 장의 종이는 그 속에 우주를 내포한다는 사실을 알게 된다. 인연석, 현도석이 궁극적으로 무방석으로까지 펼쳐지는 것은 바로 이러한 의미에서이다. 이렇게 해서 모든 것이 상호 의존하므로 자성적 실체가 없고, 따라서 온 우주의 모든 존재는 상호중층적인 구조로서 연결되어 있음을 깨닫는다면, 그 다음에 다시 내 앞에 드러나는 세상, 그 세상에 대한 긍정은 분명히 그 이전에 아무런 자각적 계기를 갖지 않은 긍정과는 달라진다. 그리고 이러한 의미에서 모든 언어, 언어에 의한 사상의 전개가 이루어진다면 그 모든 것은 타당하다는 것이 길장의 주장이다. 수명석이 그 의의를 갖는 것은 바로 인연연기를 관조하고 그러한 기반 속에서 드러나는 일체의 세계에 대한 긍정일 때이다. 그리고 이러한 언어는 무득의 언어라고 할 수 있다. 어떤 사물, 언어, 사상을 마주하였을 때 그 속에서 4종석의가 지향하는 실상의 세계를 동시에 관조할 수 있다면, 그 사물, 언어, 사상은 연기적 구조 속에 놓여진 것이고, 따라서 전적으로 실상의 세계를 드러내고 있는 것이며, 그런 의미에서 모두가 긍정될 수 있다.

　이상에서 4종석의는 자성(自性)→인연(因緣)→무애도(無礙道)→무방용(無方用)이라고 하는 단도(斷道)의 순서로 전개되는 것을 알 수 있다.[165] 4종석의는 언어가 수행하는 모든 기능을 총괄함으로써, 언어에 대한 인간의 의식이 고정화될 가능성을 차단하는 논리로 보인다. 일체의 언어에 대하여 이러한 4가지의 범주에서의 운용이 가능하다는 것을 이해할 때, 4가지 범주에서 운용되는 언어는 어떤 것이든 집착의 언어와 구별된다. 이것이 4종석의를 단순히 언어의 해석법에 그치는 것이 아니라 의식의 정화를 위한 방법론의 제시라고 할 수 있는 이유이다.

　특히 무방석은 『화엄경』 「여래광명각품」의 "일즉일체 일체즉일(一卽一切 一切卽一)"에 근거한 것이다. 중국불교에서 이러한 상즉의 논리를 대성한 것은 화엄종의 대가인 법장(法藏)이지만 삼론학의 상즉관이 그 선구사상이라고 지적된다.[166] 학자에 따라서는 화엄종의 사사무애(事事無礙), 천태종의 십계호구(十界互具)가 모두 무방석의에서 벗어나지 않는 것이라고도 한다.[167]

　무방석의의 이러한 의의에도 불구하고 삼론학의 특성을 잘 보이는 것은 상자석과 현도석이라고 할 수 있다. 상자석과 현도석은 실천적인 의미를 드러내는 뜻에서 횡론과 수론이라고도 불리운다. 횡론은 용문(用門)의 상즉을 통해서 일체의 교법이 인연에 의해 가설된 것임을 알게 함으로써, 교설의 자성적 실체를 고집하는 상대방의 마음에 의문을 제기하게 한다. 이것은 동(動), 복(伏) 등으로 표현되는데, 동은 발(拔)과 상대되는 것으로 나무를 쉽게 뽑기 위한 전초작업으로서의 흔들기가 되고, 복은 단(斷)과 상대되는 것으로 어떤 것을 쉽게 제거하기 위한 전초작업으로서의 굴복시키기가 된다. 수론은 체용의 상즉을

---

165) 平井俊榮, 『法華文句の成立に關する研究』(東京, 春秋社, 1985), p242.
166) 坂本行男, 「卽の意義及び構造について」, 『印度學佛敎學硏究』 4-2, 1956.
167) 高雄義堅, 『三論玄義解說』, p.523 및 宇井伯壽, 『佛敎汎論』, p.538 參照.

보임으로써 일체의 교법이 중도를 드러내기 위한 것임을 알게 함으로 써, 교설의 자성적 실체를 의심하는 상대방의 마음에 대해 완전히 자성적 실체의 부정으로 나아가게 한다. 이것은 발(拔), 단(斷) 등으로 표현되는데, 그 뜻은 앞에서 이미 설명한 것과 같다.

또한 이상의 4가지 해석은 모든 경전이 동일한 용어를 다른 뜻으로 사용하는 4가지의 용례가 어떤 목적을 가지고 시설된 것인지를 밝히는 것이다. 『반야경』에 '공은 곧 색이요, 색은 곧 공이다'라고 함은 공과 색의 인연의를 교설하여 공에 집착하는 이에게는 색을 통하여 공에의 집착을 벗어나게 하고, 색에 집착하는 이에게는 공을 통하여 색에의 집착을 벗어나게 하는 목적을 가진 인연석의 입장에 선 교설이고, 『화엄경』에 '일체 유무법은 비유비무를 밝히기 위함이다'라고 함은 유무의 교설을 통하여 비유비무의 이치를 증득시키려는 목적을 가진 현도석의 입장에 선 용례라는 점을 밝힌다.

앞에서 삼론학의 무득의는 일체법을 그대로 공이라고 하여 긍정하는 데 있다고 하였다. 그리고 이러한 긍정이 가능한 논리적 구조를 삼론학의 전오방식이라고 명명하여 삼론학의 저술 속에서 추지하였다. 이제 4종석의는 전오방식의 체계화된 모습으로, 앞에서 살펴본 사문의 전오방식, 불성의의 전오방식 등이 모두 여기에 포괄될 수 있음을 도시하고 간단하게 설명함으로써 논의를 맺고자 한다. (도표 참조)

도표 - 사종석의의 전오구조(1)

四種釋義	四　　門	佛　性　義(1)
		正　因　佛　性
依名釋義 (隨名釋義)	有, 空, 亦有亦空, 非空非有 (不得般若方便 學四門 墮愚癡論/若得般若 心無染著 隨機適化 通道利人 無相違背)	衆生, 六法, 心, 冥傳不朽, 避苦求樂, 眞神, 阿梨耶識自性淸淨心, 當果, 得佛之理, 眞諦, 第一義空(上來十一家所說正因 以是爲是故 並非正因佛性/若悟諸法平等無二無是無非者 十一家所說 並得是正因佛性)
相資釋義 (因緣釋義)	對他家有自性見 由無故有 由有故無 有不自有 無不自無	非衆生, 非六法, 非心, 非冥傳不朽, 非避苦求樂, 非眞神, 非阿梨耶識自性淸淨心, 非當果, 非得佛之理, 非眞諦, 非第一義空
顯道釋義 (理敎釋義)	無有不有　有無不無　此有無表不有無	非衆生而說衆生 此之衆生 豈可言其是有 豈可言其是無 豈可言其是亦有亦無 非有非無耶
無方釋義	有, 空, 亦有亦空, 非空非有 (心無所著 隨機適化 通道利人 無相違背)	若識此衆生者 何爲問非正因 乃至六法眞諦 義亦如此

도표 – 사종석의의 전오구조(2)

四種釋義	佛　性　義(2)	佛　性　義(3)
	佛　性　異　名	本　有 · 始　有
依名釋義 (隨名釋義)	佛性, 法界, 如來藏自性淸淨心等(若以是爲是　以非爲非者　一切是非　皆是非也/若知無是無非是　無非無不非　假名爲是非者 一切是非並皆是也)	本有, 始有(若執本有　則非始有　若執始有　則非本有　各執一門　不得會通經意　是非諍競　作滅佛法輪/若能得悟本始非本始　是非平等　始可得名正因佛性)
相資釋義 (因緣釋義)	平等之理　以非空有故　假名法性　非不空有故　假名空有以非法性故　假名佛性	對他家本有始有執見　爲破衆生無常病故　說一切衆生佛性本來自有　執言佛性性現相常樂　破衆生現相病故　隱本明始
顯道釋義 (理敎釋義)	平等佛性之理　　非空非不空非有非不有　非法性非不法性非佛性非不佛性也	一家相傳　明佛性義　非本非始　至論佛性　不但非是本始　亦非是非本非始爲破本始故　假言非本非始.
無方釋義	若於無所得人　不但空爲佛性一切草木　竝是佛性也(若知無是無非　是無非無不非　假名爲是非者　一切是非　竝皆是也)	本有,　始有(若能得悟本始非本始　是非平等　始可得名正因佛性)

결　론

　삼론학의 주요사상이 무득이라고 하는 여러 연구서의 지적에도 불구하고, 무득의 구체적인 내용이 잘 드러나지 않았던 것은, 삼론학이 스스로 무득을 당위의 문제로 다룰 뿐, 탐구의 대상으로 여기지 않았던 것에 직접적인 원인이 있다. 또한 무득의 정신에 투철할 때, 어떤 특정사상을 무득이라고 규정하는 것은 이미 그 정신을 위배하는 것이라는 점을 감안할 때 이러한 삼론학의 태도는 정당한 것으로 여겨진다. 그러나 일체의 주장을 하나하나 비판하고, 종국에는 무득이라면 모든 것은 옳고, 유득이라면 모든 것은 그릇된 것이라는 결론에 도달하는 삼론학의 주장을 접할 때, 그 언어를 통해 진리의 일면이라도 규지해 보고자 하는 학인의 입장에서, 무득의 의미가 구체화되지 않는다면 해체의 공허함에 함몰되는 것을 피할 수가 없게 된다. 따라서 필자는 길장의 저술에 나타난 무득의 의미를 규지해 보았다.

　길장 자신이 어떤 특정한 것을 지목하여 무득이라고 말하지 않았기 때문에, 이 의미는 다른 학파의 입장에 대한 길장의 비판을 고찰하는 방식으로 추지하였다.

　먼저 중국사상에 대한 비판에서, 무득의 독자적인 의미가 명료하게 드러나는 것은 도가를 대상으로 할 때이다. 길장의 도가비판의 요지는 만물이 그 궁극적 원리인 태허(太虛)와 격절되어 있기 때문에 본체론적인 입장에 경도되어 객관적인 현상을 모두 부정해 버린다는 점이다. 이것은 객관적인 현상이 그대로 실상을 드러내는 대경(對境)이라고 보는 불교의 근본사상에 비추어 볼 때 아직 집착으로부터 벗어나지 못한 것이다. 본체와 현상은 상호 의존하는 것인데, 이것을 격절된 것으로 볼 때 둘 사이의 관계는 회복되지 못한다. 또한 현상과 격절된 자성적 실체로서의 본체는 결코 현상의 근원이 될 수 없다. 어느 것이 어느 것의 근거가 되기 위해서는 둘 사이에 상호연관성이 전제되지 않으면 안 되기 때문이다. 그리고 이러할 때 현상과 본체의 어디에도 얽매이지 않는 참된 의미의 자유가 완성된다.

불교내부의 학파 가운데 길장이 비판의 대상으로 삼은 것은 매우 다양하지만, 그 가운데 가장 주력하였던 것은 성실학파의 비판이다. 이것은 길장이 활약하던 시대, 그 지역에 성실학파가 흥성했던 것이 가장 큰 원인이었다. 또한 성실학파는 그 학문적 경향성에서 삼론학과 매우 유사하다. 삼론학과 마찬가지로 인법이공을 설하고, 이제를 중시하며, 이제합명중도설을 주창하기도 하였기 때문에, 외적으로 볼 때는 삼론학과 차별성을 규지해 내기 어려울 정도이다. 이것은 삼론학이 성실학파에 의해 가리워져 사상사의 이면에 놓여지게 된 이유가 되기도 한다. 그럼에도 불구하고 이것은 유사성에 지나지 않은 것이기에 삼론학의 자신의 모습을 드러내기 위해서는 어떤 식으로든 양자의 차이성이 밝혀지지 않으면 안 된다. 이것도 성실학파의 비판에 주력한 이유가 될 것으로 추정된다. 삼론학은 성실학파의 공에 대한 이해가 인법이공의 형태를 띠고 있기는 하지만, 그 실상을 살펴보면 공은 불공과 격절되어 있기 때문에 참된 의미의 공에 대한 이해가 결여되어 있다고 본다. 성실의 공이 불공과 격절되어 있는 이유는, 법을 분석하여 공이라고 하기 때문이다. 제법을 쪼갤 수 있는 데까지 쪼개는 과정을 되풀이하면 결국에 무에 이르는데, 이것을 공이라고 하는 것이다. 공의 참된 의미는 연기에 의해서 밝혀진다. 연기에 의하지 않을 때 모든 공은 현상과 격절되는 것을 피할 수 없다. 이렇게 해서 분이(分二)의 경지에 놓이게 될 때 그것을 공이라고 할 수 없는 것이다.

길장의 비판대상은 소승, 외도 등에 한정되지 않고 대승으로도 확대된다. 대승의 가르침에 의지하였더라도, 그 가르침에 대한 이해가 잘못된 것에 대해서는 비판이 가해진다. 그 가운데 주목되는 것은 방광도인, 행도지인이라는 이름으로 열거되는 사상가이다. 방광도인은 무생

(無生)에 집착하여 생(生)을 잃어버린 것으로 비판받는다. 생과 무생은 상호인연에 의해 존재하는 것이지 어느 하나만으로 독립적으로 존재할 수 없다. 참된 의미의 공은 생과 무생의 자성적 실체에 대한 집착을 여의고, 그로 말미암아 생과 무생을 모두 아우르는 데서 드러난다. 하나에 얽매이면 다른 하나는 필연적으로 폐기된다. 이렇게 하나를 얻고 다른 것을 잃는다는 것은 상호간의 연기적 관계를 상실한다는 것을 의미한다. 하나에 얽매이지 않을 때 모든 것들은 비로소 연기적 관계를 회복하고 어우러짐의 장에 들어선다. 행도지인은 비도, 곧 번뇌라거나 문자를 버리고 정도를 구하는 사람으로 규정된다. 길장은 번뇌를 버리고 정도를 구한다면 그것은 참된 의미의 자유가 아니라고 한다. 번뇌와 정도가 격절된다는 것은 번뇌가 자성적 실체를 가지고 존재하고 그것과 완전히 다른 형태의 해탈이 별도로 존재한다는 것인데, 그렇다면 번뇌는 영원히 번뇌로 남아 해탈의 계기를 마련할 수 없게 된다. 문자는 붓다의 가르침을 비롯한 일체의 언어로서 이해된다. 이러한 언어를 버리고 정도를 구하려는 것은 길장에게 있어서 또 하나의 집착으로 여겨진다. 물론 언어와 언어에 의해 도달해야 할 무득의 경지에 대해 비교우위적인 측면을 논한다면 후자가 더욱 뛰어나다고 할 수 있다. 그러나 이치상으로 볼 때 언어와 무득은 비교우위를 논할 수 없다. 왜냐하면 이 둘은 연기적 관계 속에 놓여져 있는 것이기 때문이다. 언어는 무득을 증득하기 위한 수단이고 무득은 언어를 말미암지 않고서 드러나지 않는다. 그러므로 명교를 없애 버린 무득의 증득은 참된 의미의 무득이 아니다. 삼론학의 궁극적 목적은 문자라든가, 그것이 드러내는 뜻 가운데 하나만을 얻는 것이 아니라, 양자를 모두 얻는 것에 있다. 그리고 이러한 지향성은 문자와 의리의 연기적 관계를 상실하지 않을 때 비로소 무득이라고 하는 사유를 기반으로 한다.

　길장이 중국의 외도, 소승, 대승의 집착을 가진 사람 등을 비판하는 데는 일관된 관점이 있는 것으로 보인다. 그것은 가(假)라는 범주로 포섭할 수 있는 모든 것들을 격절하고 지향된 공은 참된 의미에서의 공이 아니라는 것이다. 행도지인에 대한 비판은 모든 교설의 고정화를 철저히 비판하면서도 인연가명의 무방의 대용을 이루지 못하는 악취공에 빠진 자를 비판하려는 길장의 의도를 규지할 수 있다. 따라서 길장에게서 무득이란 공가의 상즉을 깨닫는 것으로 이해된다.

유부의 유론도 인무아를 위한 법유의 긍정이며 단지 인의 집착을 여의면 그것이 무득의 경지라고 하였다. 반야계경전은 이러한 유부의 한계를 극복하기 위해 인법개공을 설하여 양자에 대한 집착을 모두 여의는 것을 무득의 경지로 삼은 것에 그 발전적인 모습이 보인다. 그리고 용수는 이러한 반야계경전의 선언에 대해 철학적 체계를 마련하였다. 그러나 용수는 오로지 일체법의 공성을 현시하는데 몰두하는 점에서 길장의 무득과 차이를 보인다. 이것은 길장의 무득이 용수의 공을 벗어난 것이라는 의미는 아니다. 용수가 유부의 유자성견을 타파하기 위해 주로 부정적인 방식으로 가법의 공성을 드러내는 것에 주력했다면 길장은 가법의 공성이라는 교설에 대한 오해, 허무주의적 공론에 대한 세정작업에 주력한 것으로 보인다. 이것은 이미 용수가 자신의 저술 속에서, 자신의 공의가 오해될 수 있을 가능성을 예지하고 그것을 경계하였음을 감안할 때, 용수의 사상에 대한 발전적 사유구조라고 볼 수 있다. 용수의 공설이 지향하는 궁극적인 목표가 일체의 대상에 대한 집착으로부터의 자유라는 점에 동의한다면, 공가상즉사상을 통해 용수의 공설에 의해 공견을 지닌 사람들로 하여금 다시 그 집착으로부터 자유를 얻는 길을 제시한 길장의 공설은 사실상 동일한 맥락에서 이해될 수 있다는 것이다. 용수가 그러한 주장을 직접적으로 하지 않았다고 하여, 그것이 용수에 대한 바른 이해가 아니라고 한다면, 그것은 대승을 비불설이라고 주장하는 사람들과 동일한 종류의 오류를 범하는 일일 것으로 생각된다. 중국불교의 현실 긍정적인 특성은 이러한 맥락에서 이해해야 할 것이다. 현실에 매달리려는 이론이 아니라, 현실과 실상을 격절하여 다시 분별적 사유방식에 떨어지는 오류를 범하지 않으려는 시도, 곧 어디에도 얽매이지 않는 자유를 향한 부단한 여정의 일환이라고 보아야 한다.

무득의 경지란 공가(空假)의 상즉(相卽)이라는 결론에 도달할 때, 가법의 하나인 언어는 어떤 의미를 지니는 것일까에 대한 의문은 언어를 대상으로 진리의 일면을 접해 보고자 하는 학인의 입장에서 밝혀야 할 과제였다. 가법이 그대로 진실이라고 하는 주장을 고려할 때, 언어 또한 진리의 매개체라는 소극적인 역할을 넘어서 진리 그 자체라는 적극적인 기능이 드러날 것이라는 선점적인 사유가 그 기반이었다. 「문자가 곧 해탈」이라는 길장의 사유는, 일상적인 언어에 대한 게으른 긍정이라기보다는, 일상의 게으른 언어를 철저히 부정하는 긴장된 의식이 내재되어 있고, 진리의 불가언설성에 대한 책임은 진리의 속성이나 언어의 한계에 있는 것이 아니라, 언어의 정관(正觀)을 가리우는 의식의 비연기적 사유구조에 있다는 점을 밝혀 준다.

사문, 정인불성, 불성이명, 본유시유 등은 모두가 불설에 근거한 것이라는 공통점이 있다. 그럼에도 불구하고 길장은 이들에 대해서, 불설이라는 이유만으로 모두 옳다고 할 수는 없고, 유득이라면 모두가 잘못된 것이고 무득이라면 모두가 올바른 것이라고 규정한다. 여기에서 우리는 그렇다면 어떤 것이 무득인 것인지를 묻지 않을 수 없다. 그저 그 말을 하는 사람, 또는 수용하는 사람 자신이, 내 마음에는 집착이 없고 하여, 마음의 결백성을 주장한다고 하여 그것을 무득의 근거로 삼을 수는 없다. 여기에서 이들 각각을 주장하는, 또는 수용하는 사람이 무득에 입각한 것임을 증거하는 어떤 내용이 있어야 한다. 이 내용을 유득으로서의 사문, 정인불성, 불성이명, 본유시유 등에 대하여 길장이 비판하는 과정을 구체적으로 살펴봄으로써 확인해 보았다. 길장은 매우 다양한 방식으로 비판을 시도하고 있지만, 그 비판의 과정에는 일체의 대경을 깨달음의 계기로 작용시키는 일정한 방법이 있는 것으로 보이는데, 이것을 보다 명료화하기 위해 도표를 만든 것이다.

길장에 따르면, 사문, 정인불성, 불성이명, 본유시유 등을 비롯한 일체의 사상은 그 자체로서 옳은 것이라거나, 그릇된 것이라고 운위할 수 없다. 다만 그것을 수용하는 사람의 입장에서는 그것이 자신을 깨달음으로 이끌어 집착을 벗어나게 하는 계기로 작용할 수 있다면 그 사상이 옳은 것이고, 그것을 주장하는 사람의 입장에서는 그것이 깨달음을 얻어 모든 집착을 여읜 상태에서 가설된 것이라면 그 사상이 옳은 것이다. 이 둘을 하나로 묶는 것은 깨달음이다. 그렇다면 깨달음을 보증하는 것은 무엇인가. 수용자가 이 사상을 통해 깨달음을 얻으려면 이것을 어떻게 이해해야 할 것인가. 이것을 전오방식이라고 할 수 있다.

필자는 이 전오방식의 전형으로서 4종석의를 제시하였다. 사문과 불성의를 깨달음으로 이끄는 교설로 만드는 사유구조를 고찰하면서, 그 과정에 4종석의가 드러내고자 하는 것과 취지가 어긋나지 않는다는 생각을 했기 때문이다. 붓다의 가르침을 있는 그대로 이해하는 것이 깨달음이다. 여기서 있는 그대로란 그저 문자 그대로를 의미하지는 않는다. 문자는 진리를 드러내기 위한 수단이기 때문이다. 그러므로 그 문자가 내포한 의미를 동시에 이해해야 한다. 그리고 그것을 이해하는 과정이 4종석의이다. 4종석의는 우선 붓다의 가르침을 있는 그대로 이해하되, 그것에 대해서 본인이 어떤 사유구조로 받아들이고 있는가를 되돌아볼 것을 요구한다. 만약 그 가르침이, 인연에 의하여 가설된 것이기 때문에 집착할 만한 대상이 없고, 궁극적으로는 우리를 일체의 대상에 대한 집착을 모두 여읜 경지, 곧 중도의 세계로 이끌어 가기 위한 것임을 자각할 때 그것이 바로 있는 그대로 이해한 것이다. 그리고 이렇게 중도의 세계를 여여(如如)하게 이해할 때, 이 세상의 모든 것은 상호 융섭하는 것임을 알게 되고, 붓다의 교설은 세계의 모든 것을 향해 열려진 구조를 갖게 된다.

불교는 깨달음의 종교이다. 깨달은 자로서의 붓다에 대한 믿음을 출발점으로 하되, 궁극적 목적은 붓다 그 자신이 되는 것에 있다. 불교가 신앙이면서 또한 철학일 수 있는 점은 바로 여기에 있는 것으로 보인다. 깨달음은 그 전제로 진리에 대한 이해와 그 이해의 실천수행을 요구한다. 진리관과 수행관은 그러므로 불교의 궁극적인 목적인 깨달음을 이루기 위해 불가피하게 거쳐야 하는 과정이 된다. 많은 논사들이 나름대로 자신의 관점에서 불교의 진리관과 수행관을 제시하였고, 사람들은 저마다 이 길 중에 자신에게 적합한 것을 택하여 깨달음의 길로 들어서려는 노력을 기울여 왔다. 그렇다면 삼론학도 이들 여러 논사들이 펼친 것과 같은 진리의 길과 수행의 길을 제시하고 있는가. 해답은 그렇다고 할 수도 있고 그렇지 않다고 할 수도 있다는 것이다. 왜냐하면 삼론학이 펼친 진리의 길과 수행의 길은 여타 논사들에 의해 성립된 학파가 내세우는 것과 차원을 달리하기 때문이다. 삼론학은 어떤 체계적인 진리도 내세우지 않으며, 어떤 체계적인 수행의 길도 제시하지 않는다. 이러한 측면에서 본다면 삼론학은 다른 학파에서 밝힌 것과 같은 진리의 길과 수행의 길에 대해 별다른 관심을 기울이지 않는 것으로 보인다. 그리고 이것이 삼론학은 실천관이나 고유의 진리관이 없고, 이론적인 번쇄성에 매몰되어 있다고 하는 비판을 받게 하는 원인이 된다.

그렇다면 삼론학은 정말로 어떤 진리나 수행의 길도 제시하지 않는 것인가. 길장의 저술은 모든 진리의 길에서 우리가 범할 수도 있을 집착의 가능성을 경계하기 위한 경구로서 가득 차 있고, 그러한 경계심을 늦추지 않음으로써 집착에 물들 가능성을 매순간마다 차단하는 자유로운 정신을 유지하는 것이 바로 수행의 길임을 제시하고 있다. 그리고 이러한 길장의 정신은 무득이라는 개념에 집약적으로 나타나 있다고 보는 것이 필자의 생각이다. 무득을 통해 드러나는 진리관과 수행관을 진리관과 수행관이라고 할 수 없다고 한다면, 그것이야말로 이론적인 번쇄성에 매몰되어, 반드시 체계적이고 단계적인 방식에 의해 깨달음에 도달해야 한다고 하는 자기중심적인 가치관에 빠진 것이라고 생각된다.

삼론학은 어떤 사상을 주장하고자 하지 않았다. 다만 어떤 사상을 가지든 그 사상이 전체적인 진리를 포괄하고 있다고 하는 집착을 버릴 것을 요구하였을 뿐이다. 따라서 삼론학이 비판의 대상으로 삼은 것은 그 사상 자체가 아니라, 그 사상에 대한 인간의 마음이 보여주는 진실성여부였다. 이 세상의 모든 것은 저마다 있어야 할 이유가 있어서 있는 것이다. 다만 문제가 되는 것은 그들 각각이 자신이 있어야 할 이유를 충분히 알지 못하는 것이고, 삼론학의 목적은 그들의 존재이유를 자각시켜 주는 것이었다. 이것이 바로 파사현정의 본질이다. 일체의 신축성을 잃고, 고정화된 사상들에 대한 부정정신이야말로 삼론학의 시작이요 끝인 것으로 보인다. 삼론학은 그 부정의 역할에 충실히 할 뿐 부정을 통한 새로운 사상적 입각점을 제시하는 일은 하지 않는다. 삼론학이 역사의 무대에서 주목받다가 조용히 사라진 것은 외압이나 여타 사상의 도전에 의한 패전의 결과가 아니라, 그 자체의 사상적 경향성으로 말미암은 숙명이었던 것으로 생각된다. 어떤 대상을 쳐 없애야 만이 그것이 사라진 자리를 대신할 수 있고, 그렇게 마련된 공간 속에서 자신의 영토를 확장해 가게 된다. 그러나 삼론학은 어떤 대상도 쳐서 없애지 않는다. 다만 올바른 모습으로 존재하도록 배려할 뿐이다. 따라서 어떤 대상에 대한 비판 이후에 삼론학이 들어설 자리는 없다. 비판에 의해서 상대는 온전히 그 자리를 차지할 자격을 얻게 되기 때문이다.

공이 대상의 본래 모습이라면, 가는(假) 대상의 존재형태이고, 중도는 가(假)라고 하는 존재형태를 통해 공이라는 본래모습을 증득한 인식주체의 상태를 나타낸다. 가와 공과 중은 서로 분리될 수 없는 것이다. 가에 대한 바른 인식이 공이고 가에 대한 바른 인식인 공의 실현을 인식구조 속에서 펼쳐 갈 때 중도라고 한다. 가로서의 현상세계를

부정하지 않고, 공으로서의 현상세계도 부정하지 않는 것, 공과 가의
자유자재한 소통이 가능한 인식의 자유 그것이 중도이고, 무득이다.
우리 앞에 마주한 일체의 경계를 접하는 순간마다 중도를 실현할 수
있다면, 그것이 바로 불성의 완성된 모습이고 실상과 하나가 된 자리
이다. 그리고 4종석의는 우리가 접하는 모든 경계에 대해 이러한 중도
의 실상을 깨달을 수 있도록 하는 인식론적 틀을 제시하고 있다.

참 고 문 헌

1. 원전류

1) 1차자료

① 길장의 저술

『三論玄義』(대정장45, No.1852)

『大乘玄論』(대정장45, No.1853)

『二諦義』(대정장45, No.1854)

『中觀論疏』(대정장42, No.1824)

『法華玄論』(대정장34, No.1720)

『涅槃經遊意』(대정장38, No.1768)

『勝鬘寶窟』(대정장37, No.1744)

『淨名玄論』(대정장38, No.1780)

『大品經遊意』(대정장33, No.1696)

『華嚴經遊義』(대정장35, No.1731)

『十二門論疏』(대정장42, No.1825)

『百論疏』(대정장42, No.1827)

『大品經義疏』(卍속장38)

280

② 기타 원전

『放光般若經』(대정장8, No.221)

『法華經』(대정장9, No.262)

『涅槃經』(대정장12, No.375)

『勝鬘經』(대정장12, No.353)

『維摩經』(대정장14, No.475)

龍樹, 『中論』(대정장30, No.1564)

＿＿, 『大智度論』(대정장25, No.1509)

＿＿, 『十二門論』(대정장30, No.1568)

提婆, 『百論』(대정장30, No.1569)

僧肇, 『肇論』(대정장45, No.1858)

訶梨跋摩, 『成實論』(대정장32, No.1646)

安澄, 『中觀論疏記』(대정장65, No.2255)

均正, 『大乘四論玄義』(卍속장74)

寶亮 等 撰, 『涅槃經集解』(대정장37, No.1763)

法藏, 『十二門論宗致義記』(대정장42, No.1826)

元曉, 『大乘起信論疏』(대정장44, No.1844)

＿＿, 『大乘起信論別記』(대정장44, No.1845)

＿＿, 『法華宗要』(대정장34, No.1725)

＿＿, 『涅槃宗要』(대정장38, No.1769)

____, 『大慧度經宗要』(대정장33, No.1697)

慧遠, 『大乘義章』(대정장44, No.1851)

法藏, 『華嚴經探玄記』(대정장35, No.1733)

慧苑, 『續華嚴經略疏刊定記』(卍속장5)

澄觀, 『華嚴經疏』(대정장35, No.1735)

2) 번역본

宇井伯壽, 『大乘玄論』, 東京, 大同出版社, 1936.

三枝充悳, 『三論玄義』, 大藏出版株式會社, 1971.

韓廷傑, 『三論玄義校釋』, 中華書局, 1987.

宮本正尊, 梶芳光運, 泰本融, 『中觀論疏』, 東京, 大同出版社, 1981 개정판.

平井俊榮, 荒井裕明, 池田道浩, 『成實論』, 大藏出版株式會社, 1999.

________, 「吉藏撰 『涅般經遊意』 國譯」, 『駒澤大學佛敎學部論集』 제3
　　　　호, 1972.

三枝充悳, 『中論』(上)(中)(下), 東京, 第三文明社, 1984.

龍樹, 金星喆 譯註 『中論』, 경서원, 1993.

David J. Kalupahana, 『*NĀGĀRJUNA, The Philosophy of the
　　　　Middle Way, Mulamadhyamaka-Karika*』, State University
　　　　of New-York Press, Albany, 1986.

元曉, 殷貞姬 譯註 『起信論疏別記』, 一志社, 1992 4쇄.

2. 단행본류

金夏雨, 『불교 철학 연구-반야 공관 위주의』, 예문서원, 2001.

平井俊榮, 『中國般若思想史研究』, 東京, 春秋社, 1976.

________, 『法華文句の成立に關する研究』, 東京, 春秋社, 1985.

________, 「成實論解題」, 『成實論』 I, 東京, 대장출판주식회사, 1999.

________, 「三論宗と成實宗」, 平川彰 編, 『佛敎研究入門』, 大藏出版, 1984.

平井俊榮 監修, 『三論敎學の研究』, 春秋社, 1990.

金容彪, 『불교와 종교철학-공사상으로 본 세계종교』, 동국대학교출판부, 2002.

廖明活, 『嘉祥吉藏學說』, 學生書局, 1986.

安井廣濟, 『中觀思想の研究』, 東京, 法藏館, 1979 3쇄.

宇井伯壽, 『佛敎汎論』, 東京, 岩波書店, 1970 4쇄.

常盤大定, 『佛性の研究』, 東京, 國書刊行會, 소화59 3판.

________, 『國譯大藏經』 論部 第五卷 「三論解題」 東京, 國民文庫刊行會, 1927 再版.

顏尙文, 『隋唐佛敎宗派研究』, 臺北, 新文豐出版公司, 민국69.

眞野正順, 『佛敎における宗觀念の成立』, 東京, 理想社, 1964.

藍吉富, 『隋代佛敎史述論』, 臺灣, 商務印書館, 1974.

張曼濤編, 『三論宗之發展及其思想』, 臺北, 大乘文化出版社, 1978.

湯錫予, 『漢魏兩晋南北朝佛敎史』, 臺北, 漢聲出版社, 1972.

______, 『隋唐及五代佛敎史』, 臺北, 慧炬出版社, 민국75.

牟宗三, 『佛性與般若』, 臺灣, 學生書局, 중화68년.

塚本善隆編, 『肇論研究』, 東京, 法藏館, 1970.

山口益, 『般若思想史』, 東京, 法藏館, 1978 6판.

金仁德, 『中論頌研究』, 불광출판부, 1995.

福原亮嚴, 『成實論の研究』, 永田文昌堂, 1969.

高翊晋, 『韓國古代佛敎思想史』, 동국대학교출판부, 1989.

______, 「三國時代 大乘敎學에 대한 研究」, 佛敎史學會編, 『古代韓國
        佛敎敎學研究』, 민족사, 1989.

鎌田茂雄, 鄭舜日譯, 『中國佛敎史』, 경서원, 1985.

________, 『中國の禪』, 東京, 講談社, 1980.

________, 장휘옥譯, 『中國佛敎史』(1), (2), (3), 도서출판 장승,
        1992.

金東華, 『佛敎學槪論』, 보련각, 1984.

______, 『佛敎唯心思想의 發達』(개별논문집).

______, 『佛敎敎理發達史』, 이화문화사간행, 1988 3판.

金仁德, 『中論頌研究』, 불광출판부, 1995.

宮本正尊, 『佛敎の根本眞理』, 東京, 三省堂, 1957.

羽溪了諦, 『國譯一切經』 中觀部 (一) 「三論解題」, 東京, 大同出版社, 1930.

壬生台舜, 『龍樹敎學の研究』, 大藏出版株式會社, 1983.

黃夏年 主編, 『印順集』, 北京, 中國社會科學出版社, 1995.

荒牧典俊 編著, 『北朝隋唐佛敎思想史』, 京都, 法藏館, 2000.

印順, 『中國佛敎史略』, 臺北, 正聞學社叢書, 民國55年.

塚本善隆, 「中國初期佛敎思想における慧遠」(木村英一編, 『慧遠硏究』, 東京, 創文社, 1981 2쇄).

小林守, 「中觀論書」(塚本啓祥, 松長有慶, 磯田熙文編, 『梵語佛典の硏究』 Ⅲ, 京都, 平樂寺書店, 1990).

全好蓮, 『義湘華嚴思想史硏究』, 민족사, 1993.

金忠烈, 『中國哲學散稿』(1), 온누리, 1990.

森三樹三郎, 오진탁譯, 『佛敎와 老莊思想』, 경서원, 1992.

木村淸孝, 장휘옥譯, 『中國佛敎思想史』, 민족사, 1989.

梶山雄一, 上山春平, 정호영譯, 『空의 論理』, 민족사. 1989.

水野弘元, 『原始佛敎の思想』, 京都, 春秋社, 1981 4쇄.

柳田聖山, 추만호 안영길譯, 『禪의 思想과 歷史』, 민족사, 1989.

鄭性本, 『中國禪宗의 成立史硏究』, 민족사, 1993년 3판.

梶山雄一外編, 『講座大乘佛敎』(2), 東京, 春秋社, 1983.

楊惠南, 김철수譯, 『中觀哲學』, 경서원, 1995.

呂澂, 각소譯, 『中國佛敎學講義』, 민족사, 1992.

中村元, 이재호譯, 『龍樹의 삶과 사상』, 불교시대사, 1993.

다카쿠스 준지로, 정승석譯, 『佛敎哲學의 精髓』, 1990년 2판.

櫻部建, 上山春平, 정호영譯, 『아비달마의 철학』, 민족사, 1993 3판.

Richard H. Robinson, 『*Early Madhyamika In India And China*』, Delhi, 1978.

T. R. V. Murti, 『*The Central Philosophy of Buddhism*』, London, George Allen and Unwin Ltd, 1955.

David J. Kalupahana, 『*NĀGĀRJUNA, The Philosophy of the Middle Way, Mulamadhyamaka-Karika*』, State University of New-York Press, Albany, 1986.

__________________, 『*A History of Buddhist Philosophy, Continuities and Discontinuities*』, Honolulu, University of Hawaii Press, 1992.

Aaron K. Koseki, 「The concept of pratice in San-lun thought: Chi-Tsangand the concurrent insight of two truths」, 『*Philosophy East and West*』 31 No4, 1981.

Frederick J. Streng, 『*EMPTINESS, A study in Religious Meaning*』, Nashville New-york, Abingdon Press, 1967.

3. 논문류

金夏雨, 「中觀의 轉悟方式에 있어서 不可得義」, 『철학연구』 6집, 고려대학교철학회, 1980.

____, 「三論의 中道」, 『인문논집』 제31집, 고려대학교 문과대학, 1986.

____, 「三論의 眞理觀」, 『인문논집』 제39집, 고려대학교 문과대학, 1994.

____, 「羅什門下 僧肇의 般若空觀」, 『한국불교학』 제24집, 한국불교학회, 1998.

____, 「中觀(印, 中)의 轉悟方式」, 『외대논문집』 12집, 1979.

____, 「三論과 華嚴系(元曉, 法藏系)의 轉悟方式」, 『철학연구』 제7

집, 고려대학교철학회, 1982.

_____, 「僧肇思想의 影響」, 『철학연구』 9집, 고려대학교철학회, 1984.

_____, 「因果의 實有見에 대한 中觀(印, 中)의 批判」, 『중국학논총』
제3집, 고려대학교 중국학 연구회, 1986.

金芿石, 「僧朗을 相承한 中國三論의 眞理性」, 『불교학보』 1집, 1963.

_____, 「印度中觀派의 眞理性과 歷史性」, 『동국사상』 2집, 1963.

_____, 「高句麗 僧朗과 三論學」, 白性郁博士頌壽記念 『佛敎學論文集』,
동국문화사, 단기4292.

金仁德, 「三論玄義 顯正論硏究」, 동국대박사학위논문, 1979.

_____, 「三論學上의 二諦說」, 『불교학보』 8집, 1971년.

_____, 「三論學의 中道佛性論」, 『불교학보』 21집. 1984.

_____, 「吉藏의 草木成佛論」, 『불교학보』 22집, 1985.

金容彪, 「西歐에서의 중관학 연구동향, 연구사와 문제점」, 『한국불교학』 제20집,
한국불교학회, 1995.

_____, Kumarajiva의 經典解釋學과 中觀思想, 『한국불교학』 제24집,
한국불교학회, 1998.

_____, 「Hermeneutical Circle of Prajna-Paramita Thought in
Candrakirti and Seungnang」, 『International Journal
of History of Buddhist Thought』, Vol 1, No.1, 2002.

崔裕眞, 「中觀哲學의 二諦說硏究」, 『철학논구』 9집, 서울대 철학과, 1981.

_____, 「吉藏의 二諦說」, 『철학논집』 1집, 경남대 철학과, 1984.

_____, 「元曉에 있어서 和諍과 言語의 問題」, 『철학논집』 3집, 경남대
철학과, 1987.

_____, 「元曉의 和諍思想硏究」, 서울대학교 박사학위논문, 1988.

泰本融,「吉藏の批判的精神」,『印度佛教學研究』30호, 1967.

古田和弘,「中國佛教における佛性思想の一側面」,『佛教セミナー』30号, 大谷
　　大學佛教學會, 1979.

安井廣濟,「龍樹の空の學說と自我の問題」,『佛教セミナー』32号, 大谷
　　大學佛教學會, 1980.

三桐慈海,「三論學のすすめ－吉藏の般若義」,『佛教セミナー』53号, 大
　　谷大學佛教學會, 1991.

＿＿＿,「吉藏の注疏にみられる宗教的課題」,『佛教セミナー』26号, 大
　　谷大學佛教學會, 1977.

藤井教公,「涅槃經における　一, 二の問題－淨影寺慧遠と吉藏における
　　佛性の理解」,『印度學佛教學研究』第28卷 第2号, 1980.

坂本行男,「卽の意義及び構造について」,『印度學佛教學研究』4-2, 1956.

朴商洙,「僧朗의 三論學과 師弟說에 대한 誤解와 眞實(Ⅰ)」,『불교학
　　연구』창간호, 불교학연구회, 2000.

李仲杓,「三論學의 三種中道와 三種方言에 대한 一考」,『한국불교학』9집,
　　한국불교학회, 1984.

Richard A. Gard,「THE MADHYAMIKA IN KOREA」, 白性郁
　　博士頌壽記念『佛教學論文集』, 동국문화사, 단기4292.

金俊烴,「諸教判論에 대한 元曉大師의 批判」,『한국불교학』9집, 한국
　　불교학회, 1984.

· 저자 ·

한명숙(韓明淑)

학 력
1986년 2월 고려대학교 문과대학 철학과 졸업
1992년 2월 고려대학교 대학원 철학과 문학석사 학위 취득
2003년 2월 고려대학교 대학원 철학과 철학박사 학위 취득

경 력
순천향대학교 겸임교수
서울교대 시간강사
가산불교문화연구원 수석연구원
한양대학교, 고려대학교 시간강사.

연구논문
석사학위논문 중국삼론학 연구(1992. 2월)
박사학위논문 길장의 삼론사상 연구(2003년. 2월)
삼론의 무득정관사상 연구(1997. 가산학보 6호)
삼국의 불교수용과 발전(2002. 가산학보 10호)

저서(역서, 공저 등 포함)
법구경(1999. 초판. 2005 개정판 홍익출판사)
자료와 해설 한국의 철학사상(2001. 예문서원) 10명 이상의 공동저술 「불
교의 전래와 수용」 부분 집필.
인물로 보는 한국의 불교사상(2004. 예문서원) 10명 이상의 공동저술. 「승
랑의 삼론학--언어로부터의 자유, 언어를 통한 자유」라는 논문 수록.
역주 삼론현의 ⑴(2003. 가산학보 11호)
역주 삼론현의 ⑵(2004. 가산학보 12호)

三論學의 般若思想 研究

· 초판 인쇄	2005년 6월 30일
· 초판 발행	2005년 6월 30일
· 지 은 이	한명숙
· 펴 낸 이	채종준
· 펴 낸 곳	한국학술정보㈜
	경기도 파주시 교하읍 문발리 526-2
	파주출판문화정보산업단지
	전화 031) 908-3181(대표)·팩스 031) 908-3189
	홈페이지 http://www.kstudy.com
	e-mail(e-Book사업부) ebook@kstudy.com
· 등 록	제일산-115호(2000. 6. 19)
· 가 격	30,000원

ISBN   89-534-2534-4 93150 (Paper Book)
         89-534-2535-2 98150 (e-Book)